獻給我的內子　潔玉

她與我一同承受生命之恩

Paul Tillich: Theology on the Boundary

田立克

邊緣上的神學

陳家富 著

基道出版社

▼

系統神學叢書

田立克
邊緣上的神學
Paul Tillich
Theology on the Boundary

作者
陳家富 Keith K. F. Chan

責任編輯
蔡錦圖

裝幀設計
奇文雲海

■

出版／發行
基道出版社
香港沙田火炭坳背灣街26號富騰工業中心1011室
LOGOS PUBLISHERS
Unit 1011, Fo Tan Ind. Centre, 26 Au Pui Wan St., Shatin, Hong Kong
電話：(852) 2687-0331　傳真：(852) 2687-0281
網址：http://www.logos.com.hk

承印
基業印刷廠有限公司

●

4/2008 初版
Cat. No. LP241
ISBN: 978-962-457-349-7

Printed in Hong Kong

刷次	10	9	8	7	6	5	4	3	2	1
年份	2017	2016	2015	2014	2013	2012	2011	2010	2009	2008

賴品超序

田立克（Paul Tillich，另譯蒂利希）可說是芸芸西方神學家中，最廣為華人學界所認識的一位。以在神學界以外的知名度來說，他更可能是遠超他的同輩之上。正可能是因為知名度太高，很多概覽式的神學導論，例如：現代神學導論、基督教神學思想史導論一類的著作，總是難免要交代一下他的思想。然而，這些概覽式的導論，往往不是由研究田立克的專家執筆，對田立克的思想不一定交代得很好，一般讀者如不細察，很容易產生誤解。這種情況在華人神學界中尤為普遍。筆者最近在美國一個會議中，仍見到有華人學者撰文，表示田立克的神學只不過是沙特（Jean-Paul Sartre，另譯薩特）的存在主義的神學版本云云。這種標籤式的評論，完全沒有考慮過田立克是如何看存在主義、而田立克本人又為何認為自己只能算是半個存在主義者等等。這一種粗疏、甚至誤導的評論，除了反映撰文者對田立克的認識的膚淺外，更可能反映了一些做紮實學問的大忌，就是輕信一些不大可靠的二或三或四手資料，最後只會誤己誤人——被人誤導也誤導別人。因此，雖然在漢語學界不少學者是以田立克的思想作為學術論文的研究對象，一般讀者對他的誤解卻仍是相當普遍。

在筆者所認識的田立克研究者中，很少人能像陳家富博士那樣能專心一意，並且是長期而深入地研究田立克。雖然家富也在他的網誌中流露出他感性的筆觸，但在他的學術論文所表現出來的卻是一種可貴的踏實。家富很少作指點江山式的宏大論述、侃談如何建構漢語／

中國神學等；他的論文往往是穩紮穩打的學術工作，尤其是細心的理解與嚴謹的論述。由本書的文章可見，家富是處處查證一手資料，甚至不惜動用大量的時間與金錢去查考一些只有專研田立克的學者才會看的材料，難怪他對當代田立克的研究瞭如指掌，對田立克的理解更是深入而細緻。這種基礎性的學術工作，也許很難讓作者在學術界聲名大噪，但卻對了解及消化田立克的神學甚有幫助，對於漢語神學界長遠的健康發展卻是十分重要的。

陳家富博士的這本書，雖然不是要對田立克的神學作全面而系統性的描述，但也已包括了不少重要的主題，包括神學的本質、歷史神學觀、三一論、基督論、教會論等；此外，本書也涉及一些鮮為華人學界留意的方面，例如田立克的科技及自然觀，以及田立克對神祕主義的觀點等。至於介紹田立克研究的現況的一章，更為讀者提供十分有用的參考資料。作為一本田立克神學的導論，本書無疑能消除不少對田立克的誤解，並有助讀者初步地掌握田立克思想的輪廓、以至田立克研究的概況。然而，最值得留意的仍是，本書討論了一個經常被忽視的問題，就是田立克與巴特（Karl Barth）之間的關係。

一直以來，華人學者對田立克的研究是高度集中在他的後期著作，很少留意田立克的早期著作，而他與巴特之間就辯證神學的討論就更是甚少觸及。也許是由於某種另類的「標籤效應」，田立克往往被視為自由神學或存在主義神學的代表，而巴特則經常被定性為新正統派的代表，因此表面看來二者即使不是絕對地對立也是互不相干的。然而，本書卻指出，巴特與田立克之間並非想像中的南轅北轍，並且在歷史上更有一定的連繫、甚至在神學上也有相通之處。

在研讀現代神學的歷程上，筆者是先在博士論文寫田立克，之後才因為教學上的需要而研讀巴特，家富是先在碩士論文寫巴特，然後在博士論文寫田立克。雖然在研讀的先後次序上，家富與筆者剛好相反；

但在對田立克與巴特的關係的觀點上，正是「英雄所見略同」。因此在知道家富要寫這一個問題時，筆者便將自己原先寫下的小半篇初稿給了他參考，並且放棄再寫下去的念頭，這除了是因為知道自己還有很多別的研究項目外，更是因為相信家富很可能會比筆者自己寫得更好。如今得見他的研究成果付梓，那就更加確定自己先前的決定是對的。

為得見家富這種踏實地默默耕耘的學者的研究成果，筆者感到非常欣慰。希望家富能一如既往，努力奮發，繼續造福華人神學界。

賴品超

二〇〇七年十一月二十日

序於香港中文大學文化及宗教研究系

溫偉耀序

家富將他多年來研究田立克的成果總結成書出版，是我一直期待的。

在近代西方的神學大師之中，我特別鍾情於巴特和田立克。這兩位神學進路和氣質差不多完全相反的神學家，對同一個研究者來說，是很大的挑戰。我就一直以這挑戰為己任，也以為有膽量同時迎戰這兩個「哥利亞」的人是罕有的。直到十年前回到香港，就聽聞有一位年青學人，也是同樣的要去挑戰這兩個巨人，他的名字是「陳家富」。[1] 我當然很有興趣認識這位「同路人」。還記得跟家富最初相遇的時候，他就對我寫巴特的一篇文章提出頗嚴厲的批評，還為我提供了幾本較近期出版的外文有關論著。我回家重新檢視自已的論點，最後不得不承認自己在八十年代提出對巴特的「揀選論」教義的質疑，確實是略流於片面。後來，我們在學術上的交流機會更多，認識家富在哲學思維方面的嚴格訓練，以致把握形以上學、神學本體層次的討論，也能夠謹密而有條理。這樣的學術訓練，令他對田立克哲學神學的陳述和探索，特別到位。

家富寫田立克的精彩之處，在於他是帶著哲學、神學問題去追問田立克的思維，並非一般導論性的作品，旨在於撮要和覆述的功夫。[2] 正因為如此，家富的田立克研究是別具深度的，是超越了純粹去消化的層次，而及於神學家對壘的格局。所以，這本論著並非輕鬆小品。讀者需要像作者一樣，首先把握有關課題的基礎論述（例如：歷史神學、基督論、生態神學、宗教經驗等），然後帶著自己的質詢，再去看家富對田立克神學的整理和討論，就可以深切地探入田立克的神學殿堂之中，領會這偉大的思維和心靈。

正如本書作者在一篇近著中指出，[3] 關於田立克的研究，不同時期在外語及漢語方面都有突破性的發展。我相信家富這本對田立克的研著，在田立克研究的長廊中，也豎立了它的里程碑。作為田立克研究的「圈中人」，我是感到欣慰的。

溫偉耀

二〇〇八年二月

序於多倫多

註 釋：

1. 家富於一九九九年在香港中文大學宗教系完成的哲學碩士論文是 "Humanity and Christ: A Study of Karl Barth's Christological Anthropology and its Significance for Christian-Confucian Dialogue"，而在二〇〇二年的哲學博士論文則是〈蒂利希思想中人與自然的關係：一個生態神學的研究〉。
2. 這方面的佳作，在西方的學術領域中早已出現，例如： Carl J. Armbraster, *The Vision of Paul Tillich* (NY: Sheed & Ward, 1967)。
3. 陳家富，〈編者前言：近年西方與漢語學界的蒂利希研究〉，載陳家富編：《蒂利希與漢語神學》（香港：道風，2006），頁11～36。此文現收錄於本書第十章。

自序

自一九九九年開始博士學位的研讀後，筆者一直就跟田立克結下不解之緣。在這數年間，田立克的作品伴隨著走過人生的不同階段，期間無形中塑造了自己的神學和信仰的觀點。

雖然曾想過寫一本關於田立克思想的導引式作品，但這想法終沒法實現。一方面這類外文資料已經汗牛充棟，另方面自己不是那種能深入淺出的學人，面對田立克思想的深邃，只好將這文集作為自己進出田立克思想的一個學思紀錄。

由攻讀博士始，一直思想田立克與中國思想傳統的對話，故在撰寫學位論文之餘，分別就田立克與牟宗三和田立克與張載的比較，撰寫過兩篇儒家思想與田立克神學的比較性論文，本文集中的〈三一論、聖靈與創造〉實是把中國儒家的部分抽掉後再架接的產品。在這兩篇早期的論文中，筆者基本上勾劃出田立克的三一論式的上帝觀，這架構不僅是當今德語神學界非常重視的田立克研究重點，更重要的是三一論架構實質是切入田立克思想的一個基本進路，這進路過往較少田立克的研究者注意。

田立克的生態神學是筆者學位論文的題目，從而涉及人與世界的關係，並碰上現今科技對環境影響的問題，因此〈人與自然的關係：田立克對科技的一種文化神學的反思〉是一個以文化神學的進路來探索科技文化的一種批判性的嘗試。在文章中，沿用了田立克神學中一種「本質（essence）—實存（existence）—本質化（essentialization）」角度處理科技文化的神學批判。其次，應《道風》學刊之邀，將博士論文中處理早期田立克的自然神學整理為〈田立克早期的自然神學：一個生態神學的進路〉出版，內中可察見田立克與德國古典哲學的關係，在德國期間田立克教義學的某些面相，及他如何處理一個當時較少新教神學家處理的「自然」的課題。

二〇〇五年漢語學界首次就田立克的思想作出一次集體性的理解和整理，在香港道風山舉行了首屆「蒂利希與漢語神學」研討會。在會議論文集中，分別刊載了會議期間發表的〈蒂利希的神祕主義與三一論〉（在本書中題為「田立克的神祕主義與三一論」）和〈近年西方與漢語學界的蒂利希研究回顧〉（在本書中題為「近年西方與漢語學界的田立克研究回顧」）。前者集中討論田立克的基督教神祕主義觀點，並提出一個非田立克觀點，就是作為一種深邃的宗教神祕經驗的「上帝之上的上帝」，在田立克的神學體系中必然需要推導出一位三一上帝。後者是作為論文集的編者序刊出，相信是首篇整理當前田立克於美、德、漢三地研究綜覽的漢語綜述，目的是為漢語學界清理存貨和一睹西方學人的研究旨趣，好讓漢語神學能更有利地推動田立克的研究。

筆者於二〇〇二年到漢語基督教文化研究所工作後，自始就被大陸學界所建構的人文學基督教研究與教會神學、教外教內的基督教研究、人文學進路的神學研究是否神學等課題所環繞，兩者間的張力歷久不衰，過去多有學者從不同進路切入討論此話題。筆者認為，若要全面檢視教會神學與人文學進路的神學，必須全面考慮西方自啟蒙以降的基督教神學的學理性格，才能把這課題處理得妥貼，這將是筆者接續的研究計劃。但在思想之餘，就田立克的神學為這現象作出些初步的回應，〈田立克在邊緣上的教會觀〉基本上處理了一種較寬闊的教會論，倘若教內教外的界線是有某種彈性的，任何強行的劃分甚至置以價值判斷的都是妄自尊大的舉動，這種彈性的教會圈觀念是植根於田立克的基督聖靈論;新作〈神學〉更是直接討論這課題之作,與前文相同,立足於田立克的基督聖靈論的神學立場,開展一種遊移於神學圈內外的神學根據,並提出神學人存在身份和信仰的具體特質和普遍特性。與此相關的是,在一種強調啟示的基督論神學與強調人文性的自由神學之間是否存在另一種神學出路,〈辯證神學的辯證品質:巴特與田立克〉一文除了是首篇比較巴特與田立克的漢語作品外,更想釐清兩人間的神學異同和某些基於巴特式神學對田立克神學的不恰當批評,從而帶出一種對文化和宗教抱有「是」和「否」的辯證神學可能。

新作〈歷史耶穌、圖象類比與新存有:再思田立克的基督論〉是繼續沿襲田立克基督聖靈論的思路來整理田立克的基督論的嘗試;〈田立克的歷史神學〉則取材自筆者的博士論文,指出田立克前後期對政治歷史含混性問題的基督教答案的轉移,從基督論的答案轉移為上帝國的提出,並指出終末論的政治意涵。

就上述的著作而言,有幾點關於田立克思想的重點是值得重視的。首先,任何一種片面和簡化的「分類」方式都不足以把握田立克思想,那些「存在主義神學」、「自由神學」、「泛神論神學」或「神學人類學」等名稱,都只不過反映學者沒有耐心閱讀田立克作品的後果;其次,隨著更多田立克早期在德國的著作面世,學界會更清楚他神學發展的脈絡,並且田立克一生進行過的三次系統神學或教義學嘗試,會更清楚揭示出一種三一論神學的框架,而其餘的文化神學內容都會妥貼地鑲嵌在這框架中;第三,田立克晚期嘗試以聖靈論重新處理所有的神學課題的宏願是清楚的,這除了反映田立克一生中遊移於基督論和聖靈論的神學特徵外,更為後學展開了從事基督論一聖靈論的神學切入點。

從筆者接觸田立克作品至今,歷經八個寒暑,現對田立克略有神會,皆受益於兩位筆者的指導教授,他們百忙中賜序,對筆者可謂意義深長。筆者於一九九九年夏天得知溫偉耀教授來中文大學任教，欣喜若狂，沒想到自己多年敬佩的學者終於在博士學習階段能受教於他。拜讀溫教授比較巴特與田立克的牛津博士論文獲益良多，他還鼓勵筆者注意田立克與德國哲學的承繼關係。溫教授學貫中西，身教言教皆讓筆者銘記於心。筆者自一九九七年起受業於賴品超教授，若非賴師引導幫助，田立克的研究實非筆者所能應付，當年在博士論文的序言中有這一段：「誠蒙賴師當年不棄和錯愛，給學生一個接觸田立克思想的機會。賴師一直是我碩士和博士論文的指導老師，他不單在基督教神學方面具備廣博和深入的認識，對其他宗教和哲學思潮亦有透徹的理解，賴師經常強調做神學需要關聯於其他學問，不可閉門造車，並且要對自身的宗教傳統有深入的認識才可避免人云亦云，這種治學的態度和方向為我的研究奠定基本的進路。除了學問上的指導外，賴師在我就學時期給予提攜和機會，讓我有機會將一些論文發表，及在大小不同的研討會和學術會議上發表文章，若非賴師對我的厚愛和信任，這一切都是遙不可及的事情，賴師還關心學生的生活和工作前路，經常在這兩方面給我指點和提拔。賴師是名副其實的"*Doktorvater*"」，及至畢業後，賴師還經常將自己的研究論文分發給筆者拜讀，賴師對田立克的研究亦奠定了筆者研究的進路，細心的讀者不難發現筆者研究的方向上是沿著賴師的方向。這本著作能得華人基督教界的兩位田立克研究專家賜序，實是筆者的光榮，兩人在序言中對筆者的溢美之詞實是對後學之鼓勵。

本書能順利出版，要感謝基道出版社的蔡錦圖先生。筆者一再推遲交稿的日期，但錦圖還是多番的忍耐並調整出版計劃以資配合，對文稿做了細心的閱讀和修改，實是難得。感謝各有關出版社及機構讓已出版的文章以這形式再度出版。特別感謝漢語基督教文化研究所的所有同工，在道風山上與我共同度過工作辛勞和開心快樂的日子，文集中大部分的文章皆是與同工們相處的日子中埋頭寫作的，特別需要多謝總監楊熙楠先生這幾年的提攜，讓筆者無論在學術、際遇和視野上皆開拓了更廣闊的地平線。

撰此序言時，正值不惑之年，生命中的惑與不惑皆有幸與內人潔玉共同走過，這些文章都見證著潔玉跟筆者的生命歲月，沒有她的忍耐、督責和從旁的細心照顧，在愛中的體諒和寬厚，筆者是沒法走下去的。謹以此書獻給我的愛妻潔玉。

陳家富

二〇〇七年十一月

序於沙田道風山

田立克著作縮寫符號

BR	*Biblical Religion and the Search for Ultimate Reality*
CB	*The Courage to Be*
CEWR	*Christianity and the Encounter of the World Religions*
CHR	*The Construction of the History of Religion in Schelling's Positive Philosophy*
DF	*Dynamic of Faith*
Dogmatik	*Dogmatik: Marburger Vorlesung von 1925*
EN	*The Eternal Now*
ENGW	*Ergänzungs und Nachlaßbände zu den Gesammelten Werken*
FR	*The Future of Religions*
GW	*Gesammelte Werke*
HCT	*A History of Christian Thought*
IH	*The Interpretation of History*
LPJ	*Love, Power and Justice: Ontological Analyses and Ethical Applications*
MGC	*Mysticism and Guilt-Consciousness in Schelling's Philosophical Development*
MW	*Main Works / Hauptwerke*
OB	*On the Boundary*

PE	*Political Expectation*
RS	*The Religious Situation*
SSTS	*The Spiritual Situation of Our Technical Society*
ST I-III	*Systematic Theology Volume I-III*
SA	*My Search for Absolutes*
TC	*Theology of Culture*
TPE	*The Protestant Era*
TP	*Theology of Peace*
WR	*What is Religion ?*

目錄

第一章

神學

本文嘗試探討田立克（Paul Tillich, 1886～1965，另譯「蒂利希」）關於神學存在（theological existence）和神學根基的討論中，如何從一種基督論發展為一種更有聖靈論色彩的神學觀點。當中會指出聖靈基督論（Spirit-Christology）這種在田立克晚年的神學立場，似乎更能貫徹他開始的神學體系中對基督教神學的根基的重要討論。重要的是，這種立場同時亦為他關於神學圈的神學活動的那種核心性和普遍性的張力中的結合，提供一個更恰當的神學根據。

一　神學的存在

田立克在晚年撰寫的《系統神學》（*Systematic Theology*）導言部分，提出一種進入神學活動的存在狀態。神學活動就是指一種帶有實存的委身態度進入神學圈（theological circle）的樣式，意指這種進入並非一種單純的理性活動，而是處於一種信仰的處境，這也是田立克經常強調神學所包含的應該是一種「關懷」（concern），一種實存的關懷，這種關懷表示出神學活動是具備某種的宗教體驗，這種體驗與神學活動的實存性格是分不開的，是神學活動的主體與客體進入一種生命交流的狀態，客體在神學活動的關懷中再不被視作抽離的外在客體，當人一旦進入這種對終極的關懷時，人的主體性就被要求完全的擺上,同時對方那種抽離的客體性也被取消。這也是田立克強調「神學必然是實存的」(Theology is necessarily existential)意思。[1]

倘若進入神學的活動是指參與在一種神人主客共融的狀態中,而這種終極關懷又是一種實存的具體參與,則人的體驗必然是神學活動一項重要的元素。田立克從來沒有提倡僅僅以人的體驗內容來建構神學內容的人類學式的神學(anthropological theology),相反田立克認為,「體驗是客觀資源(objective source)被接收的中介(medium)」,[2] 系統神學的資源之所以能成為資源是基於人參與進入當中,使這一切的資源不再成為一些外在的他律權威(heteronomy authority),反倒成為人內在生命的部分,這當然是指到一種人參與進入時的體驗。田立克十分欣賞士來馬赫(Friedrich D. E. Schleiermacher, 1768~1834)的「絕對依賴感」(feeling of absolute dependence),因為這種「感受」(feeling)絕非一種心理學意義下的純粹主觀感情,而是一種建基於奧古斯丁—法蘭西斯(Augustine-Franciscan)這種內蘊之路的神學傳統,當中強調對作為無限的上帝的一種內在醒覺,是一種超越主客對揚的參與連結。[3] 依此,人的宗教體驗是一種認識上帝的途徑。但田立克清楚指出,這不等於說:我們可以從體驗中推導出基督教信仰的內容,基督教所建基的基督事件(Christ event)是無法從人的體驗中被推導出來的,但該事件卻需要從人的宗教體驗中被接收。「基督事件是被給予在體驗中,而非體驗中產生出來的。」[4]

可見,田立克努力嘗試把人的宗教體驗放置在一個恰當的神學位置上。從宗教改革運動中,田立克清楚發現兩種迴異的立場,改教家傾向收窄體驗在神學中的位置和角色,不把體驗視為啟示的資源之一,而聖靈的工作亦只作為聖經在人生命內部的見證而己;而極端改教者(radical reformers)則視聖靈臨在能帶出新的啟示,大大擴展了聖靈在人心靈體驗中的重要性，並肯定在體驗中的聖靈能成為神學的資源。[5] 田立克贊成前者將基督教神學建基於基督事件上，排除在這基礎上其他的可能性；但他同時也欣賞後者容許聖靈參與所提供的可能性。田立克認為，縱然基督事件是神學圈內的核心事情，但神學活動並不需要受這核心所轄制，反倒「開放性的體驗」(open experience)更能容許基督教神學與非基督宗教或其他文化思潮對話，並且更能持續地發現新的真理，因此，神學活動是在神學圈內的活動，但這圈的**邊界是可被擴展**。[6] 其次，這種富彈性的神學圈觀念為宗教體驗作為神學資源提供了重要的限制，意思就是宗教體驗與基督事件的信息雙方進行某程度的制衡和平衡。體驗永遠是中介的，但這個中介並非可有可無，基督事件的信息和進入神學圈的活動皆以此為途徑，因此，作為中介的體驗的作用不能太少，否則它將無法承擔起轉化的功能，但它的作用又不能太大，否則它會取消基督事件的核心性。田立克的用意就是宗教體驗要起著一種轉化的作用，而非被強化而成為產生新啟示或弱化而只淪為重覆基督事件。[7]

關於人的宗教體驗和神學存在的討論上，田立克明顯是較同情極端改教者，但卻嘗試將他們與改教運動的其他人之間的距離拉近。人的宗教體驗只有當它與賦予這體驗的聖靈相結合時才可以成為神學的資源，聖靈的能力在人的靈中工作，雙方的結合導致人的體驗具備某種的啟示特質。[8] 所以，人的宗教體驗是可以成為並且必須是神學活動的重要資源，但需要注意的是人的這種個體式的宗教體驗並不是孤立的，是需要與上帝的道共同協作的。田立克強調從事神學活動時必須進入神學圈內，這種進入當然是一種信仰的實存參與，但這種信仰的狀態是指一己被神學圈內容終極地關懷著所使然，而這種信仰的確定性並非依賴人的智性、道德意志或情感狀態；更不關涉於一己的重生(regeneration)和成聖(sanctification)與否或程度深淺。[9] 所以，在某個意義下，神學的存在是處於一種「在邊緣上」(on the boundary) 的狀態，既在神學圈內又在圈外、既參與委身卻又抽離、既在信仰中卻又懷疑。[10] 因是之故，一種生命存在若是神學的，它就是在神學圈內的，而判斷他是否在圈內的判準，則是他是否接納基督教信息作為他的終極關懷。

田立克要處理是否存在一種所謂「非重生的神學」(*theologia irregenitorum*)，究竟從事神學活動的主體是否需要具備某程度上的認信經驗？甚至該主體不在神學圈內，又是否可以進行神學反思？倘若神學的存在是以重生的宗教經驗為前提的，就不可能存在一種非信徒所從事的神學活動；倘若沒有人能確定自己的重生經驗，又或視神學研究的對象是客觀的物件，可公開和開放讓信徒和非信徒參與研究的，就會贊成這種非重生的神學。[11] 田立克似乎並沒有落入其中一方，從以上的分析中，可見田立克採取一種較彈性的處理方法，一方面神學存在是無法擺脫神學圈來理解的，意思是從事一種神學的智性探究所需要的生命投放和委身，是具體和有焦點的。正如田立克所說：「他以一種確實的委身 (concrete commitment) 來進入神學圈，他是作為基督教會的成員來展示其中一種教會的本質性功能——其神學的自我理解。」[12] 但另一方面，這種信仰的委身模態又並非作為信仰主體的人自身能夠把握，以致在信仰處境中的這種狀態就變得完全依賴上帝來判斷。田立克清楚指出，神學活動和存在的本質是否神學性，並非取決於它是否支持或反對基督教信仰，而是這信仰內容是否變成一種終極關懷。[13]

綜合以上的分析，從宗教體驗和神學存在來討論神學活動的品質時，田立克一直在一種辯證的立場上游移，神學圈確實為神學活動劃下了界線，基督教信仰的內容是神學活動的反思對象，但神學圈的界線卻**並非固定不變的**，劃界的線是有擴展的可能和容許內容有更多的加增。倘若神學圈的核心信仰是以**具體的**「作為基督的耶穌」的基督論宣稱為基礎，則這圈的界線的延展和擴張，以致容讓更多開放性的宗教體驗進來，就是靠賴以**普遍性**為特徵的聖靈臨在人的心靈中的工作，依此，這種界線的自由和彈性就由聖靈論來擔負。其次，惟有聖靈突入人的心靈中產生信仰，以致是聖靈來抓住人而非人抓住聖靈，因此，田立克會傾向將神學存在的模態視為一種聖靈臨在的出神狀態（ecstasy），這出神狀態導致信仰主體以基督教內容為終極關懷的對象；但這信仰對象又是以一種基督論來確立的。所以，一種**基督論—聖靈論的範式**正好為田立克的這種神學存在提供了重要的神學基礎。

二　神學的神學方法：關聯法

以上是從宗教體驗和神學主體的視角，來切入有關神學活動的本質和範圍的討論，並指出田立克認為，規範神學活動的神學圈觀念具備某種的具體的核心性和普遍的延展性，同時田立克指出，神學人進入神學圈時的信仰處境，亦指向一種以基督教信息作為終極關懷以及聖靈作為主導信仰者的主要源頭的討論。上述這兩項討論，皆指向田立克在建立他的神學方法論的論述時，所隱含的一種基督—聖靈論的指向。這個神學體系的基礎或方法，在田立克進一步探討神學方法與基督教關係時，得到進一步的確立。

田立克在晚期的《系統神學．卷一》中清楚將神學視為一種護教神學（apologetic theology）或回答神學（answering theology）。[14] 這種神學的方向是

> 在永恆信息的力量中，並聯同「處境」所提供的工具，來回答「處

境」所隱含的問題。[15]

因此，護教神學要努力嘗試將「處境」內的「問題」和基督教「信息」的「答案」關聯起來。有些人以為，田立克這種關聯的神學與巴特（Karl Barth, 1886～1968）所提倡的宣講神學（kerygma theology）是對立的，但正如田立克所言，關聯神學從來都需要以「宣講」作為神學的本質和判準，否則它只會在對話中迷失自身的觀點和立場。[16] 當然，倘若神學作為教會的功能就是指神學的宣講需要帶入文化處境當中的話，一種排他的超越性和只單純重提傳統的宣講神學是無法滿足這個條件的。[17] 所以，田立克認為，單純的宣講神學是無法在當代社會中產生有效性，護教神學需要經常提醒自身努力游走於處境和信息之間。其次，有些人以為，田立克的這種關聯神學是從各種文化和哲學的內容中推論出神學的答案，以致往往會導致神學答案受制於其他非基督宗教的元素。其實，關聯神學從來就極力在兩端中游走，它不滿於宣講神學的其中一個原因，就是宣講神學忽略處境的重要性，以致關聯神學的特色就是努力在處境和信息間進行關聯的工作。田立克清楚指出，這種關聯神學不會從問題中派生出答案，亦不會在展述答案時忽略問題。[18]

其實，田立克早年就已經關注宗教與文化之間的關係，宗教的信息必然是在世俗的文化處境中被彰顯，宗教領域必然是滲透在人類各種精神文化的領域中而非在一種獨立的領域。田立克於一九一九年在柏林大學的康德學會發表了題為「論文化神學的觀念」的演說，[19] 這篇早年的演說內容奠定了田立克往後神學發展的基本框架和重要立場。田立克認為，自康德（Immanuel Kant, 1724～1804）把人類理論理性的合法運作界域局限在經驗世界以後，神學就無法對存在於物自身界域內的超自然上帝有所認識，因此，神學可謂是一種對具體物的知識學。依此，早年的田立克會認為，神學就是一種宗教的知識學（science of religion），這種學科關注於經驗層面的問題，並提供規範的系統性研究。田立克認為神學的目標就是建立一種文化神學，這種神學企劃以關聯人類文化和神學為方向，神學本身就是

> 宗教的具體和規範性科學（concrete and normative science of religion）……這包括兩層的否定。首先，神學並非對某種從其他對象中抽離出來的獨特對象〔我們稱之為上帝〕的一種科學……其次，神學並非對一種啟示的獨特織體（particular complex of revelation）的表達。[20]

第一種的否定已經在康德的第一批判內完成，因此神學再不能對一個超越人的經驗知識界域以外的對象有任何的理論知識；第二種的否定是拒絕接受一種超自然的權威性啟示觀念，就田立克而言，這種觀念在十九世紀的歷史批判學和種種的宗教哲學中已經受到嚴峻的挑戰。[21] 依此，神學應該擔負著一種綜合宗教與文化的努力，極力將文化內的有限形式和無限的宗教內容加以綜合，因此，神學並非對某種獨特而超越的啟示作出反思，也無法對一個離開萬物而被表述為外在對象的上帝的反思。就田立克而言，神學就必然是一種文化神學。[22] 文化神學滿足了神學倫理學的原本意圖，因為神學與社會的存在是緊密連在一起的，而神學倫理學正要對應社會存在，依此，神學所對應的就是種種在社會中的文化存在，田立克由此強調，啟示並非僅於教會視域的時空中彰顯，在文化當中亦碰上啟示。[23]

文化神學要處理文化與宗教間的關係，田立克在此檢視了康德、士來馬赫和黑格爾（Georg W. F. Hegel, 1770～1831）的觀點，田立克認為，三人分別將宗教歸結在實踐理性、感受和理性中，都是有缺失的。宗教與文化的相遇是整體性的，難以指出文化的某一領域是屬於

宗教，那些是不屬於宗教。田立克認為，宗教自身的獨特性使得它並不從屬於某一種的心靈結構和功能，雖然士來馬赫的觀點較為可取，但田立克認為，宗教根本就是感受、理性和意志的複雜統合而非特有的感受，這種態度就是後來他所強調的一種對終極實在（ultimate Reality）那種無制約本性（unconditional nature）的體驗，亦即終極關懷。他認為，是在絕對的無（absolute nothing）中經驗那種絕對的真實（absolute real），意指在體驗一種絕對性時，環繞這絕對的旁邊部分就只能變成次要和相對，這種宗教體驗是經歷一種「是」和「否」的辯證啟示。[24]

田立克將宗教的理解視為人心靈的一種指涉和態度，這指涉並不以某種具像清晰的宗教為目標。「宗教原則並非精神生命中眾多原則中一項，每個宗教意識的絕對性格將會突破這種限制，但宗教卻在每個精神域中為真實。」[25] 田立克的企劃是清楚的，宗教與文化並非兩種涇渭分明的領域，倘若一旦把兩者的相互關係拉扯成一種二元對立的結構，將做成宗教域與世俗文化域的嚴重衝突和對抗。田立克認為，他的文化神學構想並非等同於把宗教消融於各文化領域當中，宗教事實上有它自身獨特功能和特質，但把宗教與文化的徹底分離和讓宗教壓倒文化的方式來消解兩者的存在，這做法田立克是堅決反對的。眾所周知，田立克提倡的是宗教並非各種人類心靈功能中的其中一項，與理性、道德和審美等功能並排，相反，宗教是人類各種心靈活動中和其建構的多樣性文化模態中的底蘊（*Gehalt*）。在早年的神學思考中，田立克已經在超自然主義和自然主義中，採取一條中間路線。他認為宗教自身是辯證的，不可能只片面地倡導神聖者介入或從人的視角談宗教，宗教的兩面性正要表達出在一個宗教體驗中，必然包含人被指向那終極者，同時又是終極者向有限者的神聖突破。

田立克在晚年所倡導的關聯的神學，在基本方向上跟早年的文化神學是一致的，其方法論也就是拒絕以一種超自然主義（supernaturalistic）的方式來理解上帝的啟示，這是一種抽離及與人無涉的他者神學，隱含著幻影論－單性論的基督論傾向（docetic-monophysitic traits），這種超自然神學只關注神學訊息的純正性而漠視它的相關性；[26] 其次，關聯神學也反對人文主義式的自由神學方法，企圖透過分析人的宗教處境來演申出神學答案，這種神學的危險在於混淆了人的本質（essential）和實存（existential）狀態和忽略了疏離所帶來的問題，田立克在這觀點上是完全站在與巴特相同的辯證神學路線上，反對十九世紀以降從人的宗教性為起點來建立整個神學體系的自由神學。[27] 簡而言之，關聯神學是認為「基督教信息提供那個在人處境中所隱含的問題的答案」，[28] 其信息內容是向人的處境作出言說而非由人的處境言說出來。

田立克清楚知道方法需要對應於主體（subject matter），[29] 神學方法和神學研究的主體是分不開，甚至前者是後者的一部分。[30]「神學中的知性關係揭示出在時空下對象根基的實存和超越特質，因此沒有方法可以在缺乏對之應用的對象的先驗知識中而能被建立。」[31] 神學作為一門智性探究的學科，必然需要就探究對象和研究方法作出理解，田立克指出研究對象與研究方法間的關係需要注意兩方面：首先，研究對象這實在（Reality）自身是多層次的，基於對象的豐富性，研究方法不能夠採取方法論的單一主義，每種相異的方法總能對應實在的不同面相，從而對探究的對象有多元的發現；其次，在優先次序上，田立克強調實在（Reality）比起方法（method）更有優先性，意即是實在帶動研究者的方法，這點其實是建基於第一點，實在的多維度面向引導多元的方法，任何單一和排他的方法學的考慮都會減損實在的特質，故此，實在與研究者的相碰就會挑戰研究者一己的智性結構和慣性，因此，「神學的前設就是與實在的獨特相碰」，[32] 田立克明言相碰是包含雙方自身的結構、相碰時實在的結構和兩種結構的關係。依此，在神學方法論上考慮終極關懷的意義時，就是意指對實在有所終極地被關懷著（being ultimately concerned about reality），這種體驗之所以能稱為宗教，就是實在與人發生一種宗教性的相碰，[33] 這也是田立克所指的一種在信仰中的處境。

關聯法是以上帝這個神學研究的主體為前題的，上帝的種種模態引導著神學方法，由於田立克認為，上帝的存有本身就是一種關聯的存有，存有包含知性關係，以致關聯的神學方法也隨之配合這種關聯的存有論。田立克指出就存有論而言，上帝與人處於一種關聯的狀態，這並非否定上帝的超越和自由，上帝自身的啟示必然依賴人對這啟示的接收。換言之，啟示這事件是由上帝主動揭示自身和人接受這事件而產生的。田立克認為，那位「為我們的上帝」（God for us）和「為上帝的我們」（we for God）是相互依存的，在此清楚顯示出田立克所強調的一種「存有類比」（analogy of being, *analogia entis*）的觀念，上帝和人的存有在存有論上是關聯著的，否則，整個神學的知識論就缺乏一種真正意義上的存有根基。[34] 需要注意的是，田立克並沒有因為贊成「存有類比」而推許自然神學的構想，試圖從自然界域的結構來推演出上帝的存有，在田立克的理解中，「存有類比」和「信仰類比」（analogy of faith, *analogia fidei*）並非一種「即此或彼」（either or）而是可以同時並存的關係。前者提供了神人關係的存有論和知識論基礎，後者卻在這基礎上補充了宗教信仰的維度。[35]

三　神學的神學基礎：道成肉身

倘若整個關聯法的根基是在於此神學方法所對應的神學對象，究竟田立克如何看待這對象？基督教神學的神學部分當然是跟神學（theology）的字根有關，是一種對「上帝或神聖之事」（*theos*）的

「思考」(*logos*),所以一切宗教中從事關於神聖之物的理性言談皆是神學,這是一種對「神學」寬闊的理解。這理解只成為基督教神學的必要條件而非充分條件,因為整個基督教神學的基礎是建基於「道成肉身」(*Logos* became flesh)的基督論教義。[36] 就田立克而言,「道成肉身」的基督論在整個基督教神學中佔有極重要的地位。首先,這教義使得基督教神學不僅是諸多神學的一種,而是那**惟一**的神學(*the* Theology);[37] 其次,這教義被視為是自身無法再被超越卻又超越任何基礎的神學基礎;[38] 第三,這教義同時具備一種絕對的具體性(absolutely concrete)和絕對的普遍性(absolutely universal)。[39] 最後的這種普遍性和具體性的張力,賦予基督教神學的神學地位。

> 基督教神學就是那**惟一**的神學(*the* Theology)是由於它建基於絕對具體和絕對普遍的張力中。祭司式和先知式的神學可以非常具體但缺乏普遍性;神祕式和形而上式的神學可以非常普遍但卻缺乏具體性。[40]

絕對的具體性能代表所有的個別性(everything particular),而絕對的普遍性卻又能代表所有的抽象性(everything abstract)。[41] 就田立克而言,「道成肉身」這個基督論陳述表達了絕對普遍的「道」和絕對具體的「肉身生命」的聯合,以致一切生命無論是個別的和抽象的都被包含在這個陳述中,以致基督教神學的根基是建立在一個無所不包的、普遍與具體的聯合的基礎上。就一種實存的語言而言,由於基督是一個具體確切的生命——道**已經成為肉身**,因此在基督裏的生命就是一種與基督產生最具體實存關係的生命聯合,也是一種有情意的位格關係(personal relationship);就一種普遍的存有論語言而言,宇宙性的道（cosmic *logos*）揭示出絕對的普遍性，以致一切可能關係皆能參與無限生命當中。[42] 依此，「道成肉身」的**肉身**生命彰顯出一種在神話體系、神祕玄想和形而上原則中無法達致的一種具體神聖生命呈現；「道成肉身」的**道**的臨在就已經是普遍性原則自身，臨在於萬物之中，一切眾生終究亦在道的裏面。[43]「道成肉身」這個悖論性教義正顯示上帝的道以啟示的方法「突破進入」（break into）人類文化和個體的語境中，在信仰的處境中接受它，並非接受一種荒謬的道理，而是接受和被一種從外而來突入一己生命存在的力量所抓住。[44]

需要注意的是，當田立克談論這種結合絕對的具體性和絕對的普遍性的「道成肉身」教義如何作為基督教神學的根基時，他要處理的問題並非僅是傳統神學上有關神學的預備性部分（*prolegomena*）的內容，而是

> 是否存在一種在基督教之外的神學，若存在，則這種神學的觀念是否能在基督教神學中以一種完美和最終的途徑來被完成……〔神學人的活動〕越過神學圈的邊界後還有對確性（validity）嗎？護教神學的目標是證明基督教宣稱從神學圈以外的觀點而言也具備對確性（validity）。護教神學一定須要展示那種方向，就是內蘊在所有宗教和文化中而邁向基督教答案。[45]

田立克似乎嘗試引入一種能替基督教神學游走於基督教和非基督教領域的重要神學原則，也就是尋找一種能保證神學活動在神學圈內和神學圈外同樣具備合法地位甚至有效的神學原則。倘若文化神學或關聯神學的目標是穿梭於宗教和文化之間，神學活動就必然需要既在神學圈內又在圈外。依此，田立克提出一種既有普遍性又有具體性特徵的神學原則作為整個基督教神學的基礎，是不無道理的，因為

「道成肉身」中的普遍原則，正好為神學活動和神學存在的「越界」活動提供神學的證立，當中的具體原則又為神學活動和存在的核心性提供基礎；更重要的是，這兩者並非分割而是相互結合的，基於絕對普遍和絕對具體的統合，就為神學活動的活動領域置定了中心和邊界性。

田立克曾經指出，哲學活動和神學活動的其中一項差異，就是雙方所依重的資源的分別。哲學活動是預設一種遍在的道（universal *logos*），這種「道」的結構讓哲學活動能發現一種既在萬物又在人的結構中的共同基礎，以致人的主體理性（subjective *logos*）能與世界的客體理性（objective *logos*）產生某種的相遇。相反，神學活動就服膺於成了具體性的「道」——成肉身的道，這種具體的理性（concrete *logos*）是需要在一種實存參與的信仰狀態中被接受。[46] 但田立克立刻就指出雙方在上述分歧中的相同性格，一個哲學家在某種意義下其實已經是一個神學人，就是當他「整個實存處境和他的終極關懷塑造著他的哲學遠象……〔及〕他對整個實在結構的普遍之道（universal *logos*）的直覺是被那個在具體空間中彰顯於他和啟示他整體意義的獨特之道（particular *logos*）所塑造的……〔及〕那獨特之道（particular *logos*）是在特別羣體中活躍委身之事。」[47] 田立克並非指出，每一個哲學家和哲學活動皆在現實上（in actuality）是神學的，他只想指出，在潛能上（in potentiality）哲學活動是可以具備神學性的。而且這往往是在一種張力中，因為哲學活動所效忠的對象是那個普遍之道。神學活動亦同樣面對這個處境，當神學存在是效忠於那個具體而獨特的道時，神學活動是「嘗試把那個終極關懷的道讓它被表述得更有一種普遍性，也就是附合那種普遍之道的結構」。[48] 因此，神學存在除了需要具備一種具體的參與外，還需要服膺於哲學活動所效忠的普遍之道。[49] 因此之故，神學不僅是對終極關懷之對象作出肯定，並且需要作出批判。

〔神學人〕須要冒險駛離神學圈的邊界之外，因此雖然教會內的虔誠與有權者靠賴前者活在相同處境的神學人的努力上，但仍會懷疑他們。由於神學不僅服侍那具體的道，他還服侍那普遍的道，以致神學會成為教會的絆腳石，並成為神學人的魔化試探。[50]

總而言之，田立克認為，哲學領域和神學領域各自有所屬的範圍，這範圍由各自所從事的活動的基礎所構成，前者是依賴在普遍的道所建立的，後者是回應那具體的道所建立的。但與此同時，雙方的邊界亦是相疊而不分離的，神學圈賴之以建立的具體之道和哲學域賴之以建立的普遍之道是等同而非衝突的。「基督教宣稱道在作為基督的耶穌中成為具體，也就是那普遍之道，這包括認為無論那道在甚麼地方行動皆認同基督教信息。沒有一種服從於普遍之道的哲學可以與具體的道相衝突。」[51]

倘若上述這種以「道成肉身」的普遍性和具體性結合的神學的質料基礎（material foundation）的討論，已引向一種跨越神學圈的神學活動和存在，我們回看田立克為神學所下的形式判準（formal criteria）會發現有類似的方向，就是神學所探索的對象，不必然局限於神學圈以內。田立克指出，神學的研究對象是那些終極關懷著我們之物（what concerns us ultimately），就是一切成為我們終極關懷的都成為神學的對象。[52] 這種定義一方面消極地防止神學活動與其他世俗文化哲學活動相混淆，保護了各自的活動領域內的獨特性和合法性，神學的活動對象是無關於那些初始關懷之物（preliminary concern），但田立克馬上又提出，終極關懷和初始關懷之物並不對立，神學活動更需要在初始關懷之物中找尋終極關懷之物，終極關懷之物正是在初始之物中實現自身的。[53] 因此，就積極而言，神學對象又並非只局限於某些終極之物上，而是遍及一切文化領域，在他們的文化和哲學的形式中尋找那種能為我們終極關懷之物的終極力量。[54] 因此，神學的活動的形式規模就不會受神學圈所限制，更準確而言，神學圈的擴延性是包括一切文化內容。另一個神學對象的形式判準，就是那些關連於存有的生死攸關（being and non-being）之物。[55] 重要的是，這判準亦沒有專指某些宗教教義、內容和象徵，換言之，一切關於人生命存有、結構和意義的問題都會成為神學的對象。[56]

依此分析，倘若神學活動和存在是靠賴神學對象所設定的範圍而定的，田立克上述的兩種形式判準，正為同時在神學圈內和圈外的神學活動提供了形式上的安立。田立克指出判準中的內容核心是具體的，但邊界和範圍是不固定的和帶有普遍性的。在《系統神學．卷一》中，田立克將整個關聯神學的企劃安置在一種道的基督論（*Logos* Christology）中，嘗試以道成肉身的教義來架起一種既有具體核心的神學圈觀念，但又同時為使神學活動能遊走於各種文化領域，以致需要兼顧一種同時具備普遍性的道的教義。但這種具體與普遍結合的道的基督論在田立克的《系統神學．卷三》中，就完全以聖靈論來支撐，似乎田立克認為，要達致平衡道的普遍有效性和具體的核心性，聖靈論比道的基督論是更為直接和方便。

四　從道的基督論到聖靈論

聖靈論在田立克神學的發展中佔有重要的意義，這教義甚至成為田立克整個關聯神學考慮的一個新的切入點。[57] 我們要問：聖靈論在甚麼意義下，比起道的基督論，更能發揮田立克原初打算置基督教神學於道的基督論之目的？

田立克非常清楚，在早期教會神學中一直在兩種基督論中徘徊不定，道的基督論指出神聖存在的道轉化自身而成為人（becomes man），這種轉化的基督論（transformation Christology）可說是一種從上而下的基督論；[58] 而嗣子論的基督論則傾向認為，上帝神聖的道（或靈）指示和收納耶穌為兒子，這就較接近一種聖靈的基督論（Spirit-Christology），可說是一種從下而上的基督論。[59] 顯然，田立克在《系統神學·卷一》中將整個重點放在轉化的基督論上，一方面由於聖靈論並非卷一的重點，其次，田立克似乎一直只著眼於「道成肉身」中「道」和「肉身生命」兩者所分別彰顯的普遍性和具體性原則，而忽略了其中如何「成為」（becomes）的神學問題。因此，在卷一出版後的演講中，談到游斯丁（Justin）的轉化基督論後，田立克仍只是區分開兩種基督論，而沒有作出比較和探討綜合的可能。[60]

然而，田立克在《系統神學·卷二》中就已經意識到這個基督論的核心問題，一方面他對《迦克墩信經》（Chalcedonian Creed）的兩性基督論（two-natures Christology）提出批判性的修正，其次又就早期教會護教士所推許的道成肉身的基督論陳述方式提出質疑，並嘗試提出嗣子論的基督論和道成肉身的基督論的互補的可能性。[61] 田立克清楚指出，整個基督論的問題是如何保存「作為基督的耶穌」（Jesus as the Christ）中的基督品質（Christ-character）和耶穌品質（Jesus-character）。有兩點需要注意的，田立克仍然延續卷一中關於普遍性和具體性結合的重點，「基督品質」和「耶穌品質」分別代表著上述的兩項原則；其次，田立克以「新存有」（New Being）這概念來表述神聖原則彰顯在具體實存生命中的實現，換言之，也是延續卷一中所謂普遍性和具體性的結合的實現。但田立克已經從普遍性和具體性的張力的討論，轉移到在「新存有」身上如何保持恰如其分的神性和人性，「問題就在於如何思想完全人性和完全神性的結合」。[62]

田立克在《系統神學‧卷二》中對嗣子論的基督論和道成肉身的基督論的評價，已經採取比較中庸的路線，就是這兩種基督論需要互補，「任何一方都無法在缺乏對方情況下繼續運作」。[63] 當嗣子論認為上帝透過聖靈收納耶穌為基督，必然引致一個揀選的問題，就田立克而言，上帝的靈為何選擇耶穌？這就迫使回到道的先存性（pre-existent *logos*）問題上，「嗣子論的基督論的解釋需要道成肉身的基督論」；同時，倘若道的成肉身並非一種「變形」（metamorphosis），而是道完全在一位格生命（personal life）中的彰顯，則必然需要考慮此真實位格生命中的動態性處境，這就是嗣子論中的部分，否則基督事件中的人性部分就變得不真實。[64] 道的基督論已經在田立克的神學體系中出現了重要的發展，他指出在基督論的討論中，若真正處理基督論和救贖論的問題，「新存有」的彰顯必然需要在真實的位格個體生命中呈現，田立克充分意識到帶有嗣子論傾向的基督論似乎較能提供這方面的幫助，當然，他一直需要平衡道的基督論那種啟示的方向，和嗣子論那種真實人性的方向。及後在卷三中，以聖靈基督論的全面展開可說是這個嘗試的完成。

田立克認為，聖靈基督論就是指「聖靈沒有扭曲地臨在於作為基督的耶穌裏」，[65] 按照符類福音的傳統，耶穌的一生都由聖靈的帶領，田立克認為這種模式較能理解耶穌本人的信仰掙扎和聖靈持續不斷的保守，同時，這並非一種從人轉化成基督的過程，「並非拿撒勒人耶穌的靈讓他成為基督，而是聖靈臨在，即在他裏面的上帝，擁有他並驅動他那個個體的靈」。[66] 聖靈基督論似乎較能解決道的基督論和嗣子論所遺留下來的問題，倘若道的基督論所強調的那種「道**成為**（becomes）人」會輕忽了基督論的耶穌品質，而導致本來的普遍性和具體性原則結合無法達致平衡，而嗣子論的基督論所強調的那種「耶穌此人**被收納**為基督」會輕忽了基督品質，又同樣導致無法在普遍性和具體性方面發生問題，則聖靈基督論所強調的一種較具普遍性的聖靈，不斷持續在耶穌此人的靈中工作，依此，普遍性原則的聖靈和具體性原則的耶穌個體生命的靈皆能保持在一種均衡的結合狀態。

田立克沒有片面地強調聖靈那種自由的角色，他一直努力把基督論與聖靈論拉緊在一起，他非常強調「基督就是那靈」(Christ is Spirit)，並且「在作為基督的耶穌身上所彰顯的新存有正是過去和將來**所有**屬靈經驗的判準」。[67] 可見，並沒有一種離開基督的聖靈的工作，遇新存有的那份實存生命的相遇，也是一種聖靈臨在被抓住的狀態。聖靈在人的靈中所產生的那種「出神」(ecstasy)狀態，和人的理性結構是不會衝突的，[68]

> 每個聖靈臨在的新彰顯都處於他在作為基督的耶穌中彰顯的判準之下，這就是對舊和新的聖靈神學的以下宣稱的批判，他們認為聖靈啟示性的工作在質上是超越基督的。[69]

聖靈每個啟示性彰顯和基督所彰顯的新存有是等同的。

聖靈臨在於人的靈中揭示了那種被上帝抓住的狀態，「信仰就是被終極關懷所抓住的狀態」。[70] 所以，倘若神學存在是以信仰為一種委身於神學信息的狀態，聖靈進入此人的生命中所產生的信仰也是一種以作為基督為耶穌的信仰，田立克強調，在聖靈論的視角談信仰，信仰就必然是一種「向著聖靈保持自身開放性」的態度，[71] 在聖靈臨在中，這種信仰是一種參與的順服態度，要求人以一己的生命透過信仰來委身於信仰當中。所以，田立克多次強調信仰並非一種感受、心理狀態、亦無法透過意志的行動和理性的建構出來的，信仰本身就是一種非人能導引出來的屬靈真實(Spiritual Reality)。

五　結論：趨向一種以基督論—聖靈論的神學圈觀念

神學存在需要以一種信仰的狀態來進入神學圈內從事神學活動，從以上的分析中，田立克會以一種基督論和聖靈論結合的進路，來表達這種神學活動的內容。基督論提供了一種神學圈的信仰信息的核心，是神學人與作為基督的耶穌的實存生命的相遇，耶穌基督的啟示奠定了神學活動的對象；但同時，整個關聯神學需要一種更富彈性的神學圈概念，神學人的活動也需要一種越過神學圈外的神學理由來證立，信仰原本就是上帝決定的事情而非人的一種知情意的能力而已，聖靈論正好提供了一種這樣的神學證立的神學根據。

田立克在討論整個神學根基中的「道成了肉身」的基督論中，到以聖靈基督論的發展，他從來沒有提出要修改這個立場。但我們會發現，倘若要更徹底推行他在神學存在、神學圈、關聯神學和普遍性與具體性原則的立場，惟有聖靈論的引入才能得到較滿意的答案。所以，在討論基督教神學的預備性方法論部分時，正如田立克所言，神學體系其實可以由任何一種教義開始，依此，聖靈基督論的部分同時可以作為基督教神學的根基部分。

註 釋：

1. Paul Tillich, *Systematic Theology*, vol.I (Chicago, IL: University of Chicago Press, 1951～1963), p.23。田立克的神學經常被認為是一種「存在主義的神學」(existential theology)。他已經指出，這個標籤其實只是一半的準確，他的神學除了關注「實存」(existential) 的層面外，「本質」(essential) 部分也是重要的，他甚至對「存在主義神學家」(existentialistic theologian) 的指稱抱反對的態度，認為根本沒有這種神學活動，有的只是將存在主義的哲學發展，帶到服侍神學的狀態，而非將兩者分開，參：Paul Tillich, "Philosophical Background of My Theology (1960)," in *Paul Tillich, Main Works / Hauptwerke*,

vol.I, ed. by Gunther Wenz (Berlin: Walter de Gruyter, 1989), p.416。其次，雖然田立克經常引用存在主義哲學（existential philosophy），但他所強調的「實存」（existence）觀念，其實可追溯到比存在主義哲學更早的希臘哲學傳統，參：Paul Tillich, "The Nature and the Significance of Existentialist Thought (1956)," in *Paul Tillich, Main Works / Hauptwerke*, vol.I, pp.403～410。第三，當田立克談到神學的實存性格時，更根本的意思往往並非討論存在主義哲學，而是神學人在進行神學活動時一己生命參與進去基督教信仰中的那種真實具體狀態。

2. Tillich, *Systematic Theology*, vol.I, p.46.
3. Tillich, *Systematic Theology*, vol.I, p.41.
4. Tillich, *Systematic Theology*, vol.I, p.46.
5. Tillich, *Systematic Theology*, vol.I, p.45.
6. Tillich, *Systematic Theology*, vol.I, p.45。粗體乃筆者強調。
7. Tillich, *Systematic Theology*, vol.I, p.46.
8. Tillich, *Systematic Theology*, vol.I, p.46.
9. Tillich, *Systematic Theology*, vol.I, p.10.
10. Tillich, *Systematic Theology*, vol.I, p.10.
11. Tillich, *Systematic Theology*, vol.I, p.11.
12. Tillich, *Systematic Theology*, vol.I, p.10.
13. Tillich, *Systematic Theology*, vol.I, p.10.
14. Tillich, *Systematic Theology*, vol.I, p.6.
15. Tillich, *Systematic Theology*, vol.I, p.6.
16. Tillich, *Systematic Theology*, vol.I, p.7.
17. Tillich, *Systematic Theology*, vol.I, p.7.
18. Tillich, *Systematic Theology*, vol.I, p.8.
19. Paul Tillich, "On the Idea of a Theology of Culture," in *What is Religion?*, ed. by James Luther Adams (NY: Harper & Row Publishers, 1973), pp.155～182。較新的英譯本參：Victor Nuovo, *Visionary Science* (Detroit: Wayne State University Press, 1987), pp.17～40。
20. Nuovo, *Visionary Science*, pp.20～21.
21. Tillich, "On the Idea of a Theology of Culture," p.157.
22. Russell Re Manning, *Theology at the End of Culture: Paul Tillich's Theology of Culture and Art* (Warotstraat: N. V. Peeters, 2005), p.122.
23. J. Heywood Thomas, *Tillich* (NY: Continuum, 2000), p.32.
24. Nuovo, *Visionary Science*, pp.24～25.
25. Nuovo, *Visionary Science*, p.33.
26. Tillich, *Systematic Theology*, vol.I, pp.64～65.
27. Tillich, *Systematic Theology*, vol.I, p.65。田立克跟十九世紀的自由神學與二十世紀初的所謂

「新正統」神學之間的關係，是一個複雜而非本文討論的課題，有興趣的可參本書第二章。但田立克曾指出，他所倡導的「新教原則」（Protestant principle）可以同時讓新教神學既是「自由的」（liberal）亦是「正統的」（orthodoxy），他稱呼這種進路為「新辯證神學」（neo-dialectical theology）。詳參：Paul Tillich, "Author's Introduction," in *The Protestant Era*, ed. by James Luther Adams (Chicago, IL: University of Chicago Press, 1948), pp.xxvi～xxviii。

28. Tillich, *Systematic Theology*, vol.I, p.64.
29. Tillich, *Systematic Theology*, vol.I, p.60.
30. Tillich, *Systematic Theology*, vol.I, p.60.
31. Tillich, *Systematic Theology*, vol.I, p.60.
32. Paul Tillich, "Problem of Theological Method," in *Paul Tillich, Theologian of the Boundaries*, ed. by Mark K. Taylor (London: Collins, 1987), p.128。此文原於1941年出版。
33. Tillich, "Problem of Theological Method," p.128.
34. Tillich, *Systematic Theology*, vol.I, p.61.
35. Tillich, *Systematic Theology*, vol.I, p.131. 田立克指出，對啟示的認識必然是一種「類比性」（analogous）的知識，有限和無限之間的「存有類比」使得啟示知識可能，「存有類比」本身並非一種發現上帝真理的自然神學的方法，而是將有限的質料內容轉移到理解無限的啟示認知過程中，就像「宗教象徵」的指示性功能。
36. Tillich, *Systematic Theology*, vol.I, p.16.
37. Tillich, *Systematic Theology*, vol.I, p.16。粗體乃作者強調。
38. Tillich, *Systematic Theology*, vol.I, p.16.
39. Tillich, *Systematic Theology*, vol.I, p.16.
40. Tillich, *Systematic Theology*, vol.I, p.16。粗體乃作者強調。
41. Tillich, *Systematic Theology*, vol.I, p.16.
42. Tillich, *Systematic Theology*, vol.I, p.17.
43. Tillich, *Systematic Theology*, vol.I, p.16.
44. Tillich, *Systematic Theology*, vol.I, p.57。有關田立克這種作為「突破」的啟示觀念，參：Uwe Carsten Scharf, *The Paradoxical Breakthrough of Revelation, Interpreting the Divine-Human Interplay in Paul Tillich's Work 1913-1964* (Berlin: Walter de Gruyter, 1999)。
45. Tillich, *Systematic Theology*, vol.I, p.15.
46. Tillich, *Systematic Theology*, vol.I, p.23.
47. Tillich, *Systematic Theology*, vol.I, p.25.
48. Tillich, *Systematic Theology*, vol.I, p.25.
49. Tillich, *Systematic Theology*, vol.I, p.25.
50. Tillich, *Systematic Theology*, vol.I, pp.25～26.
51. Tillich, *Systematic Theology*, vol.I, p.28.

52. Tillich, *Systematic Theology*, vol.I, p.12.
53. Tillich, *Systematic Theology*, vol.I, p.13.
54. Tillich, *Systematic Theology*, vol.I, p.13.
55. Tillich, *Systematic Theology*, vol.I, p.13.
56. Tillich, *Systematic Theology*, vol.I, p.13.
57. 賴品超：《開放與委身：田立克的神學與宗教對話》（香港：宗文社，2000），頁169～220。賴品超指出，正因為聖靈論的開展，導致田立克需要重新考慮關聯法的合法性和有效性，導致田立克最終未能完全滿意《系統神學．卷三》的完成。
58. Paul Tillich, *A History of Christian Thought*, ed. by Carl E. Braaten (NY: A Touchbook Book, 1967), p.80.
59. Tillich, *A History of Christian Thought*, p.80.
60. Tillich, *A History of Christian Thought*, p.32。田立克指出：「若是由道（或靈）去收納耶穌其人，則我們將有一種有別於道轉化成肉身的基督論。」
61. Paul Tillich, *Systematic Theology*, vol.II (Chicago, IL: University of Chicago Press, 1951～1963), pp.138～150。第一項的修正並非本文重點，故不詳談，可參本書第四章。田立克大概是以一種「永恆的神–人–聯合」（eternal God-man-unity）的這種動態性的關係代模（dynamic relational model），來代替傳統上較靜態的神性（divine nature）和人性（human nature）結合的兩性論的基督論。其次，可參：Paul Tillich, "A Reinterpretation of the Doctrine of the Incarnation," in *Paul Tillich, Main Works / Hauptwerke*, vol. 6, ed. by Gert Hummel (Berlin: Walter de Gruyter, 1992), pp.305～318。
62. Tillich, *Systematic Theology*, vol.II, p.142.
63. Tillich, *Systematic Theology*, vol.II, p.149.
64. Tillich, *Systematic Theology*, vol.II, p.149.
65. Paul Tillich, *Systematic Theology*, vol.III (Chicago: University of Chicago Press, 1951～1963), p.144.
66. Tillich, *Systematic Theology*, vol.III, p.146.
67. Tillich, *Systematic Theology*, vol.III, p.144.
68. Tillich, *Systematic Theology*, vol.III, p.116. 田立克在這裏強調，保羅其實是一位聖靈的神學家（theologian of the Spirit），在保羅的神學中充滿著聖靈論的表達。詳參：John Clarles Cooper, *The "Spiritual Presence" in the Theology of Paul Tillich, Tillich's Use of St. Paul* (Macon, GA: Mercer University Press, 1999)。
69. Tillich, *Systematic Theology*, vol.III, p.148.
70. Tillich, *Systematic Theology*, vol.III, p.130.
71. Tillich, *Systematic Theology*, vol.III, p.132.

第二章

辯證神學的辯證品質：巴特與田立克[1]

對西方神學史稍有認識的都知道，在二十世紀初德語神學世界中，出現過一場「辯證神學」運動，這場被學者稱為辯證神學的運動在神學史上佔據著重要的位置，它將歐洲十八、十九世紀以來的新教神學（或稱為自由神學）給予最嚴厲的攻擊，並為近代新教神學的發展奠定根本性的基礎。

據黑格爾的辯證法邏輯而言，「辯證」意指兩種對立之物件，正題與反題間經過矛盾的對立後綜合和提升到另一合題中。這種類似的觀點被二十世紀初的一批神學家所挪用，他們基本上反對自由神學所隱含的那種神學人類學，企圖透過分析人的宗教體驗來理解上帝本身，同時對於他們所認為的那種科學化的宗教歷史法採取批判的態度。辯證神學宣告神與人、上帝與世界有著一種辯證上的矛盾，當中存在著極大鴻溝，這鴻溝無法透過人的宗教性或歷史批判學來跨越，只能從上帝那邊出發。「不再是我們抓住上帝，而是我們被上帝抓住。」

早期巴特的神學可謂標誌著這種辯證神學的里程碑，但同期，田立克又就辯證神學的問題與巴特展開過一場重要的神學討論。本文無意要全面比較巴特與田立克的神學，只想就當時雙方的討論帶出的問題，來思考辯證神學的兩種理解，並就此基礎上認識他們神學上的分歧的關鍵處。本文會先陳述田立克對巴特辯證神學的不滿，及後回到他們兩人在一九二三年的神學討論上，指出他們當時對對方的誤解和立於不同的立場上；最後，就兩人的神學分歧作出一種分析，巴特的辯證神學是一種高舉上帝在基督裏得勝的辯證法，沒有跟隨他老師馬堡大學的哈曼（Wilhelm Herrmann）那種平衡的對立關係；但田立克較傾向一種平衡的做法，同時保存「是」和「否」的張力。這種差異亦反映出兩人背後的神學理念上的分道揚鑣。

一　超自然而非辯證的神學：田立克論巴特

在田立克到達美國不久的一九三五年，他就當年跟巴特在《神學報》（*Theologische Blätter*）上的討論再次作出一次綜合性的評論，在題為〈「辯證」神學有何錯誤？〉的文章中，田立克首先指出，巴特神學在當年對抗自由神學是必須的而且應該，自由神學「以自我成長的人格代替罪人，以自我發展的宗教人耶穌代替基督，以人性自我發展的宗教意識代替在聖經中上帝的道」。[2] 因此，田立克認為，當年巴特神學的重要性正在於強調上帝那種不受人的存在和行動所操控的主權，而這種神學的強調不僅應在巴特的神學中，也同時屬於「聖經、教會和一般的神學」。[3] 顯然，田立克並無因為自身神學路線上的分歧而片面地批判巴特的神學，反而能指出巴特神學的重要性。

在巴特早年的神學中，他提出耶穌基督正是神人間的那種「悖論」（paradox），對於基督教神學建立在這個基督論的悖論，田立克也同樣贊成，田立克明言基督教神學的根基正在於「道成肉身」的這個基督論陳述，所以，巴特與田立克在這觀點上是一致的。可惜，巴特似乎並無貫徹這種以辯證方式來處理「悖論」的進路，反而在田立克眼中，巴特以一種超自然主義的方式來表述基督論的悖論。[4] 依田立克的觀點，巴特當時在神學上提出「不可能的可能性」(impossible possibility)，[5] 正想表達人在認識上帝的問題上是不可能的。就巴特這種神學的立場來看，

> **每種類型的自然或文化神學都隨同宗教哲學而被定罪，因為他們都嘗試一方面從自然那邊，或從哲學、科學、藝術和歷史的另一面發現上帝的一種當下的知識**(immediate knowledge of God)。文化與歷史皆是人孤立所處之域，表達出人的關懷所在，及受制於人，而非受制於神學判準。自然只能以人的方法而非神學的方法來詮釋。人與上帝的可能性是徹底地分離的，因人是罪人，而自然的無罪性的可能性是一種抽象，就對我們而言是絕對沒有意義的。[6]

關鍵在於，巴特所談的啟示的基督論是以一種超自然的方式介入，巴特基本上對歷史批判學和歷史耶穌的問題不感興趣，他只關心那個啟示的基督。基督在歷史中但卻不屬於歷史。[7] 依此，整個「不可能的可能性」的悖論性論述(paradoxical discourse)其實是人的不可能性和上帝的可能性，據田立克而言，神學活動永遠只能理解為一種真實，一種人的不可能(human impossibility)和神聖的可能(divine possibility)的真實。依此，超自然的進路就為著堅守這個真實的神聖性而阻止任何人為的干預，而辯證之途就堅持神聖的可能性不能以人的可能性來理解，反而質問神聖的可能就是人的可能，「為著人真能探問上帝，人一定已經體驗那位作為可能問題的目標的上帝」。[8] 依此，這種人的可能又不僅單純是人的可能，因為上帝的內蘊性已經具備在人的可能提問當中。需要注意的是，田立克並非處於一種將神學人類學化的自由神學立場，他清楚指出，自由神學的問題在於認為這種神聖的可能僅

能從歷史中提煉出來，而超自然主義的神學卻反倒認為神聖的可能是從歷史以外注射進去的。[9]

其次，田立克指出在強調神人之間的「存有論上的無限差異」（巴特語）時，不能忽略神人間的神學活動總是一種「初始性的試錯知識」（preliminary erring knowledge），在這基礎上，人類文化總在上帝啟示的視角中處於一種「是」和「否」的辯證當中。田立克認為，宗教混合主義和宗教歷史相對主義都是危險的，自由主義的神學把宗教歷史等同於啟示歷史也是不可能，但倘若巴特將兩者以一種超自然主義的方式來把他們作出一種相互排斥的立場也是過分的。[10]

> 辯證的詮釋能在宗教歷史中找到答案、錯誤和問題，這些都引導到終極的答案，沒有這些，終極答案將仍然屬於未被質問、非智性和異類的。[11]

田立克強調，文化永遠不是啟示，人類文化創造總是在一種含混的狀態，「既非單純視上帝為遙遠的真實，又非單純視自身為人類神聖的自我榮耀，而是對上帝充滿著犯錯和提問的知識」。[12] 依此，全面否定人類文化在神學的活動上的角色和重要性是極端的，田立克的觀點是，當巴特指出神學的辯證性格中的一方（神聖的可能性），是惟有依賴上帝來擔負的，這是對啟示一種過分天真和片面的理解（儘管這種理解在當時有適切性），因為神聖的可能性是不能離開人的可能性來理解的，啟示永遠是一種「為人」（for us）的啟示，「啟示甚至將不能是神聖的**可能性**——啟示就是向人的啟示——倘若這啟示無法透過作為人的現象的文化諸形式手段來接收」。[13] 巴特的那種理解，只會導致啟示成為「在文化中的一個破壞性異物的本質，在人類領域中一個毀滅性的非人物件，並無能於塑造和引導人類歷史」。[14]

最後，就超越和內蘊的問題，田立克非常贊成巴特所強調的，神學本身並非一種人學，田立克認為神學本身是要回答人學所提出的問題，因此，神學的起點是需要在人實存的提問中，人類關於上帝的提問皆是一種對自身有限性所帶來的種種焦慮所引出的問題，人處於這種實存狀態的提問，其實已經對自身的有限性有所體會，這體會某個意義而言又是一種對無限的體會和認識。人在其有限自身中提出一種越過自身的超越性行為舉動，超越性行為乃是向超越者所提出的問題。「超越化行為並不意指我們擁有超絕。」[15]（This transcendentalizing act does not signify that we possess the transcendental.）上帝真理的內蘊性臨在人的心靈深處（*in interiori anima habitat veritas*），[16] 以致人從生命的深處中提出超越性指向的提問，這完全不能被理解為一種費爾巴哈式的投射理論或神學人類學化的舉動，反而這是辯證的進路引導在人的內在深處尋找超越性的痕迹。

二　一九二三年的辯證神學之爭

從以上的分析中，我們會發現田立克在欣賞和肯定巴特當時的辯證神學的有效性時，也作出嚴厲的批評，這種批判完全出於一個站在同一戰線上的神學伙伴而提出，所以，當強調巴特和田立克在神學上的分歧時，我們要注意其實在分歧中雙方有著不少在方向上的一致。倘若辯證神學的辯證特質是當時一批二十世紀初德語神學家的共同方向，釐清這種辯證的元素將有助搞清楚田立克與巴特在這問題上的分歧。依此，我們需要回到雙方在一九二三年間的神學發展和對話。

1 辯證神學有多辯證？批判性的抑或積極性的悖論

對**早期的**巴特而言，他要抗衡整個以自由神學為代表的十九世紀的神學方法。在自由神學的理解下，上帝無法成為理論理性（theoretical reason）的認知對象，因為在康德的哲學中，人的經驗知識只局限於感知世界（sensible world），越過此經驗領域，沒有任何對象能被直觀，因此上帝的客觀知識是不可能的，因為「上帝」已經是一個遠離我們知識象限外的超越存有，所以，有關上帝的知識只能是「主觀性」的。「主觀性」並非意指個人的愛好，而是指一種存有的實存模態，這種模態是由宗教經驗所引導的。「虔誠的自我肯定性本質就是：存有的意識絕對依賴……與上帝關係中的存有。」[17] 由此，有關上帝知識的研究也就成為研究人類宗教經驗與存有實存模態。這種被巴特視為一種**人類學轉向**的神學研究，正是把基督教神學引入歧路的構想，再加上這班自由神學教授的參戰立場促使巴特堅決與自由神學劃清界線。[18] 因此，巴特需要重尋神學的方法，基本上他認為自由神學忽視了上帝的「他性」，上帝是「完全的他者」，他並非我們世界和心靈裏的對象。巴特認為整個自由神學都走錯了路，以為神聖知識的主體是人的宗教意識，相反，他堅持神學知識的主體永遠是上帝自身。「上帝在天上，而你卻在地上」正是《羅馬書釋義》第二版（一九二二年）的核心主題。[19] 在《羅馬書釋義》中，巴特不單強調上帝與人的「無限本質上的區別」，他還以辯證的思想去處理上帝和人的關係。「那個與我們相遇的『否』正是上帝的『否』。我們所欠缺的正是能幫助我們的，那驅禁我們的正是新家鄉，那否定所有世上真理的亦正是那根基。因為準確來說上帝的『否』是完整的，它亦是上帝的『是』。」[20]

田立克作為當時德國辯證神學羣體中的「地下成員」（subterranean members），對以巴特為首的這種神學構想有充分的理解，於一九二三年（就是《羅馬書釋義》第二版出版後一年）就《神學報》之邀，對巴特帶動當時的這場神學運動作出回應。當時，田立克就以題為〈批判與積極的悖論〉（*Kritisches und Positives Paradox: Eine Auseinandersetzung mit Karl Barth und Friedrich Gogarten*）來對整個辯證的神學構思進行批判。[21] 首先，田立克肯定巴特為首的辯證神學作為回應十九世紀以降的新教神學路線的價值，其中包括，田立克認為當時辯證神學正確地指出，所有對神聖無限作非悖論（unparadoxical）、客觀（objective）和非中介（immediate）的理解都是有問題的，他們的危險是會將有限與無限的界線混淆和含糊了，企圖以人言代替神言是漠視兩者的距離。

但田立克馬上指出，巴特的問題是沒有認清這種神學批判力度的「否」的前提，是需要神聖的「是」作為補充的，也就是「批判性悖論的神學，是要交給悖論而不僅是辯證，依此，它就能成為積極性悖論的神學」。[22] 田立克的意思是，巴特式的辯證神學只單方面強調神聖的「否」，卻沒有想到真正的辯證神學是須要在神聖的審判之前提上肯定上帝的恩典，「否定之所以能彰顯，僅由於以肯定來理解，而非否定本身」。[23] 依此，田立克認為，辯證神學若要達到真正的「辯證性格」，它是有兩條戰線的，一方面批判一種只有恩典沒有審判、無限與有限缺乏一種悖論的聯合（paradoxical unity）的觀念論（idealism）；另一方面批判一種視有限的罪性為自然的過程卻沒有恩典聯合的實在論（realism）。[24] 明顯地，田立克是採取一種中間路線，在神學上，一方面指出帶有觀念論傾向的自由神學是忽視了人的消極性和漠視了上帝的超越性所帶來的否定性；另一方面巴特式的神學亦有一種實在論的性格，忽略了神聖的恩典（是）和審判（否）是可以有一種悖論式的聯合。

田立克從上帝與自然、上帝與人的靈和上帝與歷史這三重關係，來闡釋這種悖論式的聯合。首先，基督是創造的中介，因此，創造和救贖都是來自**同一位**基督，田立克認為上帝由始至終只有**一個**神聖行動，這個恩典行動帶來創造和救贖，創造最終是要指向救贖的，而救贖又以創造為前題。依此，自然並無因為墮落而離開了上帝的創造性的恩典中，反而透過信仰能洞悉上帝在自然中的創造與拯救的行動。[25] 其次，田立克指出以人的靈所建構的人類文化，同樣存在於上帝的啟示恩典和審判的悖論式的聯合中。巴特式的批判性悖論不僅沒有正視在人類文化中可能有上帝的啟示在其中，更甚的是，他沒有認清這種辯證神學同樣是一種帶有濃厚歷史和文化色彩的神學構想！[26] 依此，若如巴特所言，人類文化自身是完全墮落的話，巴特式的辯證神學亦應是墮落的產物！[27] 由此，田立克正面地確認人之言並非一種本質上敗壞之物，從創造的維度而言，人言是美善的，人言只是受到罪帶來墮坎的影響而與上帝為敵。所以，人言其實在一種含混的狀態中，一方面是有魔性罪性，另方面卻又有上帝與啟示於其中。這正是田立克認為的一種悖論式的聯合。[28] 最後，田立克認同上帝與人碰面是在歷史場域中，這種啟示的發生並非歷史理性所能完全包含的，但卻不能視之為不真實！他認為，巴特傾向把救恩歷史吞沒了世俗歷史，因此，基督的啟示就只能以一種「超自然」的進路來理解，[29] 其實，基督的彰顯是有形有體地出現於具體的歷史場域當中，辯證神學提出一種批判歷史的批判性悖論，但忽略了這種宣稱實質上是需要紮根於歷史當中！這正是田立克所言的批判性中的「積極性根源」。[30]

故此，田立克的批評是一種從辯證神學**內部而非外部**作出的檢視，要真正實踐辯證神學所應許的目標，不能僅有一種消極性的批判性悖論，要達到上帝與世界的辯證關係論述，需要確定辯證性中的積極性位置，這個是巴特**早期**強調神人絕對差異的神學所缺乏的。所以，就田立克而言，巴特式的辯證神學根本沒有辯證性，而只有一種超自然主義在其中。[31]

2 積極性悖論的「悖論性」：基督神學還是文化哲學？

巴特於同年就田立克的回應作出反駁，他那篇題為〈積極性悖論的

「悖論性」〉(*Von der Paradoxie des, positiven Paradoxes*)文章中[32] 就辯證神學的積極性悖論(positive paradox)作出肯定，明確指出田立克誤解了他的意思，並且就田立克提出的論點作出攻擊，當中，逐漸突顯雙方神學理念的差異，並顯示出似乎雙方是站在不同的問題意識來檢視問題，從而兩者神學理念間的差距愈來愈大。

巴特在整篇文章中一直堅持一個核心的論點，基督就是那「積極性悖論」，依此，巴特認為辯證神學並無田立克指責的喪失了辯證性的積極性而只有否定性，相反，巴特認為田立克指出那三重的所謂「悖論式的聯合」，正是一種非悖論性的構想，[33] 因為巴特認為田立克表明的神與世界(自然、靈與歷史)關係是一種靜態的本然的存有論狀態(essential ontological status)，根本就是一種自足，無需外在恩典或審判介入的狀態！依此，巴特認為田立克的觀點傾向一種廉價的普救論。[34] 歸根究底，巴特認為雙方是站在相異的起始點出發，他認為田立克的企劃是要挽救德國於戰後的文化和宗教，故此應把他視之為一位**文化哲學家**而非**神學家**，這樣田立克的觀點才是可以被理解的；[35] 有趣的是，巴特認為他所描述的上帝是路德(Martin Luther)與祈克果(S. A. Kierkegaard)的上帝，而田立克的是士來馬赫和黑格爾的上帝。[36] 他的意思就是，若田立克真正認識積極性悖論的悖論性格的話，他就不會強調上帝與世界之間的直接性和延續性。

耶穌基督作為積極性悖論，本身就是一種**神聖的**悖論。[37] 巴特要強調的是上帝的自由行動，讓神人能建立有情意的關係，所以一切都並非本然的，乃是上帝給予的、獨特的、能與人溝通的禮物，上帝所啟示之主體與有關的知識皆從上帝而來！因此，就巴特而言，田立克無法體會上帝自身的主體自由和愛，這種神聖的自由和愛是「無法被察知」(imperceptible)、「非客觀性」(non-objective)。[38] 依此，歷史的經驗性陳述是無法完全把握這種神聖的悖論，神聖的救恩歷史從上而來，突入人類歷史中，基督於人類歷史中的啟示卻不受歷史理性所禁制，這才是奧祕。

3 超自然主義神學抑辯證神學？田立克的回應

田立克在這段論辯的最後回應（*Antwort*）中，[39] 一方面指出他自己的關懷所在，同時進一步指出他跟巴特的分歧所在。

首先，田立克表明他當時關心的文化危機是宗教與文化的對立，當基督宗教只是不斷重覆聖經、教會或傳統的宗教語言時，宗教內容根本無法在智性世界中被理解，也無法讓現代人明白其意義。要重建宗教與文化間的斷裂狀態是神學家與文化哲學家的共同使命。因此，神學不應故步自封於文化之外，神學理念應更多與文化進行對話，因為田立克確認「邏各斯／道」（*Logos*）不僅成肉身於一種積極性的悖論中，同時亦彰顯自身於各文化創造中。田立克認為，他這種觀點並非普救論或相對主義，而是根據一種早期教父所推崇的邏各斯的基督論（*Logos* Christology）所發展出來的。這點是田立克基督論的重點，「邏各斯」遍在於一切人類文化當中，這種「道種」（*spermatikos logos*）的觀念是早期教會護教士積極與希臘文化對話的武器，和田立克關聯神學的重要神學基礎。

其次，對於他與巴特間的分歧，他指出兩點：巴特式的辯證神學的危險，就是不自知地滑入一種「非辯證」的超自然主義中；並且在巴特所強調的加爾文的改革宗神學（Reformed Theology）氛圍中，會過分強調一種神聖與世俗二分法。[40] 田立克認為，巴特式的辯證神學是一種超自然主義的神學，就神人間的「不可能的可能性」這實在而言，田立克認為可以以兩種進路來理解，一是超自然主義、另一種是辯證法。前者強調保護神聖的可能性，不容許人的可能性滲入其中，這正是巴特式的辯證神學的強處，但卻又是他的問題所在，將自身神學孤立於一切人類文化語言之外，否認純然的神聖的可能性是可以藉人的可能性來理解；但辯證思考卻指出神聖可能性的**問題**正是人的可能性。[41] 由於神聖的答案並無永恆地存在於人當中，所以，人才需要問神聖問題，但同時人之所以能問有關神聖的問題，正是因為人與神聖有某種的聯繫，因此，其實人的可能性亦非純然一種人的可能性而已，而是有神聖可能性參與其中的可能性。[42] 因此，就田立克而言，人的語言、歷史和文化並非一種真空的狀態等待上帝的啟示從外部突入，上帝的啟示並非一種**異物**(alien)進入歷史，並非一種天外之音，並非一種**純粹的他者**，反而是內蘊於歷史文化中以致從內部突破而出(break out within it)，而非從外部突入(break into)。[43] 因此，可以這樣總結田立克的立場：「肯定的是，上帝在天上，人在地上；但人之所以能建構這種講法，僅由於天堂和地上經常相碰於一起，不僅一次，而是在歷史進程中……錯誤性的知識並非完全的無知，特別是它開始懷疑它的準確性和追問真正的知識時。」[44]

三　巴特與田立克的辯證神學的辯證品質

1 巴特的辯證神學[45]

a 非平衡性的特質

巴特早期的辯證神學深受他的馬堡大學老師哈曼的辯證思想影響，據查拉梅特(Christophe Chalamet)的分析，巴特在撰寫《羅馬書釋義》的第一版前，是一個徹底徹尾的自由神學的追隨者，巴特當時跟隨哈曼的辯證神學路線，極力保存辯證思想中兩端的平衡狀態，巴特指出：「宗教完全須要活現於張力中，就是在反題所呈現的奧祕中，這反題出現在兩個觀念中。任何人若要透過將其中一個思想置於另一個之下來消解這種張力，他將倒空和損害上帝的宗教概念。」[46] 基督教中的正反題呈現出一種路德宗傳統的內在辯證的張力，哈曼認為福音和律法、上帝的絕對存有和有情意的位格存有、審判和拯救、超越和內蘊等等的對立觀念都需要被達致和維持在一種平衡的張力當中，巴特跟隨哈曼認為，辯證的張力無需被消解和揚棄，以圖達致某種的統一。

但一九一四年第一次世界大戰的發生導致巴特對自由神學的失望，標誌著他重新思考過去的神學重點。這種思考與其説是一種跟自由神學的「決裂」(break)，倒不如是一種神學上的「重置」(reorientation)。[47] 事實上，巴特無法再將神學的基礎建立在「體驗」上，自由神學中的宗教經驗，無法再為巴特的辯證神學所重視，巴特將哈曼把辯證的張力出現在人的宗教經驗中的觀點加以揚棄，他於一九一一至一九二一年間，嘗試將神學的主題放在上帝身上而非人的宗教體驗上。對巴特而言，神學方法再不能獨立於神學的主題(*sachlich*)來運作，而是需要為上帝在耶穌基督裏的客觀啟示作見證的，倘若上帝再次成為神學的主題，上帝的敍事就是在上帝在基督耶穌裏的得勝和超然。依此，整個辯證神學的方法就作出調整，巴特認為

> 在基督裏，你需要學習以一種三維(three-dimensional)方式思考，以對應其運動，而非在兩維的(two-dimensional)方式。[48]

在《羅馬書釋義》的第一版中，巴特就放棄了哈曼那種保持辯證張力和平衡的思想，據查拉梅特的分析，以往辯證的兩維思維方式已被巴特所捨棄，巴特認為上帝在耶穌基督裏的得勝是把上帝的「是」和「否」加以揚棄(*Aufhebung*)，以致在一個更高的層次上作出綜合，替代了哈曼過往那種互惠式的辯證法(reciprocity dialectic)。[49] 換言之，巴特的辯證法多少是被上帝的更高的「是」所取消了，這個更高的「是」與正題的「是」和反

題的「否」形成一種三維的辯證神學，如下圖：

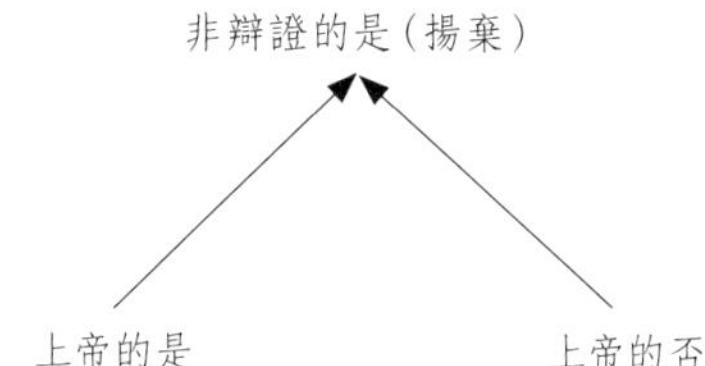

巴特強調，在上帝和神國裏沒有張力，辯證的衝突全在於此岸的世界。巴特在《羅馬書釋義》的第二版中，再試行修改這種觀念。

表面看來，巴特在《羅馬書釋義》的第二版又重新回復過去哈曼那種平衡性的辯證觀點，在辯證中再沒有「揚棄」和更高的統合的出現，上帝的恩典和審判、上帝的彰顯和隱藏、上帝的判斷和拯救等辯證特質都在一種對列的對立中出現。[50]「我們已經知道在上帝中的這種雙重性（duality）的意思，我們知道它並無包含平衡點（equilibrium），而是對拒絕的一種永恆的揀選的得勝、愛對恨的得勝、生命對死亡的得勝，但這種得勝是在每刻中從我們當中隱藏的，我們無法逃離這種雙重性。」[51] 但重要的是，巴特認為上帝對人的那種徹底的「否」，其實**已經隱藏**在上帝的「是」中，這是涉及三維辯證的下屬結構問題，在下層當中，啟示的恩典**正正在**啟示的審判中彰顯。更高的非辯證的「是」關乎上帝自身生命中的非辯證性（undialectical life in God Himself），當中沒有下層的張力存在，沒有需要找平衡點，是永恆克勝罪惡之處。在上帝自身生命中永遠沒有「雙重性」，是一種雙重的聯合（duality unity）。

b 神學詮釋學中的信仰維度與辯證特質

巴特於一九二一年末出版第二版的《羅馬書釋義》，回應了部分關於他的質難，其中包括他對於歷史批判學的態度，就巴特而言，他從來**沒有**否定和忽略神聖之言是在具體的歷史場景中發生的事實，但巴特會指出，歷史批判學的科學方法是無法讓人自身察見神聖之言的奧祕。意思是，巴特沒有企圖越過歷史的範圍而直接面對基督，相反，他的意思是與基督相遇是要**透過**歷史的場境，但歷史場境無法充分展示基督！當時很多聖經學者認為巴特完全漠視「歷史中的保羅」的具體歷史面貌，是一種忽視歷史批判學成果的作法；故此，巴特被批評為一位「靈意者」（*Pneumatiker*），企圖越過歷史文化語言來進行一種靈意式的詮釋法，所以整本《羅馬書釋義》充分展露了主觀主義和宗教狂熱。其實，巴特完全尊重歷史批判學在聖經研究上的作用和價值，他的想法是如何可能在一件啟示事件中詮釋出它的**歷史意義**和**啟示意涵**。巴特的**神學**詮釋學分二個階段進行。[52]

首先，巴特認為歷史批判學能達到的目標是置定文本內的**歷史**意義，即將研究對象化約為歷史現象作理解和把握，但這還不算是完全理解文本的意涵，這只是一種「初步」的工作，歷史批判學對「歷史上的保羅」有興趣，但對巴特而言，歷史上的保羅對自身沒有興趣，反而他是對在他以外，超越於他，又跟他發生神聖相遇的那位有興趣！[53] 因此，巴特認為倘若我們要問保羅的寫作動機或語言意義，這一切都完全被超越他以外的那位所包含了。因此，歷史批判學的重要性是要將自身的可應用範圍劃界，明白自身的有限性時才能充分發揮它本身的功效（這有點像康德對人類理性的觀點）。[54]

第二步就是**透過**文本**進入**到神聖的奧祕當中。巴特認為，詮釋者應該如當年作為見證者的保羅一樣，與那位曾與保羅相遇的那位相遇。巴特在這裏並非要跨越萊辛（G. E. Lessing）的歷史真理與理性真理間的鴻溝，企圖達到比作者更好地理解作者的詮釋學企劃，他是認為他與保羅一樣同樣被那神聖之言所抓住，以致能體驗保羅所體驗的。但問題就出現，這不正是巴特一直強調那種人之言與神之言有不可共量的特性嗎？若然，人的不可能性如何又能達致表述上帝之言的可能性？因此，關鍵同樣落入**信仰的維度**中。人是無法滲進神聖的殿堂中，惟有上帝之言進入人類的語言中，讓人能**透過**人之言來**傾聽**上帝之言。[55] 巴特的意思是，基督的突入人間歷史是在歷史中發生但不屬歷史，那就意味著透過歷史和獨特文化可以理解這種基督事件，但基督事件的意涵是超過歷史批判所能把握而已。

2 田立克的辯證神學

a 新教原則中的辯證精神

正如田立克所言，他的神學是嘗試克服自由神學和巴特神學之間的對立，[56] 這種被他稱為「新辯證神學」(neo-dialectical)的觀點是以「新教原則」(Protestant principle)作為核心，田立克認為在新教原則的批判性力量中，能絕對認同巴特式的辯證神學所強調基督事件的核心性，並且以基督耶穌的啟示作為一切批判的判準的根基，同時在新教原則所彰顯的先知批判中，又強力批判所有人為的意識型態和偶像崇拜的魔化舉動，依此，人類文化和宗教史的歷程來揭示的種種扭曲現象都應該以神人的無限距離來批判，像巴特一樣揭示出這些人的可能性中的問題。最終，新教原則堅持上帝的主動性的復和悖論性行動，才是解決人神間疏離和萬物隔絕的狀態。[57]

但新教原則又是一種指向基督宗教的內部批判性力量，依此，對於自由神學中所使用的聖經批判學和歷史宗教研究方法是表示贊成的；同時，沒可能將基督宗教與其他人文社會的方法論抽離，沒法贊同存在一種超然的基督宗教，基督教本身需要和應該與其他組織一樣置於歷史當中；更重要的是，新教原則在徹底高舉一種強烈的審判和批判精神的同時，並無試圖站於一種二元論的立場上，這種二元論可以是恩典和自然、超自然與自然、信仰與歷史、啟示與宗教，以否定其中一方來肯定另一方。從這點來看，田立克的辯證精神是竭力平衡辯證力量中的「是」和「否」，不容許其中一方對另一方作出超越和揚棄。[58]

新教原則並非僅是一種消極的批判意識和力量，它更是一種能與羅馬公教的聖禮實質相結合的力量和原則，新教原則**本身**就具備一種神聖的「否」和「是」的辯證力量。當新教原則被理解為一種對形式的否定（form-negating）力量時，它同時亦是建立在一種形式的構造（form-creating）力量中。田立克將這種批判的否定和創造性的構作結合稱之為「恩典的格式塔」（*gestalt* of grace）。[59]「沒有新教的抵抗是可能的，除非她是植根於一個承載著恩典的格式塔中」，[60] 就田立克而言，新教的抵抗魔化的原則和羅馬大公教會的恩典的聖禮實質是可以聯合的，不單是聯合，更應該是相輔相乘的。

田立克指出，「信仰」就是強調恩典被接納時不可能僅只是超越和在人以外的，它同時是內蘊。[61] 新教那種超越和批判性的「道的神學」（theology of the Word）毫無疑問是新教原則力量的來源和根基，田立克似乎有意指到巴特式的神學精神，強調神聖之言與人之言的「存有論上的本質性差異」，在這種神學下，人一切的文化創作，甚至是宗教建構都會變得相對化，但田立克提醒我們，這種神學的超越性是要附隨著它的內蘊性才生效的，

> 道（The Word）被視為**超越**我們而**到**我們那裏，但當它被接收時，它就再**不僅**是超越了，它亦是內蘊，和創造出一個神聖結構的真實，因此**它創造出作為人格生命和羣體的型構性力量**（formative power）。[62]

b 辯證的辯證神學

在田立克與巴特的這場辯論的同一年，田立克出版了一篇名為〈宗

教哲學〉的長文，[63] 這篇文章不僅可以作為他與巴特辯論觀點中的一個詳細的註腳，並且可以作為了解田立克早期文化神學的基本框架。田立克在這篇文章中討論了宗教、宗教哲學和神學間的關係，他努力去論證宗教並非諸多人類文化領域中的一種，儼如與其他學科和人類活動中並列其中，他認為宗教乃是一種存在於諸文化形式和人類心靈結構中並指向「無制約」(unconditioned)。依此，田立克一直要建立一種企圖越過所有文化形式的宗教概念，並不斷努力以此來批判把宗教魔化和邊緣化的一切思想，同時這種越過的宗教又內蘊於文化的深處而構成文化的基本內涵。前者是一種不受任何文化和宗教形式所限制的本真宗教(authentic religion)的力量所在，此力量在實存形式上所遭受的扭曲和墮坎以致需要受到批判和檢查。由此觀之，在田立克思想的內部，他能夠欣賞早期巴特那種強調上帝之道的批判性神學，其實並不意外。因為巴特早期的辯證神學也企圖避免神言與人言的混淆，將本真信仰和宗教與人的文化形式相雜，導致神學的偏離。田立克並無置定任何一種宗教形式來作為這種批判性的標準，但試圖以一種不斷超越的宗教內涵來表達這種宗教的終極關懷。

田立克汲取了德國古典哲學的辯證思維，努力嘗試找尋一種綜合的形式(synthesis solution)。宗教與文化兩者處於一種緊密的關係中，各自走向極端，都分別會向著排他的他律和自行立法的自律形式去，惟有向著一種綜合的神律形式發展才讓宗教和文化都能各安其位地存在，神律正好是自律和他律的綜合體，但田立克緊持神律的綜合形式一旦落實於具體的時空和實存語境，又會出現扭曲和被破壞的情況。故此，田立克很強調辯證形式中，「是」和「否」的平衡對等關係，上帝的恩典和審判永遠皆處於一種動態性的過程，並無就更高形式的「合」來耗損辯證雙方的力量。依田立克觀點，辯證是不斷進行，並無一種僵化的辯證法，縱使存在一種綜合，這綜合本身永遠都是暫時的

(provisional),本真的會被疏離、美好良善的會被實存的狀態影響。因此,田立克認為真正的辯證神學的辯證力量和特質必然需要滿足兩個條件:此力量不受任何一種宗教形式所局限,此力量永遠包含上帝的是和否、拯救和審判,以致辯證才不致成為一種僵化的等同(dead identity)。

依此,田立克所追求的辯證性的神學,可說是在方向上是黑格爾式的,意即在整體文化神學的構想上是以某種更高的綜合來結合所有矛盾。但在具體運作上,他卻努力不讓「正」和「反」雙方透過揚棄和否定來提升自身,因為田立克堅稱上帝的「正」和上帝的「反」都是真理的部分,應保持在一種平衡的張力狀態中。所以,辯證的方向是趨向黑格爾式的絕對綜合,但這種綜合是經過一進程以達致的,並在進程中保持兩極的平衡。

四　結論

本文無意要綜合巴特和田立克的觀點,反而雙方就辯證神學中的辯證概念的差異豐富了辯證神學內部的特質。這種就不同的辯證的理解,不僅反映出他們兩人對自由神學的神學問題**診斷的差異**,亦同時標誌著雙方所給予的**藥方的分歧**。可以肯定的是,雙方展示了兩種神學取向上迴異的態度和立場,但辯證神學卻透過雙方的陳述,彰顯出一種極度批評和極度卑微的神學風格。

註　釋:

1. 本文的原初版本是筆者發表於二〇〇五年九月十九至二十五日在昆明舉辦的「第三屆漢語神學圓桌會議」中的論文,題為〈兩種類型的辯證神學——兼論劉小楓的漢語神學構想〉,及後獲賴品超教授一份比較田立克和巴特(Karl Barth)的初稿所啟發,特此致謝。本文所有錯誤由筆者承擔。

2. Paul Tillich, "What is Wrong with 'Dialectic' Theology ?," in *Paul Tillich: Theologian of the Boundaries*, p.106.
3. Tillich, "What is Wrong with 'Dialectic' Theology? ," p.108.
4. Tillich, "What is Wrong with 'Dialectic' Theology? ," p.109.
5. 巴特 (Karl Barth) 在《羅馬書釋義》中指出，上帝是從辯證的途徑去認識，他的「是」(*Ja*) 與「否」(*Nein*) 是相互依存。就我們來說，我們難以判斷哪個是上帝的「是」，哪個是上帝的「否」。這個陳述的基本原則，是想指出上帝和世界是有距離的，這是一種存有論上的距離，上帝和世界之間並無任何的連續，上帝並非我們世界事物的總和，上帝超越這一切，亦即是說上帝並非內蘊於世界中。依此，上帝的超越是帶來對人類一切文化和宗教的**審判**和**詰難**，「福音並非諸多真理中的一種，它是反抗**所有真理**而築起的問號」。(Karl Barth, *The Epistle to the Roman*, trans. by E. C. Hoskyns [London: Oxford University Press, 1993], p.35。粗體乃筆者強調。) 他的「否」正是指出人類一切進行神聖言說的嘗試都只是一種「不可能」。就此而言，巴特強調上帝的不可知性 (incomprehensibility of God)，上帝是不可知的。上帝是純然的否定 (pure negation)，越過人類一切的概念把握，人類的語言、體系和構想皆不足以掌握上帝自身，甚至乎一切以人類概念所呈現的上帝觀念，都只會是一種有限者對無限者的投射，以有限為無限基本就是一種偶像崇拜的舉動。
6. Tillich, "What is Wrong with 'Dialectic' Theology? ," p.106.
7. 巴特這樣說：「在歷史裏，耶穌作為基督只能被理解為問題或神話。作為基督，他將父的世界帶來，但處於這個具體世界的我們卻對這另一處世界一無所知，並且亦無能而知。但從死裏復活卻是一種轉化……復活就是啟示……在復活中聖靈的新世界碰觸到肉體的舊世界，但這種碰觸就好像切線碰觸圓形一樣，即是根本沒有碰過它。」Barth, *The Epistle to the Roman*, p.30.
8. Tillich, "What is Wrong with 'Dialectic' Theology? ," p.110.
9. Tillich, "What is Wrong with 'Dialectic' Theology? ," p.110.
10. Tillich, "What is Wrong with 'Dialectic' Theology? ," p.110.
11. Tillich, "What is Wrong with 'Dialectic' Theology? ," p.111.
12. Tillich, "What is Wrong with 'Dialectic' Theology? ," p.111.
13. Tillich, "What is Wrong with 'Dialectic' Theology? ," p.112.
14. Tillich, "What is Wrong with 'Dialectic' Theology? ," p.112.
15. Tillich, "What is Wrong with 'Dialectic' Theology? ," p.112.
16. Tillich, "What is Wrong with 'Dialectic' Theology? ," p.112。可參：Paul Tillich, "The Two Types of Philosophy of Religion," in *Theology of Culture*, ed. by Robert C. Kimball (NY: Oxford University Press, 1959), pp.10～29。
17. Friedrich D. E. Schleiermacher, *The Christian Faith*, trans. by H. R. Mackintosh (Philadelphia, PA: Fortress Press, 1976), p.8.

18. 由於與巴特同期的神學老師們簽署了一份宣言，這份宣言象徵著他們認同於凱撒·威廉二世（Kaiser Wilhelm II）的戰爭政策，巴特當時完全不能理解這班神學教授的立場，但有一點巴特是堅信不移的，就是這班教授所提出的自由神學是再沒有任何前途了。巴特說：「我之前所以為可信賴的整個釋經、倫理、教義學與宣道的世界，並聯同所有德國神學家的其他著作從根基上受到震撼」，參：E. Busch, *Karl Barth: His Life from Letters and Autobiographical Texts*, trans by J. Bowden (Grand Rapids, MI: Eerdmans, 1976), p.81。
19. Barth, *The Epistle to the Roman*, p.10.
20. 引自 Robert Jenson, *God After God: The God of the Past and the God of Future: Seen in the Work of Karl Barth* (NY: Bobbis-Merrill Co., 1969), p.3。
21. 原文刊於 *Theologische Blätter II (1923)*, pp.263～269。本文是根據英譯，參：Paul Tillich, "Critical and Positive Paradox: A Discussion with Karl Barth and Gogarten," in *The Beginnings of Dialectic Theology*, vol.I, ed. by James M. Robinson (Richmond: John Knox Press, 1968), pp.133～141。以下引文皆引自英譯本。
22. Tillich, "Critical and Positive Paradox," p.141.
23. Tillich, "Critical and Positive Paradox," p.136.
24. Tillich, "Critical and Positive Paradox," p.136.
25. Tillich, "Critical and Positive Paradox," p.136.
26. Tillich, "Critical and Positive Paradox," p.137.
27. Tillich, "Critical and Positive Paradox," p.137.
28. Tillich, "Critical and Positive Paradox," p.137.
29. Tillich, "Critical and Positive Paradox," p.139。對巴特較公平的評價是，巴特在哥廷根大學開始突破這種基督論的構想，從《羅馬書釋義》中提到一種「非歷史性」（ahistorical）的啟示，到後來巴特就嘗試透過道成肉身論在哥廷根的教義學中解決這種在歷史中（in history）又不屬於歷史（of history）的基督論。參拙作：〈從辯証到類比：一個對卡爾巴特神學知識論的探討〉，載《巴特與漢語神學》，鄧紹光、賴品超合編（香港：漢語基督教文化研究所，2000），頁101～122。
30. 參：Tillich, "Critical and Positive Paradox," p.139。
31. Tillich, "What is Wrong with 'Dialectic' Theology? ," p.116.
32. 原文發表於 *Theologische Blätter* II (1923), pp.287～296。本文是根據英譯，參：Karl Barth, "The Paradoxical Nature of the 'Positive Paradox' : Answers and Questions to Paul Tillich," in *The Beginnings of Dialectic Theology*, vol.I, pp.142～154. 以下引文皆引自英譯本。
33. Barth, "The Paradoxical Nature of the 'Positive Paradox' ," p.149.
34. Barth, "The Paradoxical Nature of the 'Positive Paradox' ," p.150.
35. Barth, "The Paradoxical Nature of the 'Positive Paradox' ," pp.142～144.
36. Barth, "The Paradoxical Nature of the 'Positive Paradox' ," p.149.
37. Barth, "The Paradoxical Nature of the 'Positive Paradox' ," p.150.

38. Barth, "The Paradoxical Nature of the 'Positive Paradox'," p.151.
39. 原文刊於 *Theologische Blätter* II (1923), pp.296～299。本文是根據英譯，參：Paul Tillich, "Answer to Karl Barth," in *The Beginnings of Dialectic Theology*, vol.I, pp.155～158。以下引文皆引自英譯本。
40. Tillich, "Answer to Karl Barth," p.158.
41. Tillich, "What is Wrong with 'Dialectic' Theology?," p.110.
42. Tillich, "What is Wrong with 'Dialectic' Theology?," p.110.
43. Tillich, "What is Wrong with 'Dialectic' Theology?," p.110.
44. Tillich, "What is Wrong with 'Dialectic' Theology?," p.111.
45. 以下對巴特的分析，筆者深受查拉梅特（Christophe Chalamet）影響，參：Christophe Chalamet, *Dialectical Theologians: Wilhelm Herrmann, Karl Barth and Rudolf Bultmann* (Zurich: TVZ, 2005)。
46. 轉引自 Chalamet, *Dialectical Theologians*, p.77。
47. Chalamet, *Dialectical Theologians*, p.89.
48. 轉引自 Chalamet, *Dialectical Theologians*, p.110。
49. Chalamet, *Dialectical Theologians*, pp.110～111.
50. Chalamet, *Dialectical Theologians*, p.131.
51. Chalamet, *Dialectical Theologians*, p.132.
52. 以下對巴特的分析，參：Bruce McCormack, "Historical Criticism and Dogmatic Interest in Karl Barth's Theological Exegesis of the New Testament," in *Biblical Hermeneutics in Historical Perspective*, ed. by Mark S. Burrows & Paul Rorem (Grand Rapids, MI: William B. Eerdmans Publishing Co., 1991), pp.321～338。近年就巴特於辯證神學時期的詮釋學論，可參：Richard E. Burnett, *Karl Barth's Theological Exegesis: The Hermeneutical Principles of the Römerbrief Period* (Grand Rapids, MI: William B. Eerdmans Publishing Co., 2004)。
53. McCormack, "Historical Criticism and Dogmatic Interest in Karl Barth's Theological Exegesis of the New Testament," p.326.
54. McCormack, "Historical Criticism and Dogmatic Interest in Karl Barth's Theological Exegesis of the New Testament," p.327.
55. McCormack, "Historical Criticism and Dogmatic Interest in Karl Barth's Theological Exegesis of the New Testament," pp.329～330.
56. Tillich, "Author's Introduction," p.xxvi.
57. Tillich, "Author's Introduction," p.xxviii.
58. Tillich, "Author's Introduction," p.xxvii.
59. Paul Tillich, "The Formative Power of Protestantism," in *Protestant Era*, p.206.
60. Tillich, "The Formative Power of Protestantism," p.206.

61. Tillich, "The Formative Power of Protestantism," p.210.
62. Tillich, "The Formative Power of Protestantism," p.210。粗體乃筆者強調。
63. Paul Tillich, "Philosophy of Religion," in *What is Religion?* pp.27～121.

第三章

三一論、聖靈與創造[1]

本文嘗試結連田立克的上帝觀和創造論，並以三一論和聖靈論為核心來作出分析。首先，筆者會指出田立克那種以上帝作為存有根基的理解，最終需以一種三一論的神學觀點來理解的，這種三一的上帝觀內容又會以聖靈論來表達他的生生不息的內涵。最後作為萬物存在的根基的三一上帝，他本身的創造性力量不僅提供一種既超越又內蘊於世界的創造論，田立克更從這點推展出一種聖靈論的文化神學觀點。

一　作為存有自身和根基的上帝

田立克清楚指出上帝是存有自身（being-itself）的上帝。[2]「存有自身」是作為上帝的屬性而非上帝自身，因此，「存有自身」並非上帝，相反，上帝是存有自身。[3] 在田立克的理解中，上帝並非一存有物（a being），甚至並非最高最完美的存有物，他是所有存有物的存在的根基（ground of being）。[4] 所有有限的存在都參與在存有自身當中，而上帝作為存有自身則成為存有物的能力（power of being）而使之存在。

在田立克以上帝作為存有自身的理解中，上帝本身是既內蘊又超越的。上帝是超越的，因為作為存有自身的上帝在絕對意義下並非任何一存有物，「作為存有的能力，上帝超越所有存有物和諸存有物的總和」，[5] 因此，上帝作為存有自身是超越有限與無限。依此，他的「超越上帝的上帝」(*Gott über Gott*) 亦正是指出上帝的超越性。「超越上帝的上帝」並非指存在著一些超級上帝 (Super-God)，而是我們不能從存有物中尋找上帝，「因為上帝並非諸事物中的一件，他超越世界上的諸事件並所有主體」。[6] 另一方面，上帝又是內蘊的。所有有限的存有物皆在其無限中，上帝是作為這些有限的存有物的根基和能力，總而言之，存有自身 (上帝) 與諸存有物之間的超越與內蘊關係構成了上帝作為存有自身的兩重特性：

> 我們稱之為創造性時，指的是每一事物都參與了無限的存在之力量這一事實；我們稱之為深淵性時，指的是每一事物都以一種有限的方式參與存在的力量，以致一切存有物都被其創造性基礎無限地超越這一事實。[7]

其實，田立克的上帝觀正是努力要在一種超自然和自然的上帝觀中找尋一條出路，他既不認同早期巴特式的上帝與世界只有一種完全隔離的二元對立局面，同時又反對斯賓諾沙式的將上帝的本質完全等同於世界的一元局面。田立克認為，上帝「在」(in) 世界和「超過」(above) 世界都是誤導性的說法，他指出兩者都不能正確地理解上帝與世界的關係；他認為上帝是諸存有物的創造性根基，他比他們更接近他們自身，由此說上帝既非與諸存有物並排地存在，亦非在他們之上而存在；上帝的自我超越 (self-transcendent of God) 正好表明上帝無限地超越世界但同時亦為世界的根基。[8] 同時，有限的自由 (finite freedom) 亦賦予被造界與上帝建立一種既離又合的關係，一方面被造界與上帝保持着實質性的聯合 (substantial unity)，另一方面前者又與後者有著相對的獨立性。[9] 當然這只是起步，田立克的上帝觀並不以存有自身和存有根基為終點，相反，我們需要探討他的三一論，因為田立克看來，上帝作為存活的上帝（living God）是以三一論來理解。

二　作為存活上帝的三一論理解

田立克的上帝觀並非靜態的，上帝作為存有自身並非意指上帝是一種柏拉圖式的理念存在於理型世界，相反，祂是存活的上帝（living God）。其次，他使用上帝一詞時，他的用法是十分廣泛的。若我們只停留在上帝作為存有自身，則只會片面地理解他的上帝觀。[10] 所以，我們有需要探討存活的上帝觀。

基督教的上帝是一存活的上帝，意指我們可以使用「存活」（living）此象徵來言說上帝，「存活」其實是指一個進程，一個由潛存存有成為真實存有的進程（process of potential being becomes actual being），因此，在田立克的理解中，作為存活的上帝是同樣指到上帝是在一種生生不息的狀態中，但同時，田立克抗拒一種將上帝視為「未濟」（not yet）的狀態，他認為

> 若我們說上帝是存有自身（being-itself），即同時包括靜止（rest）與生成（becoming），靜態與動態因素……當說及一「生成」（becoming）時，上帝則破壞動態與形式間的平衡，並把上帝從屬於一進程之內，這進程具有一種命限的特性，或者說是完全對未來開放並具有一種絕對偶然的特性。在這兩種情況下，上帝的神聖都被破壞。[11]

可見，田立克對將上帝僅視作一進程的神學理解是表示保留的，原因顯然是進程的神觀會將上帝完全放置在生命進程的運動下，上帝的無

限性將被有限的進程所吞沒。他明言存有論的元素的兩極特性（polar character），即個體化和參與、動態和形式、自由和命限，皆根源於神聖生命，而神聖生命並非從屬於這種兩極性（polarity）中。[12] 由於生命是一進程，故此任何只有分離而沒有聯合，或只有聯合而沒有分離的階段，都會使生命停滯不前。[13] 因此，當田立克使用「存活」這象徵時，他指出作為存活的上帝必須注意兩點：拒絕接受上帝作為存有的純粹同一（pure identity），這避免將上帝視作一完全靜態的存有物；並拒絕接受在上帝當中與存有物截然相分離。故此，在上帝的存有中，分離與重合構成的永恆進程將成為上帝的存活性。

倘若所有的生命進程都包含離和合，甚至上帝本身都不例外的話，田立克認為三一論的詮釋框架是最理想的象徵去理解上帝這種生命的存活性。田立克承認，三一論象徵是對人實存境況最完整的答案，[14] 並且基督教的啟示亦是建基於對神聖生命與其自我彰顯的一種三一論的角度去理解。[15] 他的三一論特色在於其辯證的特質。這種特質正好與生命的進程互相呼應。

> 它（辯證法）預設著實在自身是透過「是」與「否」，正面、負面、正面而發展的，這種辯證法嘗試反映實在的進程，它是生命哲學的邏輯表達，因為生命亦是透過自我肯定，從自身離開與回歸自身而發展的。[16]

因此，上帝本身亦需經歷這種三一階段的發展：自我肯定、自我捨棄與自我重合。而三一論正是以辯證的框架去理解上帝生命中這種內在的運動進程。首先，田立克指出三一原則的第一項原則是神本身（Godhead）的基礎，它是構成上帝為上帝的原則。此原則表示出神聖生命的深淵性（abysmal character），並將上帝的深層奧祕加以保存。[17]

其次，第二項原則是「邏各斯」，

> 「邏各斯」打開了神聖的基礎，打開了它的無限性和它的黑暗，它使其完滿變成了可以區分的、確定的、有限的。「邏各斯」被稱為神性深度的鏡子，上帝自我客體化的原則。[18]

上帝自我客體化（self-objectification）就是指上帝本身從自身中分離自身，這項原則正好體現了生命進程中的分離。而第三項原則是靈，它把前兩項原則實現起來，並結合力量與意義，並使它們成為創造性。

> 第三項原則某方面來說就是整體（上帝就是靈），它從某方面來說是一項特殊的原則（上帝擁有靈正如他擁有道）……他（靈）把現實性賦予了在神聖基礎中是潛存的在神聖道中「被說出」的東西。通過聖靈，神聖的完滿性作為某種確定的東西被安置在神聖生命中，同時它也被重新統一在神聖基礎之中。[19]

在第三項原則中，田立克指出一項重要的意義：「有限者被作為有限者安置在生命的過程之內，但是它又與無限者被重新統一在同一過程之內。」[20] 由於聖靈將有限與無限互相聯合起來，以致神作為無限者與所有有限的存有物都得以統一起來，但這種統一的意思是有限者得以參與在無限之內，故此，兩者仍是可以區分開來，但他們並非隔絕。[21] 田立克指出，上述的分析是作為一種三一論原則（trinitarian principle）而出現，這並不能等同於基督教的三一論（Christian doctrine of the Trinity）。前者是作為後者的預備和前設，而後者的討論是需要就基督論的討論而得出的。「三一論原則是基督教三一論的必要而非充分條件。」[22]

三　三一論結構作為人對終極和具體的綜合

人的宗教關懷具備兩重結構：一是要求一種具體性，意思是在人心靈的深處需要對一些具體的東西有所接觸，亦即表現位格性接觸（personal encounter），惟有一種「我－你」（I-Thou）的關係中，人的宗教關懷才得以滿足；二是要求一種終極性，意思是這種關懷中一定需要帶有某種的終極對象和終極內涵，使得終極關懷的終極性超越有限、具體和初步的關懷中保持下去。這兩重宗教關懷（具體和終極）又指向田立克上帝觀的兩重特徵：上帝作為存有自身（Being-itself）和上帝作為有情意和位格的上帝（personal God）。前者（存有自身）是對應人宗教維度中的終極性要求而言的，而後者（位格上帝）則對應於人宗教維度中的具體性要求而言的。問題是田立克怎樣在理論結合上帝作為存有自身和位格上帝。

田立克在《系統神學．卷一》中清楚指出：

> 位格上帝（Personal God）並非指上帝是一個有位格的物（God is a person）。其意思是上帝是所有位格之存有的根基（ground of every thing personal）並且他在其自身中承戴著位格性的存有論力量（ontological power of personality）。他並非一位格之物但他不會少於位格性（not less than personal）。[23]

田立克的意思似乎是當我們言說上帝為一位格上帝時，是指向上帝作為位格存有（personal beings）的根基和能力，故此，他似乎傾向將「存有自身」作為某種支持位格上帝的終極基礎。在《系統神學．卷一》出版的同一年（1951），田立克在一次演說出表示了這種立場：

> 作為一存有物（a being）的上帝是被作為存有自身（Being-itself）的上帝所超越，此存有自身是所有存有物的根基和深淵。並且作為一位格（a person）的上帝是被作為位格自身（Personal-itself）的上帝所超越，此位格自身是所有存有物的根基和深淵……存有（being）和位格（person）並非互相矛盾的觀念。存有包括位格的存有，它並不否定後者。存有的根基就是位格存有的根基，而非否定他。存有的存有論問題並沒有製造衝突，反而為位格上帝的聖經概念提供了理論上的必要基礎。[24]

由此可見，田立克並沒有將上帝作為存有自身和上帝作為位格上帝放在同一個存有論層次來考慮，換言之，他的存有論是優先於神人間的位格接觸（divine-human encounter），但同時他又沒有抹殺位格上帝和人之間接觸的重要性，他甚至乎將這種有情意的接觸附與一種存有論的優先性（ontological priority）。因此，當士度勤（Wessel Stoken）認為可以以一種「互補性的吊詭」（paradox of complementarity）概念來將「存有自身」和「位格上帝」放在同一水平上互相支持，就好像電子的粒波二元性一樣，這是誤解了田立克的意思。[25] 但似乎田立克這種解釋，仍然未能使人滿意。因為上帝作為存有自身的終極概念明顯是非位格性（impersonal），[26] 而神人接觸是具體的位格性（personal），兩者怎樣可以在理論上結合呢？[27] 田立克似乎傾向以終極關懷的終極性和具體性需求去結合兩者。

人的終極關懷的具體性是驅使他追尋一種多神論結構（polytheistic structures），而人終極關懷中的終極性，則引導他追尋一種一神論結構（monotheistic structure）。故此，平衡兩者的需要就引導出並指向一種三一論結構（trinitarian structures）。[28] 正如上文所言，這種三一論結構又是存活上帝的構成要素。在存活上帝中，三一論的辯證原則是體現上帝存活性的表現。而田立克認為，人對終極和具體的渴求可以在這種三一論一神論中找到綜合。[29] 因為在第一原則（聖父階段）中，上帝是作為存有的根基而體現，這表現出一種終極性和超越性，但具體和位格性卻沒有被突顯出來。而在第二原則（聖子階段）中，上帝是以神人的形態出現，田立克認為「在這裏那位絕對超越和不可言傳的上帝變成具體和臨在於時空下的那位」。[30] 在這位具體出現在時空下的上帝，是從終極走向具體，非位格走向位格的過程，基於生命進程的離和合的運作，聖子階段是以「離」的形態出現，聖子所表現的是有限（finitude）和非存有（non-being），這種對具體有限世界的認同是將無限和有限打通的第一步。基於上帝生命進程的第二階段，這種完全隔離的狀態得以說是對他者的他性（otherness of other）的肯定，因為在上帝的生命中容許及包含這種有限和他性存在。[31]

> 上帝是無限因為他具備有限（非存有元素是屬於有限性的）於其自身，並與其無限性聯合起來。[32]

可見，在田立克的神學中，上帝作為存活上帝的三一論內涵是十分豐富的，不單將上帝理解為一活的上帝，甚至乎超越和內蘊，無限與有限，終極和具體的對立都包含在上帝的進程生命中。而這種存活自由的上帝觀，在田立克的神學中跟聖靈論有著密切的關係。

四　田立克的聖靈論

1 聖靈論式的上帝觀

田立克將上帝理解為存有自身（being-itself）、存有的根基（ground of being）及存有的力量（power of being）。[33] 上帝並非一種靜態的存有，祂是萬物得以存活的可能，上帝作為存有的能力是指到眾生得以「在」的力量，這種力量成為萬物對抗被摧毀的無限力量。作為一種眾生存在力量的根基，上帝必然需要超越有限的存在，但同時，上帝倘若沒有內住眾生之中，他亦不能與萬物克勝摧毀存有的力量，所以，他必然內住在萬物之中。上帝這種超越和內蘊的性格，在田立克的理解中，可以在上帝作為「存活」(living)和「靈」(Spirit)的象徵中全然彰顯。上帝的存活性是一個三一的辯證進程，三一進程包含著分離和重合的階段，[34] 但田立克認為，「作為存活的上帝是上帝在自身裏的完成而成為靈」，[35] 可見，對田立克而言，要理解上帝的存活性是要在靈的維度下闡析的，上帝本身就是靈，[36] 因此，就田立克而言，聖靈論並非單單探討上帝作為三一上帝的第三位的教義，而是整個有關上帝的討論都需要在上帝作為靈的聖靈論中展開。聖靈論就是上帝論，而並非相反。

其實，早於一九一〇年田立克討論謝林(F. W. J. Schelling, 1775～1854)的宗教歷史的博士論文中，已經指出上帝作為完美的靈(perfect spirit)是不局限於三一上帝中的第三位，上帝作為靈是自由的，這種自由甚至超越自身作為靈的存有。[37] 田立克一直重視上帝這種無條件性和無限制的自由，這種自由在作為靈的上帝身上獲得充分的發揮和彰顯，同時，正因為上帝這種自由而使得上帝是主(Lord)，上帝的主權不單對受造物而言，更在他自身的存有中而言，故此，這種對上帝自由與主權的高度重視與巴特可謂相互輝映。[38] 因此，就田立克而言，三一論的基督教教義之所以可能，是建基於基督論的陳述，倘若沒有基督的道成肉身，我們將無法談論三一上帝，但他清楚指出，三一的原則和基督教的三一論是有區別的，前者是後者之所以可能的條件。[39] 上帝的生命就是一種作為靈的生命，這種生命是以一種三一原則的形態出現，而三一原則就是指到上帝存活的辯證進程。上帝作為靈的生命亦是萬物生命中的靈，田立克強調靈乃是生命中的內在目標（*telos*），[40] 萬物向著靈的層次進發，靈乃是存有的力量，透過此力量，一切意義的活動才可能，而靈同時亦是意義，它指引著眾生具備力量來存活。可見，力量和意義得以在靈當中結合，而作為靈的上帝就成為這種結合的終極根基。

因此，我們若從靈的維度來理解存有自身，即從聖靈論的視域來詮釋上帝論，上帝的生命則是一無窮無盡卻又無限豐盛的生命。「上帝的生命就是作為靈的生命」，[41] 一方面，上帝內在的生命不斷展現出分離和重合，上帝的靈從自身中「走出」，以「道」言說，一切都參與在上帝的生命中，在這種離合的進程中萬物又得以與神聖生命互相參與和交碰，致使整個神聖生命的動態進程就不單是上帝內部的生命而已，而整個受造界也涉及在其中，原本一個本應是生命內部的展現，但現在已經涉及外在的生命。所以，對田立克而言，上帝的三一生命決非一種神聖的自我溝通（divine self-communication）而已，外在於上帝的眾生亦同時在神聖的生命中開展其生命，雖然田立克沒有用上經世三一（economic Trinity）和內蘊三一（immanent Trinity）的用語，但兩者互相緊扣的情形在田立克的理解中獲得充分的掌握。透過靈，神聖的充沛被設置在神聖生命中而成為確定，同時，它與神聖的根基聯合。有限之物在神聖生命的進程中被設置為有限，但卻在同一進程中與無限結合。有限與無限相區別但不分離。神聖生命是無限的奧祕，但並非無限的空寂；他是所有豐盛的根基，並且他本身就是豐盛。[42]

這種豐盛的神聖生命是以「愛」來理解的。田立克認為，生命中的離合進程是由於愛使然，愛使分離的能得以重合。愛作為一個存有論觀念，[43] 首要是指到上帝作為存有自身是愛，上帝的本體就是愛，當我們指到上帝是靈時，是強調上帝在三中的一，這亦正是田立克談及一神論（monotheism）時，當中的「一」實際上是指到一種「全體的一」

（*das all-Eininge*），而並非孤立的一，[44] 因此，上帝中的「一」必然是以愛來理解，聖靈是上帝的「一」，這種「一」是三的一，而三所強調的生命進程又是以愛來理解的離合，可見，神聖生命的全幅朗現是在愛當中的彰顯。田立克就聖靈與愛的互相詮釋，顯然深受黑格爾影響。在黑格爾早期的思想中，愛成為存有互相結連的力量，它使一切分離、對反和矛盾之存有皆得以復和和重合。[45] 對黑格爾而言，上帝和世界的差異亦在這種生命的離合中被打破，作為絕對的靈（absolute spirit）的上帝在世界的全部生命進程中顯然自身，萬物（尤其是人心靈）皆成為神聖生命的自我彰顯，[46] 作為靈的上帝和有靈的人在本質（essential nature）上再不分隔，上帝成為承載萬物的載體，萬物亦在上帝的生命進程之中與上帝一同進展，所以，在田立克的理解中，黑格爾將上帝生命的深處視為萬物的生命，而萬物又在靈的三一進程中，因著愛的力量而使一切生命得著復和及再生，由於上帝作為靈是一種愛的生生不息的展現，萬物亦因此而在一種動態的進程中。[47]

2 萬物恆在的聖靈創造論

上帝自身的生命本身就是創造性的，對田立克而言，離開上帝作為神聖的生命而去討論：創造究竟是上帝偶然性的行動抑或是必然的行動是沒有意思的。自由（freedom）和命定（destiny）的兩極存有論元素是包含在上帝自身之內但卻被上帝所超越的，因此，沒有甚麼東西對上帝而言是偶然或必然的。正如上文所述，整個創造都在上帝的生命中，上帝是萬有的根基和得以存在的力量，但田立克卻指出，萬物雖然參與在上帝的生命進程中，但萬物並無因此等同上帝的生命，這是田立克與黑格爾的分別，上帝作為靈的生命之所以是豐盛的生命，並非單單由於萬物參與其中，萬物本身的他性（otherness）是使得生命與生命的交碰得以豐富的原因，就田立克而言，世界和上帝就是處於一種

「即合即離」的關係，「合」當然是指上帝作為靈與萬物一同在生命的辯證的開展中，「離」就是指到萬物在實現其生命的目標時是離開了存有的根基，而上帝作為靈的生命則是萬有與上帝相分離後的創造性力量，他稱這種創造為持續性的創造（sustaining creation），意思是創造本身是有其目標（*telos*）的，這種目標是內在於眾生的結構中而非外在添加的，所以，田立克喜歡用目標而非目的（purpose）。[48] 萬物作為被造物是要把目標實踐出來，這種自我的實現（self-realization）正是創造的完成，但同時，被造物這種將生命內在目標的實現卻又在某種意義上使自身與上帝分開。人與其餘的實在不單在神聖生命的進程「之內」（inside），亦在其「之外」（outside）。人是建基於此，但他並非保持在這根基之內，人為著「站出來」（stand upon）而離開這根基，去實現他本質上是如何的，為著成為有限自由（finite freedom）。[49] 整個實在在上帝生生不息的生命之內，而又在他的生命之外。需要注意的是，田立克這種悖論式的理解並非指有一處時空是在上帝的生命之外，因為基本上上帝就是存有自身，他就是整個實在，所以從某種意義而言，沒有東西是在上帝生命「之外」的。

可見，田立克這裏所指的並非一種有內外之分的空間意象，而是一種素質的問題。「之外」其實是指包括人的整個實在是離開了「本質」（essence）的狀態而進到一種「實存」（existence）的處境。所以，田立克認為創造（creation）與墮坎（fall）是同時發生的，創造的完成就是墮坎的開始。因為人行使自由去實現自身的潛質，而將整個實在一同帶離本質而成為實存，在實存中經歷疏離和「非存有」（non-being）的威脅，而田立克所講的持續性的創造，就是使在不斷面對「非存有」威脅下的世界和人，能持續地有一種仍然存在的力量。作為靈的上帝在不斷的創造，意思是他本身就是創造，[50] 這並非一種從無造有的創造，這是使萬物得以存在的創造，他在每種存在的「在」當中創造，靈的上帝作為存有力量使萬有在離開存有根基後仍能「在」。「對上帝持續性創造的信仰，就是對實在可作為存有和行動基礎的結構的延續性的信仰。」[51] 對田立克而言，實在之所以是「有」(being) 而非「非存有」(non-being)，乃是上帝的靈將萬物在不斷流變的進程中使他們仍保持某種恆久的結構，這種持久性元素不單使整個實在是「在」，更將實在的終末維度置定下來，萬有本身並非一種靜態的存有，他們更是動態和發展性的存有，這種發展性的存有亦將在歷史的維度中展開，所以實在的「有」(being) 更是「生成」(becoming)，而上帝的靈使萬物得以持續的在，他亦必定在歷史的開展中成為指導性的力量。

3 一個多重維度中開展的實在遠象

田立克將上帝理解為「存有自身」時，往往被誤解為只強調上帝的內蘊性而忽視他的超越性，其實，他的上帝觀正要打破這種內蘊和超越的對立，「上帝是既超越又內蘊」的說法在田立克看來，雖然是正確但卻沒有解決根本性的問題，[52] 這個根本的問題就是如何恰當地談論上帝和世界的關係，而他的觀點只有在聖靈論的亮光下才能顯得通透。正如前文所述，上帝是既超越又內蘊，但這只是一種方便的說法而已，超越與內蘊的這種空間性意象 (spatial imagery) 是無法恰當理解田立克的上帝觀。他指出，超越性所代表的「之上」(above) 和內蘊性所代表的「之內」(in) 都受著上下兩層空間性的思想象限所限制而無法透釋上帝與世界的恰當關係。[53] 當我們指上帝是超越眾生時，是將上帝與其他存有物的存有論差異加以區分，但上帝假若被設想成一位高於眾生的最高存有 (the highest being) 時，空間性的思想象限所突顯的困難就會出現，田立克反對這種上帝觀的論述時，他並非反對這種超自然 (supernatural) 的上帝觀所強調的人神差異，而是這種觀點假設了一種**生命整合中的二元論**，[54] 這種二元論強行將原本整個實在的生生不息而又相互交涉的動態及有機整合的狀態截然斷裂。因此，田立克之所以認為這種思想上帝無限性的做法，只不過是將有限性作無限的延展時，[55] 其原因一方面當然是認為這種做法仍然不能擺脫康德對自然神學的批判，但更重要的是它將時間、空間，本質及因果律作了截然的二分，儼然有一層超時間、超空間，超本質及超因果律的上層領域存在並駕馭著下層的領域。[56] 同時，當我們指上帝是內在於世界時，又將上帝等同於世界，以致漠視有限與無限的差別，田立克反對這種上帝觀的論述時，他並非反對這種自然性的上帝觀所強調的神與世界的相即關係，而是這種觀點**忽視了生命多重整合中的差異性**，上帝不錯是在自然之內，但他是自然中生發的力量（*natura naturans*）而並非自然的總體。[57] 因此，要越過內蘊和超越的困局，田立克提出「自我超越」（self-transcendence）這觀點，雖然這概念未有在《系統神學》中得到詳盡和充分的申述，但田立克卻強調這種上帝觀是整部系統神學的基礎。[58]

自我超越是指我們所交碰的一個實在，是在相互指向各種不同維度下被體驗的。有限的有限性指向無限的無限性，它之所以越過自身是為著要在一個新維度中返回自身。[59] 雖然，田立克的解釋似乎過分簡單和含糊，但他已經指出一個重要之處，就是要重新對整個實在作一個新的理解，這種新的實在觀隱含著多重維度之間的交互相接和彼此參與，有限的存有並沒有因為有限而被拘禁在有限的維度中，無限的存有亦沒有因為無限而空懸於無限的維度中，但這種相互的交接和參與並沒有使得有限被無限化和無限被有限化。要對這種充滿動態和創造性的實在觀有充分的認識，是要在田立克的《系統神學》第四部分有關生命的整合構成中被理解。

生命是多重維度的整合（life is the multi-dimensional unity），[60]

「維度」(dimension)被田立克挪用為描述眾生實在的代模，代模的轉換隱含著對整個實在遠象的再思，田立克認為「層級」(level)這代模並不足以描述整個實在的縱面的相向運動，而更有將實在定構為一種階層(hierarchy)的危險。[61] 實在一旦被視為多層的階梯，相互的交往就只會由上層的操控和下層的反抗所主宰，[62] 而在維度中，存有的諸界域不可互相干涉；深度不會干涉寬度，因為所有維度皆在同一點中相遇。他們橫過但不騷擾對方；在維度之間沒有衝突，所以，「維度」這隱喻代替「層級」這隱喻是代表著與實在的一種相碰，在實在中生命的整合被視為越過其衝突，這些衝突不會被否定，只是他們不會是由於層級的階梯所衍生的；他們只是所有生命進程的含混性的後果而已，並且他們(含混性)被克勝而不會使一方摧毀另一方。[63]

當然，田立克在這裏所建構的遠象是非常豐富和動態性的，多重維度包括了無機的物質界域、有機的生物界域、心靈的精神界域以及神聖的生命，簡單而言，就是指到整個自然、人的個體和社羣、由人所開展人文世界和神聖世界，這個並非嚴格意義下的劃分，因為是多重的整合，所以是互相重疊的。人的心靈又開展了生命精神的自我整合的道德和社羣領域，以及生命精神的自我創造的文化領域，和生命精神的自我超越的宗教領域，所以，生命是一個豐富的象徵，當中不但包含大地的眾生，更展現出人類的道德、文化及宗教生命的不同形態。可見，田立克企圖將人類心靈的各種活動(道德、文化及宗教)與各種物質和生命的形態作一種有機的整合，不同的維度有著獨立的發展，但他們又交涉在一起，在某一維度中，其他維度又以不同的狀態存在。[64] 因此，在這種生命的多層維度的相互交接和緊扣的動態實在中，單單談「之上」和「之內」就顯得十分單薄和不足。

作為靈的上帝永遠不是一個孤立的個體，要談聖靈，就一定要扣緊聖靈的「在」來闡釋，這亦正是田立克認為聖靈論就是指「聖靈的臨在」(Spiritual Presence)。這種臨在是「上帝臨在於羣體與個體中，抓著他們，光照他們和轉化他們」，[65] 由於生命的多重維度的複雜性，它包含了諸生命形態的可能，故此，上帝的靈的「在」必然是在諸生命當中，[66] 這種「在」並非單單一種寓居其中的生命，相反是一種在諸生命形態中出現的含混性的克勝而達至本真性的生命的過程。[67] 可見，上帝的靈作為存有自身，就永遠不是與眾生一同「在」的存有(Being)而已，他更是與眾生克服實存所帶來的諸種疏離的力量，故此，聖靈更是動態的存有(Becoming)，它亦是一種啟示和救贖。[68] 在田立克的理解中，聖靈的臨在所彰顯的力量和意義，當然要在萬物的生命深處當中產生，所以，他經常要談聖靈的「在之內」(in)，在眾生之內，在人的靈之內。但田立克清楚指出，沒有恰當理解聖靈的主權和獨立性(自由)，我們就無法明白聖靈如何由外而內，實情是我們是被神的靈抓住而非我們抓住神的靈，[69] 是靈進入我們當中而非我們憑己力進入聖靈當中；其次，聖靈的內住(in)是要引導人的靈的外往(out)，[70] 因此，神的靈與眾生的關係是經由靈的進入，在內部的克勝和救治，再重新返回自身當中。由於生命多重維度的重重透入，各眾生的界域不會因聖靈的進入而被催毀，但卻因為聖靈臨在所帶來的力量和意義而作出自我的超越。

4 人文維度的開展與救治：聖靈的臨在

「生命」(Life)在田立克思想中有極廣闊和深刻的意義，是眾生由潛存性(potentiality)到實現性(actuality)，亦即實踐自身的種種潛存的力量和意義。[71] 而生命中的豐盛與各維度中的聚合就在靈(spirit)的維度中出現。[72] 對田立克而言，人是諸存有的完成(fulfillment)，意思是一切生命的諸維度皆在人的存有中被彰顯和實現，無機(inorganic)、有機(organic)、心理(psychological)、心靈(spiritual)等維度都在人的關注中出現。[73] 人真正成為人,或人作為人的完成和被揭示,是在自身中經歷到成為一靈的存有。所以,人是一個整體,一個包含各維度的整合,因此,任何對人作二元論的理解都是錯誤的。人因著靈以致能超越環境(environment)而建構世界(world),在《系統神學・卷一》中,田立克強調人的自我與世界的關連是最基本的存有論結構(basic ontological structure)。[74] 世界是一個有結構性的整體(structured whole),[75] 人與世界不斷在互相轉化和塑造,以致不斷產生的多重的意義世界。

在《系統神學・卷三》中,田立克將這些意義世界的開展説得更清楚,基於存有論元素中的三對組合:個體與參與、動力與形式、自由與命定,在人作為靈中又有著三種相對應的生命的開展。第一種:生命的自我統合(self-integration of life),這是對應個體與參與而言,[76] 這種生命形態是指到生命核心(centeredness)的實現,也就是個體一己的生命實現,一旦以靈的維度出現,就是道德世界的開展。「作為人實現自身本質性的核心的踐行就是道德踐行」,[77] 在道德的行為中,一己的生命在羣體中成就,由於與他者的相碰,自我的核心個體又得以參與在他者的核心當中,而形成個體與參與的不斷往返。「人格生命只有在人與人的交往中冒起而別無他途」,[78] 因此,由人格生命實現自身所開展的意義世界就彰顯為一道德性的人文世界。

其次,第二種是生命的自我創造(self-creation of life),這是對應動力與形式而言,[79] 這種生命的形態是著重新形式的開展,是生命的舊形式在生成的原則(principle of growth)下創造出新的形態,[80] 在靈的維度下,人不斷開展新的文化活動和方式,田立克指出在文化生命的開創中,人透過理論(*theoria*)和實踐(*praxis*)去塑造新的文化形態,前者是一種內攝性(receptive)行為,將與人交碰的意義世界收取於自身之中,理論透過概念的智性活動和形象的審美活動來創建文化世界，[81] 後者是一種外塑性（reactive）行為，用意建立人格與羣體性的文化領域，並且帶有某種工具與目的性的方式。

最後，第三種是生命的自我超越（self-transcendence of life），這是對應自由與命定來說，[82] 是指生命自我超越有限的生命，尋索一種指向無限與終極的垂直超拔，在人的靈的維度中，是一種宗教維度的開展。

基於田立克認為，生命是一種多重維度的整合，以至當中出現的統合（道德）、創造（文化）與超越（宗教）亦是互為表裏的，人文維度的出現亦由此而開展出一幅頗為動態的圖象。在田立克早期的思想中已提出宗教與文化之間的複雜關係，「宗教是文化的本質，文化是宗教的形式」，在《系統神學．卷三》中，田立克將它加以解釋，道德，在人與他人相碰而得以成就人格生命，是本質地相連於文化與宗教的。文化替道德提供內容——人格與社羣的具體理型和倫理智慧的變化規律。宗教為道德提供道德律令的無條件的性格，就是終極的道德目的、在愛中分離的聯合，以及恩典的驅動力量。文化，在理論與實踐中意義世界的創造，是本質地相連於道德和宗教的。文化創造性在其所有功能中的有效性乃建基於人與人的相碰……沒有道德律令的力量，任何從邏輯、審美、人格，以及社羣形式的要求皆不能被感受到，在文化中的宗教元素是一個本真創造的無窮盡的深邃，我們可稱之為文化得以生存的本質或根基，是文化自身所欠缺但又要指向的終極的元素。宗教，或在靈中的生命自我超越，是本質地相連於道德和文化，沒有在靈中的生命自我超越是無需在無條件律令中對自我道德建立的，而自我超越將不能獲取其形式，除非在文化行為的意義創造世界中。[83]

田立克展示出人的文化各維度中的互相指涉，而這些維度開展之所以可能是由於人的心靈維度，這維度有著一種宗教的深度。對田立克來說，這種深度是有限心靈與無限根基的一種本質性的關係，人文維度得以開展可說是有限與無限在神聖行動中的重新結合，所以，田立克曾說，恩典是文化的基礎。[84] 沒有聖靈臨在的新存有那種重新結連的力量，人文世界亦會因著自我解構的力量而被瓦解，聖靈臨在救治和重新我們的存在和各維度的生命。可見，聖靈不單催使文化向著更完美的目標進發，他更是它的根基，就好像上帝作為存有的根基一樣。在聖靈臨在下的人文世界是一個神律的文化（theonomous culture）。

田立克想指出，文化生命所追尋和建構的意義世界是以無條件的意義和要求為基礎的，聖靈臨在所顯示的文化是依賴於意義世界中的終極和無限元素，所以，人文世界的各種維度都相互建構著一種宗教本質（religious substance），這本質是文化得以置定和進展的力量和意義，而同時，宗教本質離開了文化的維度又不能開展，例如沒有語言的運作，神聖的生命就無法表達。簡單來說，文化生命如同其他生命一樣經歷著本質與實存並在的含混，以致無時無刻都受著生命中疏離和解構力量的摧毀，聖靈的臨在使文化生命得以復和。

註 釋：

1. 本文是根據筆者兩篇已發表的文章整合而成，由於主題相關，故合為一文，兩篇文章分別是，陳家富：〈圓離之間——論牟宗三與田立克的上帝觀〉，載《道風：基督教文化評論》，卷16（2002，春），頁229～248；陳家富：〈指向一個幾微廣大的實在觀——田立克的聖靈論與張載的虛氣論〉，載鄧紹光編：《聖靈：華人宗教與文化處境下的反思》（香港：信義宗神學院，2002）。蒙出版社批准轉載，特此致謝。
2. Tillich, *Systematic Theology*, vol.I, p.235.
3. R. P. Scharlemann 指出，田立克使用「存有自身」一詞時，是應用謝林（F. W. J. von Schelling）的 "*das Seiende selbst*" 而非海德格（Martin Heideggar）的 "*das Sein selbst*"。在謝林的哲學中，因為上帝就是存有自身的那一位上帝，因此存有自身是作為上帝的屬性而被理解，參：R. P. Scharlemann, "Tillich on Schelling and the Principle of Identity," in *The Journal of Religion*, vol.56, no.1 (Jan.1976), pp.105～112。

4. Tillich, *Systematic Theology*, vol.I, p.235.
5. Tillich, *Systematic Theology*, vol.I, p.237.
6. Paul Tillich, "The God above God," in *Paul Tillich, Main Works / Hauptwerke*, vol.6, ed. by Gert Hummel (Berlin : Walter de Gruyter, 1992), p.420.
7. Tillich, *Systematic Theology*, vol.I, p.237.
8. Tillich, *Systematic Theology*, vol.II, p.7.
9. Tillich, *Systematic Theology*, vol.II, p.8.
10. David H. Kelsey, *The Fabric of Paul Tillich's Theology* (New Haven & London: Yale University Press, 1967), p.155.
11. Tillich, *Systematic Theology*, vol.I, p.247。
12. Tillich, *Systematic Theology*, vol.I, p.243。有關田立克神學與進程神學的關係，可參：Edgar A. Towne, *Two Types of New Theism* (Berlin & NY: Peter Lang, 1997)。
13. Tillich, *Systematic Theology*, vol.I, p.242.
14. Tillich, *Systematic Theology*, vol.III, p.85.
15. Tillich, *Systematic Theology*, vol.I, p.157.
16. Tillich, *Systematic Theology*, vol.I, p.234.
17. Tillich, *Systematic Theology*, vol.I, pp.156, 250.
18. Tillich, *Systematic Theology*, vol.I, p.251.
19. Tillich, *Systematic Theology*, vol.I, p.251.
20. Tillich, *Systematic Theology*, vol.I, p.251.
21. Tillich, *Systematic Theology*, vol.I, p.251.
22. Pan-chiu Lai, *Towards a Trinitarian Theology of Religions: a Study of Paul Tillich's Thought* (Kampen：Kok Pharos Publishing House, 1994), p.152.
23. Tillich, *Systematic Theology*, vol.I, p.245.
24. Paul Tillich, *Biblical Religion and the Search for Ultimate Reality* (Chicago, IL : University of Chicago Press, 1955), pp.82～83。此演講是在一九五一年維珍利亞大學演說的。德文版的田立克全集將題目改為"*Biblische Religion and die Frage nach dem Sein*"，似乎比英文書名更能反映田立克所要處理關於存有(Being)和位格(personal)之間的理論問題。
25. Wessel Stoken, "The Paradox of Complementarity in Tillich's Doctrine of God," in *The Theological Paradox / Das theologische Paradox*, ed. by Gert Hummel (Berlin: Walter de Gruyter, 1995), pp.118～119.
26. 當然，非位格性不等於是反位格性。
27. Hans Schwarz, "Open Questions Concerning a Personal God in Paul Tillich's Systematic Theology," in *God and Being / Gott und Sein*, ed. by Gert Hummel (Berlin: Walter de Gruyter, 1989), pp.188～189.
28. Tillich, *Systematic Theology*, vol.I, p.221.

29. Tillich, *Systematic Theology*, vol.I, p.228.
30. Tillich, *Systematic Theology*, vol.I, p.229.
31. Tillich, *Systematic Theology*, vol.III, p.284.
32. Tillich, *Systematic Theology*, vol.I, p.252.
33. Tillich, *Systematic Theology*, vol.I, pp.235～236.
34. Tillich, *Systematic Theology*, vol.I, pp.242～243。另參拙作：〈圓離之間：論牟宗三與田立克的上帝觀〉。
35. Tillich, *Systematic Theology*, vol.I, p.249.
36. Tillich, *Systematic Theology*, vol.I, p.249.
37. Paul Tillich, *The Construction of the History of Religion in Schelling's Positive Philosophy*, trans. by Victor Nuovo (Lewisburg: Bucknell University Press, 1974), p.61.
38. Tillich, *Systematic Theology*, vol.I, pp.66～70。德國觀念論中有關上帝作為靈（*Geist*）的觀點，對巴特就上帝的主權和自由的理解有深刻的影響，詳參：R. P. Scharlemann, "Schelling's Impact on Protestant theology," in *Inscriptions and Reflections: Essays in Philosophical Theology* (Charlottesville: University Press of Virginia, 1989), pp.92～108。
39. Tillich, *Systematic Theology*, vol.I, p.250.
40. Tillich, *Systematic Theology*, vol.I, p.249.
41. Tillich, *Systematic Theology*, vol.I, p.250.
42. Tillich, *Systematic Theology*, vol.I, p.251.
43. Tillich, *Systematic Theology*, vol.I, p.279；另參：Paul Tillich, *Love, Power and Justice* (London: Oxford University Press, 1954), pp.24～25。
44. Tillich, *The Construction of the History of Religion in Schelling's Positive Philosophy*, p.62.
45. Georg W. F. Hegel, "Love" in *Early Theological Writings*, trans. by T. M. Knox, (Philadelphia, PA: University of Pennsylvania Press, 1971), pp.302～308.
46. Tillich, *A History of Christian Thought*, p.417.
47. 對黑格爾的三一理解，尤其是三一在其整個哲學系統中的位置，可參：Cyril O'Regan, *The Heterodox Hegel* (Albany, NY: State University of New York Press, 1994)。
48. Tillich, *Systematic Theology*, vol.I, p.263.
49. Tillich, *Systematic Theology*, vol.I, p.255.
50. Tillich, *Systematic Theology*, vol.I, p.262.
51. Tillich, *Systematic Theology*, vol.I, p.262.
52. Tillich, *Systematic Theology*, vol.I, p.262.
53. Tillich, *Systematic Theology*, vol.II, p.8.
54. 其實，田立克多次強調無限與有限、絕對與相對、無條件與被制約之間的強烈差異。
55. Tillich, *Systematic Theology*, vol.II, p.6.
56. Tillich, *Systematic Theology*, vol.II, p.6。我們在這裏可以明白，田立克在批判自然神學企圖由

有限推出無限的理論中完全是康德式。

57. Tillich, *Systematic Theology*, vol.II, p.6.
58. Tillich, *Systematic Theology*, vol.II, p.8.
59. Tillich, *Systematic Theology*, vol.II, p.8.
60. Tillich, *Systematic Theology*, vol.III, p.12.
61. Tillich, *Systematic Theology*, vol.III, p.13.
62. Tillich, *Systematic Theology*, vol.III, p.13.
63. Tillich, *Systematic Theology*, vol.III, p.15.
64. 田立克這種觀點與中國華嚴宗的「一即一切，一切即一」有著相似性。
65. Paul Tillich, *The Eternal Now* (NY: Charles Scribner's Sons, 1956), p.84.
66. Tillich, *Systematic Theology*, vol.III, pp.107～108.
67. 田立克較常用「非含混性的生命」(unambiguous life)這術語來指稱聖靈臨在下諸生命的維度得著從含混轉化為非含混的階段。而這亦是一種諸生命經由「本質」(essence)轉到「實存」(existence)而後回到「本質化」(essentialization)的過程。筆者使用「本真性的生命」來形容「非含混性的生命」是考慮到生命被聖靈轉化後回歸到原初的本質，這本質帶有一種原本和真實的內容。參：Tillich, *Systematic Theology*, vol.III, pp.400, 410, 421。
68. Tillich, *Systematic Theology*, vol.III, p.108.
69. Tillich, *Systematic Theology*, vol.III, p.112.
70. Tillich, *Systematic Theology*, vol.III, p.112.
71. Tillich, *Systematic Theology*, vol.II, p.39.
72. Tillich, *Systematic Theology*, vol.III, p.21.
73. Tillich, *Systematic Theology*, vol.III, pp.17～24.
74. Tillich, *Systematic Theology*, vol.I, pp.168～171.
75. Tillich, *Systematic Theology*, vol.I, p.170.
76. Tillich, *Systematic Theology*, vol.III, p.32.
77. Tillich, *Systematic Theology*, vol.III, p.38.
78. Tillich, *Systematic Theology*, vol.III, p.40.
79. Tillich, *Systematic Theology*, vol.III, p.32.
80. Tillich, *Systematic Theology*, vol.III, pp.50～51.
81. Tillich, *Systematic Theology*, vol.III, pp.57～65.
82. Tillich, *Systematic Theology*, vol.III, p.32.
83. Tillich, *Systematic Theology*, vol.III, p.95.
84. Tillich, *Systematic Theology*, vol.III, p.159.

第四章

歷史耶穌、圖象類比與新存有：再思田立克的基督論

基督教奠基於對拿撒勒人耶穌作為基督的認信上，「耶穌作為基督」(Jesus as Christ)就是基督教的根基性宣告。田立克指出，這宣告包括兩個層次的陳述：一是拿撒勒人耶穌這「事實」(fact)，二是教會或門徒對這事實的「接受」(reception)並宣告和接受他就是基督。[1] 因此，耶穌作為基督這信仰的陳述並非一種歷史性陳述而已，而是包含一種對這事實的認信參與和投入，這種主體性的信仰接受和客觀性歷史的存在兩方面結合，才建構出「耶穌作為基督」的理解。[2] 田立克認為，任何基督論若對這兩方面缺乏足夠的把握，皆會出現嚴重的困難。

田立克對於「耶穌作為基督」的客觀性歷史事實完全作出肯定性的態度，因為基督事件的歷史真實性涉及基督教救恩的重要維度，基督的救贖必須活現於歷史中的某一點上，正如田立克所言，「本質的神人性(essential God-manhood)曾在實存中出現，並把自身受制於實存的條件下，但卻沒有被它所勝」。[3] 在實存狀態下呈現出神人聯合的神聖彰顯，必須是在時空下的真實處境，否則必導致某種幻影說和諾斯底學說的對物質界域的漠視。田立克強調，道成肉身的這個基督事件必須是一「真實事實」(actual fact)，[4] 否則基督所帶來的克勝實存

中的疏離等問題必然會落空。

但上述的「事實角度」是需要「接受角度」共同建構基督事件的。田立克認為，「倘若耶穌並無在他的門徒及透過他們及至所有跟隨的世代中被接受為基督，則被稱為拿撒勒人的耶穌將可能以一個歷史和宗教上重要的人物而被記念而已」。[5] 耶穌被接受和被宣告為基督，他的能力在他的門徒身上彰顯出來，都是基督的一種表現。

一　歷史的耶穌與信仰的基督

從以上的描述，得見田立克非常強調在歷史中需要有一人格生命（personal life）來彰顯神聖生命活現於並勝過實存生命中的種種問題，否則，對於新存有（New Being）就只留下追問和期望，而非一種真實。但田立克對於伴隨著探索歷史真實的歷史批判學的方法卻有著獨特的觀點，簡而言之，田立克對於上述基督事件的雙重特質能否透過歷史批判學方法而獲得，抱有極度懷疑的態度。換言之，田立克對於當時的「歷史耶穌的追尋」（quest for the historical Jesus）是否能帶引我們進入歷史上的耶穌的生命，抱有否定的態度。

> ……從它〔歷史批判學〕的基本意向而言，這種找尋拿撒勒人耶穌的經驗性真理（empirical truth）的嘗試是一種失敗，那個所謂歷史的耶穌，即在祂接受為基督這象徵背後的耶穌，不僅並無出現，並且這嘗試愈行前一步就會退後幾步。[6]

田立克**並非否定**歷史上存在耶穌此人，而是對於歷史批判學的方法以為能夠穿越聖經所記載的耶穌圖象（biblical picture of Jesus）而能找到歷史上的耶穌的這種運作持否定的態度。田立克指出，「歷史耶穌」一詞需要區分開兩個意義，一種是透過歷史批判學所尋找的耶穌圖象，在「歷史耶穌的追尋」的運動中，被認為能夠找到在聖經中那種帶有深刻信仰意義的耶穌基督的描繪的背後的「客觀性」的歷史耶穌，其實，這個耶穌可說是「歷史批判學下的耶穌」（Jesus of historical criticism），田立克指出，歷史知識本身的限制性，導致這種方法所帶來的結果只有不同程度上的或然性（probability），而基督教信仰是不應該和不是將其基督的信仰建立在歷史的或然性上。[7] 另一種是指「耶穌作為基督」的事實性，就田立克而言，這種基督事件的真實性並非由歷史研究方法所保證和提供的，因為這些方法的知識性質是零碎和假設性的，[8] 他提出一個頗為特別的觀點：歷史研究的證據和分析無法**助證或否證**基督事件的信仰，「信仰無法保證『耶穌』此名就是基督，這須要讓開給歷史知識的不確定性；但信仰卻能保證那種真實的事實性轉化（factual transformation of reality），這轉化是新約表現在其耶穌作為基督的圖象中的人格生命中」。[9]

田立克這種觀點受其老師卡勒（Martin Kähler, 1835～1912）影響很深，卡勒早於1896年就已經對當時聖經研究中找尋「耶穌生平」（life of Jesus）的歷史研究作出嚴峻的批判，在他的《所謂歷史耶穌與歷史性聖經中的基督》（*The So-called Historical Jesus and the Historic Biblical Christ*）一書中指出，福音書的寫作，並非一份對耶穌的生平事蹟作出一種可供歷史科學化探索的文獻，而是透過對基督的救贖行動的宣稱所帶來的信仰文本，因此卡勒強調，福音書並無提供一種耶穌的生平（biography）而是他作為基督的圖象（picture），這幅基督圖象是歷史上的耶穌曾為他的門徒帶來的信仰轉化力量的結果，換言之，門徒撰寫的基督圖象正是基督的**歷史性的**一種信仰力量表現。因此，歷史研究最終無法讓歷史耶穌找到確定性，但這種歷史的不確定性無損於對基督的信仰，相反，門徒被基督救贖轉化的信仰力量所產生的基督圖象反而以這種逆向的進路保證了信仰的歷史性，這就是田立克所言：「信仰保證了耶穌的聖經圖象。」[10]

田立克的觀點無疑是將聖經中關於耶穌的文本記載中的歷史性和信仰素質結合起來，就歷史耶穌和信仰基督的對立問題，田立克清楚指出，這種對立實際上建立在兩種錯誤的假設上：假設越過聖經的信仰文本就可以找尋到一個有別於該文本的歷史耶穌，並且假設這歷史耶穌跟聖經文本中的基督圖象是截然不同。就田立克而言，呈現在我們面前的就只有一個曾在歷史上產生過巨大信仰影響力的，並透過他曾在歷史中影響過的門徒所描繪出來的圖象。近年新約學者鄧雅各（James Dunn）反思歷史耶穌的謬誤和如何重新尋找耶穌時，有著跟田立克類似的觀點，他正確地指出上述兩個歷史耶穌追尋的假設的錯誤，並且認為聖經對耶穌基督的描述本身就是一種門徒與耶穌**初始相遇**後產生信仰的結果，所以，福音書的文本並非一種後復活事件（post-Easter event），至於對耶穌的觀點，鄧雅各認為：

> 我們無法越過傳統而去到一位並無產生任何影響的耶穌裏，或那位可能有另些影響的耶穌，我們有的就是他真實地作出過的影響，而我們能歸納得出的就是使命中的特質和教導所產生出來的影響……歷史耶穌應該只能是那位產生影響並展開耶穌傳統的耶穌（Jesus-who-made-the-impact-which-is-the-beginning-of-the-Jesus-tradition），我們只能透過第一代門徒的眼和耳，和只能透過那些內蘊於耶穌的教導和故事中的影響，這些都給他們放置在形式中，去看拿撒勒耶穌。[11]

無疑，田立克認為無法也無需在信仰基督的後面尋找那位歷史的耶穌，耶穌作為基督的圖象就是歷史上的耶穌對門徒產生信仰影響力的結果。因此，縱然無法就耶穌的歷史確定性取得滿意的結果，信仰也無需建基於這種歷史的不確定性上，因為基督教所賴之以存在的根基，在於**承認**耶穌作為基督，是耶穌基督的圖象所產生的信仰所使然的。依此，田立克會認為基督教信仰並非建基於歷史上的耶穌，他早年曾指出，「〔倘若〕將信仰建基於歷史耶穌上，將不可避免地帶到一種教皇崇拜中去」。[12] 田立克認為，一方面要避免將信仰建基於錯誤的根基之上，亦即歷史知識本身的限制無法完全提供準確的信仰的基督；並且另方面，田立克認為信仰的本質告訴我們不應把耶穌絕對化，一旦信仰的對象和本質走向寄托於一種外在無所關涉的權威時，信仰就不是自由的了。

二　圖象類比

當田立克指出信仰能保證了聖經內的基督圖象所帶來的信仰轉化力量，並認為這種保證無需依賴任何的歷史研究的方法所得出的對歷史上的耶穌的任何資料時，究竟這種對於歷史方法研究下的耶穌一無所知的處境下，是否真實地能帶來田立克所謂的信仰轉化力量？換言之，信仰新存有在實存狀態下的種種困難所帶來的克勝，是否能夠在缺乏歷史資料下呈現？

田立克一方面指出，信仰本身絕對足以成為保證那個克勝實存狀態的新存有，「信仰只能保證其自身的基礎」，[13] 這是一個循環的理解，新存有在具體歷史中呈現出轉化生命的信仰力量，而這信仰當然能夠對其產生的源頭有所保證。但問題是當今讀者透過碰觸這個基督圖象時，如何能跟當時的門徒一樣親身經歷這種信仰的轉化力量？田立克並不認為祈克果那個跳越萊辛認為歷史和真理間的鴻溝的跳躍的信心能解決此問題，[14]「缺乏新存有的具體性（concreteness），其嶄新性則是空寂的」。[15] 依此，田立克認為從個體的信仰到親自碰觸在耶穌身上彰顯的新存有之間是需要靠賴聖經的基督圖象，意即在信仰與新存有間的認識永遠是**象徵性、間接和中介性**的。[16] 當今讀者是透過基督圖象來認識那位昔日曾與門徒交往的歷史耶穌，昔日門徒寫就當下影響當今信徒的基督圖象是因為與歷史的耶穌相遇而被他改變，倘若田立克認為當今讀者與昔日門徒**同樣能經歷相同**的新存有轉化力量，並且認為當今讀者無需靠賴耶穌的歷史確定性就能產生信仰，田立克需要假設昔日門徒相遇的耶穌與當下讀者遇上基督圖象間有某種密切的關係，田立克稱這關係為「圖象類比」(*analogia imaginis*)。

田立克明言，這類比是指「(基督)圖象和由此產生該圖象的那個真實人格生命之間的類比」。[17] 基督圖象與歷史上的所謂真實人格生命耶穌之間所形成的這種類比關係，田立克嘗試以一種表現主義的藝術(expressionist)進路來理解，

> 畫家會嘗試進入他要處理的人的最深處，他之所以能夠這樣做完全是透過一種進入到主題(subject matter)中的真實和意義的深刻參與，惟有如此，他所繪畫的人的那種表面的痕迹才不會如攝像般被重生製造(或自然主義式的仿製)，或根據畫家本身對美的觀念而被觀念化。[18]

聖經中的基督圖象與真實耶穌間的生命是存在著一種類比的關係，這關係並非一種實在論(或自然主義式)的對應關係，意即聖經的圖象無法將真實的耶穌鉅細無遺的描述出來，過去的歷史耶穌的追尋運動正是這種觀念的智性活動，以為這圖象背後有一位真實者在隱藏，嘗試透過歷史方法使之活現；這關係亦非一種作者自己一己主觀的觀念論式投射，將自身的宗教理想和慾望投射在對基督的描繪之上，以致這

圖象只反映作者的主觀意念。田立克認為，在一種客觀主義和觀念論之間，還存在一種表現主義的基督圖象理解，「表現主義的風格的原則是突破實在的自然表象，既不去複制平常經驗的實在，也不預期實在本質性的完滿，它將繪畫從自然主義的局限和理想主義的超越中解決出來，先知性地宣告了一種嶄新的精神。個體事物的外部形式被瓦解，但其目的既不是停留於這種解體狀態中，也不是要呈現藝術家任意或武斷的主觀性，而是通過表象的粉碎而深入事物的實質性基礎，象徵地表達其客觀真理和精神價值」。[19]

依田立克的觀點，聖經中的基督圖象就好比表現主義的繪畫作品，對於基督圖象的描述已經不再是真實表達歷史耶穌的一言一行或是作者宗教的主觀理解，而是被描述者與描述者間所發生的一次宗教的相遇，相互介入和參與到對方生命中的深處而產生的一種結果，所以被描述者與基督圖象間的類比關係既非同一亦非差異。更重要的是，依田立克所言，「圖象類比」並不依賴聖經敘事中的耶穌作為基督的歷史可靠性，它的運作完全建基於門徒所經驗和與圖象所碰所體驗的「新存有的轉化力量」的持續性。[20]

> 那種創造和保存新存有羣體的力量，並非關於其外表的一種抽象命題；它是他曾由之出現的圖象。在這圖象中，並無任何的獨特痕迹可確實地被證實，但卻可肯定地指出，新存有透過此圖象具有力量去轉化那些曾被他轉化的人。[21]

聖經圖象之所以能與真實的耶穌人格生命產生類比，是新存有的轉化力量使然，門徒昔日在耶穌身上遇上這力量，當下讀者透過聖經圖象也遇上這力量，這種力量是一種信仰的參與的結果。讀者透過信仰從而參與進入聖經的基督圖象中，「我們認知，透過圖象類比耶穌作為基督在聖經圖象中存活」。[22] 依此，田立克告訴我們一個重要的關鍵，聖經內關於耶穌圖象的材料也只是一種載體和媒介，是一種對新存有接受和轉化力量的表達，因此，這些材料的真實性（非歷史的準確性）是靠賴在作為基督的耶穌身上的新存有的轉化力量的恰當表達。[23] 田立克明言：歷代信徒之所以透過聖經的基督圖象而非那個遙遠的歷史上的耶穌能獲得力量，是因為「圖象具有這創造性力量，因在這圖象和透過它，新存有的力量得以表達」。[24] 因此，**基督論的重點並非落在歷史上的耶穌的獨特性上，而是那種寓居於耶穌此人身上的那種普遍性的新存有的力量**，無怪乎田立克認為「無論他的名字是甚麼，新存有曾經和現在在這人身上成為真實」，[25] 耶穌成為新存有的載體，聖經的基督圖象也是彰顯新存有轉化力量的象徵和載體。

三　新存有

新存有是「在實存條件下能克勝本質與實存鴻溝的本質存有」，[26] 新存有的「新」是指這種本質存有並非一種單純的潛能品質（potential character），而是透過實現出來，並活在實存環境中而不被實存中的疏離所支配的一種存有。[27] 田立克以一種動態性的存有論（dynamic ontology）語言來展述基督論的意義，萬物在實存下經歷一種本質與實存的割裂，以致需要一種能在實存下恢復本質性存有的嶄新性的存有，這種新的存有作為田立克神學體系中的「恢復性原則」（restorative principle）是指到基督也就是這種完全活於和參與在實存疏離下的本質性存有。萬物參在這新存有中就同時成為一種新的創造。

正如前文所言，田立克指出聖經圖象所彰顯的轉化力量是屬於新存有的，作為基督的耶穌也是新存有的載體（bearer），[28] 人參與在基督裏，就是參與在那種在耶穌身上克勝實存疏離的新存有當中。普遍性的新存有力量彰顯在耶穌的獨特性中，而非倒轉過來說某一個具體事件呈現中普遍性的力量，「並非新存有在耶穌身上**實現出來**，而是新存有透過耶穌**彰顯出來**」。[29] 這種帶有強烈德國觀念論的哲學色彩的基督論，引導田立克將整個基督論的重點放在一種觀念透過歷史呈現的黑格爾式進程中。黑格爾指出，基督的聖經圖象是神人聯合的觀念的具體再現（concrete representation），耶穌基督亦是這種神人聯合在實存狀態下的呈現。[30]

田立克堅持以一種動態的存有論來理解基督的生命，作為基督的耶穌的整個存有（totality of his being）成為新存有的載體，所以，田立克並非如某些自由神學般強調基督的道德教訓或他的內在生命，這些都是基督整個存有的表達，而非他的全部。以一種動態的存有論來理解基督必然對傳統兩性基督論（two natures Christology）的那種靜態模式提出反對。田立克指出，「本性」（nature）一詞應用在上帝和人都會顯得困難重重，上帝的生命是永恆的創造（eternal creativity），是越過本質和實存本性的（beyond essential and existential nature），在上帝存活生命（living life）中具備所有存有論的元素和結構，因此「本性」不能應用在上帝生命中；人是活於實存狀態下卻與上帝的生命有著連結，是一種本質與實存生命的結合（mixture of essential and existential being），所以，當以「本性」一詞應用在人身上時，可以指涉人的本質被造性（essential created nature）或實存的墮落性（existential fallen nature），這種靜態的描述方式似乎未能恰當地描述基督身上的處境，因此便是帶有含糊性。[31] 因此，田立克認為，「作為基督的耶穌是一神性與一人性之位格性聯合（personal unity）需要由以下的觀點所代替：作為基督的耶穌是神人的永恆聯合（eternal unity）成為歷史真實（historical reality）」，[32] 究竟「本性」本身是否如田立克認為，儼如「硬石」（blocks）般無法談到神性人性的聯合，是可以探討的；[33] 而神人的永恆聯合（或永恆的神人性〔Eternal God-Manhood〕）成為歷史的真實又如何可以是一種動態性的存有模式？

首先，田立克認為若要談論神人聯合的基督論述，起始點並非在於在歷史上的耶穌身上，這種神人聯合並非一種耶穌努力達致的後驗論述，反而是一種神學上的先驗論題，神人聯合之所以是「永恆」的，正在於先於耶穌的生命前，「神人間的永恆聯合就本應在神聖生命當中」，[34] 意思就是在本然的狀態下（essential state），沒有一種離開神性的人性，和離開人性的神性。然而，這種本然狀態下的神人聯合需要透過一具體真實的生命來實現出來，依此，道成肉身（incarnation）就是一種神人聯合的本然狀態實現在實存狀態下但不被實存疏離所克勝的模樣，田立克非常反對以一種「轉變」或「變化」（transformation）的觀念來理解道成肉身，他認為並非「上帝變成人」（God becomes man），而是代表上帝的神聖存有以他最完全的在實存的形式中彰顯自身，這種形式與本身神聖的屬天的形式是截然不同的。[35] 整個道成肉身事件所建構的悖論性格，就是屬天的人彰顯自身作為屬地的人，普遍的邏各斯彰顯自身作為被造的邏各斯，先存的基督彰顯自身作為歷史的基督。[36] 對田立克而言，在道成肉身事件中並不存在一種無限與有限的聯合悖論，因為有限與無限是對相互關聯辯證觀念（mutual interrelation dialectical concept），兩者並不存在一種對反的格局。依此，在整個神聖彰顯的歷程中，本然狀態下的新存有需要透經一種「實現」過程，以致神人聯合的潛存性能得以實現在實存下，這種實現不同於人的那種從潛存到真實（potentiality to actuality），因為新存有的實現，是不被實存所克勝的，依田立克所言，新存有是超越本然和實存的（beyond essence and existence），因為新存有是真實的實在（real reality），故不僅是一種潛存的本然性；但卻又克服實存，因本身就是一種神聖存有的彰顯。[37] 故此，整個新存有所呈現的是一種彰顯的歷程，在實現（actualizing）的過程中把神聖存有以有限形式來呈現。

其次，動態性的基督論存有論清楚表達於在上述過程中的所構成的神人張力中，也就是在實存狀態下所呈現的本然狀態。田立克以道成肉身的基督論（incarnational Christology）與嗣子論的基督論（adoptionist Christology）間的張力來切入此課題。依田立克所言，兩種基督論需要相互補足，倘若失去前者的一種神聖連繫，縱然嗣子論能強調基督論的耶穌特質和人性的完整，但卻最終無法處理神聖命定（divine destiny）的問題；倘若失去後者的人性掙扎，縱然道成肉身的基督論能強調基督論的神性特質和神性的完備，但卻引來「神變人」的奇怪學說，依此，田立克所強調的嗣子論的基督論，並非是耶穌經歷一種所謂「人而神」的上升之途，而是卻調神聖生命在實在狀態下的種種現實模態，[38] 依此，從神人聯合的本然狀態是歷經一個動態性的實存實現進程，透過此實現神聖生命才得以全幅朗現。

四　聖靈基督論

從以上的分析來看，田立克強調基督論的重點並非落在耶穌的獨特性上，而是那種把實存狀態下的問題克服，並寓居於耶穌此人身上的那種普遍性的新存有的力量。同時這種普遍性的救贖力量又架接著歷史耶穌呈現出來，並由基督的聖經圖象所引發的轉化性力量。倘若，如田立克所言，基督論是救贖論的一項功能，[39] 那基督論所展示的重點，就正在於這種普遍性的新存有的力量能在耶穌此人身上，彰顯出一種處於實存狀態下的神人聯合的本然狀態，惟有這樣，所有參與在這新存有力量中的人才可以同樣克勝實存的疏離。在傳統的基督論中，探討耶穌基督的救贖力量的確定性，大體上沿兩個方向處理：一是以

「本質聯合」(hypostasis union)的亞歷山太式的道成肉身進路,此進路標誌著一種神人的本質聯合,以基督的神性作為救贖的保障;另一種以「道德聯合」(moral union)的安提阿式的進路,強調人性與神性歷經努力而達致的聯合進路,以要救贖的人性就是被提取的人性為原則。田立克在一九六三年前,似乎仍然傾向平衡地處理這兩種的基督論,但縱然如此,在《系統神學‧卷二》中的基督論部分,已經趨向一種動態性的基督論論述,這種動態性論述的基本方向基本上就指向耶穌真實人性的全副呈現為首出,同時田立克又一直堅持並非耶穌人性中的特質把他變成基督的人而神的進路,再加上整體基督論強調一種普遍性的轉化力量,依據這三項元素,根本上上述的兩種傳統基督論是難以達致平衡的,或者應該這樣說,他們需要一項新的切入角度來重新整合這兩種進路。

田立克在《系統神學‧卷三》中,把這些問題全由聖靈基督論(Spirit-Christology)來承擔。新存有所彰顯的力量在於能克服本然和實存間的割裂,並把兩者重新結合,田立克在《系統神學‧卷三》中稱這為一種非含混性生命(unambiguous life),「非含混性生命的創造帶給生命進程中所有元素的聯合,在此生命中真實存有是潛存存有的真正表達……這僅由於疏離、對抗和抉擇後所實現的」,[40] 這種非含混性生命並非依靠自身能完成和實現的,完全是聖靈臨在人的靈當中所產生的。[41] 在此,田立克似乎把新存有的彰顯與聖靈臨在所呈現的力量等同起來,故此可以說,在耶穌基督身上所承載的新存有,也就是聖靈臨在於耶穌身上所彰顯的力量。

聖靈基督論並不意味著耶穌本身能依賴自身努力能達致基督的境地,相反,田立克似乎有意指出耶穌在此事的被動性,非含混性生命所彰顯的信仰和愛,是聖靈抓住人的靈所產生的,並非由人而出(not from man)而是在人當中(in man)。[42] 耶穌的靈(Jesus' spirit)同樣被聖靈所抓住以在其身上彰顯中聖靈所創造的新存有力量，依此，田立克一貫地指出基督論的焦點並非落在拿撒勒人耶穌之上，[43] 基督教的信仰亦非以這種獨特性來建立的，而是聖靈臨在耶穌的靈中所產生的新存有的那種非含混性生命和力量，正是這種力量和生命才能夠帶來救贖。依此，耶穌基督可謂是「上帝在他當中」(God was in him)，「神聖的靈無任何扭曲下臨在於作為基督的耶穌當中」，[44] 從而，耶穌的一生就能具有一種動態性的歷程，是聖靈不斷的參與，耶穌生命中所產生的信仰和愛就相應地更能透釋出基督的真實人性的部分，[45] 基督生命中的信仰的確定性並非以道所掌控，而是神聖之靈所產生的一種存有狀態，所以要注意的是，新存有那種非含混性生命並非基督作為真實人性自身生命中所能產生的，完全是聖靈臨在的**創造**；但同時，聖靈的臨在是參與和介入耶穌的靈中，在耶穌的靈中彰顯他的力量，所以，耶穌的人性同時又是整個過程中重要的載體。

註 釋：

1. Tillich, *Systematic Theology*, vol.II, p.97.
2. Tillich, *Systematic Theology*, vol.II, p.98.
3. Tillich, *Systematic Theology*, vol.II, p.98.
4. Tillich, *Systematic Theology*, vol.II, p.98.
5. Tillich, *Systematic Theology*, vol.II, p.99.
6. Tillich, *Systematic Theology*, vol.II, p.102.
7. Tillich, *Systematic Theology*, vol.II, p.107.
8. Tillich, *Systematic Theology*, vol.II, p.107.
9. Tillich, *Systematic Theology*, vol.II, p.107.
10. Tillich, *Systematic Theology*, vol.II, p.115。卡勒(Martin Kähler)的著作，可參：Martin Kähler, *The So-called Historical Jesus and the Historic Biblical Christ*, trans. by Carl E. Braaten (Philadelphia: Fortress Press, 1988)。另參：Wilhelm Pauck, *From Luther to Tillich* (San Francisco: Harper & Row Publishers, 1984), pp.173～180。
11. James D. G. Dunn, *A New Perspective on Jesus* (Grand Rapids, MI: Baker Academic,

2005), p.30.

12. Paul Tillich, "Die christliche Gewißheit und der historische Jesus," (1911) in *Paul Tillich, Main Works / Hauptwerke*, vol. 6, thesis 117, p.33。這觀點在田立克的《系統神學·卷三》中再次被提及，他提到不少神學傳統會傾向把耶穌此人視為基督教信仰的對象，他認為這樣會扭曲和忽視基督教的信息：「新存有彰顯在作為基督的耶穌身上」，我們是透過靈來認識他而非透過歷史的肉身存在來認識，「這樣才能將基督教從那種把自身從屬於將個體當作個體的他律中拯救出來，基督是靈不是律法」。（1963年版，頁146）
13. Tillich, *Systematic Theology*, vol.II, p.114.
14. Tillich, *Systematic Theology*, vol.II, p.114.
15. Tillich, *Systematic Theology*, vol.II, p.114.
16. Tillich, *Systematic Theology*, vol.II, p.115.
17. Tillich, *Systematic Theology*, vol.II, p.115.
18. Tillich, *Systematic Theology*, vol.II, p.116.
19. 沙湄：〈蒂利希與視覺藝術〉，載陳家富編：《蒂利希與漢語神學》（香港：道風，2006），頁241～242。
20. Tillich, *Systematic Theology*, vol.II, p.114.
21. Tillich, *Systematic Theology*, vol.II, p.114.
22. Michael Palmer, "The Certainty of Faith and Tillich's Concept of the *Analogia Imaginis*," in *Scottish Journal of Theology*, vol.25 (1972), p.286.
23. Tillich, *Systematic Theology*, vol.II, p.115.
24. Tillich, *Systematic Theology*, vol.II, p.115.
25. Tillich, *Systematic Theology*, vol.II, p.114.
26. Tillich, *Systematic Theology*, vol.II, p.119.
27. Tillich, *Systematic Theology*, vol.II, p.119.
28. Tillich, *Systematic Theology*, vol.II, p.121.
29. Jeremy S. Begbie, *Voicing Creation's Praise: Towards A Theology of the Arts* (Edinburgh: T & T Clark, 1991), p.78。 粗體乃作者強調。
30. Bruce J. R. Cameron, "The Hegelian Christology of Paul Tillich," in *Scottish Journal of Theology*, vol.29 (1976), pp.32～34.
31. Tillich, *Systematic Theology*, vol.II, pp.142, 147.
32. Tillich, *Systematic Theology*, vol.II, p.148.
33. 有學者指出，田立克因未能充分理解《迦克墩信經》（Chalcedonian Creed）內基督論程式中的神人聯合是一種有機性的聯合，才會對 *hypostasis* 有此誤解，參：George H. Tavard, *Paul Tillich and the Christian Message* (NY: Charles Scribner's Sons, 1962)。
34. Tillich, *Systematic Theology*, vol.II, p.148.
35. Tillich, "A Reinterpretation of the Doctrine of the Incarnation," p.308.

36. Tillich, "A Reinterpretation of the Doctrine of the Incarnation," p.308.
37. Tillich, "A Reinterpretation of the Doctrine of the Incarnation," p.312.
38. Tillich, *Systematic Theology*, vol.II, p.149.
39. Tillich, *Systematic Theology*, vol.II, p.150.
40. Tillich, *Systematic Theology*, vol.III, p.129.
41. Tillich, *Systematic Theology*, vol.III, p.129.
42. Tillich, *Systematic Theology*, vol.III, p.133.
43. Tillich, *Systematic Theology*, vol.III, p.146.
44. Tillich, *Systematic Theology*, vol.III, p.144.
45. Tillich, *Systematic Theology*, vol.III, p.145.

第五章

人與自然的關係：田立克對科技的一種文化神學的反思[1]

本文會以田立克思想中的「個體化與參與」的兩極觀念為貫通人與自然的關係，並以科技作為這種兩極性的一個中心概念來展述當前生態問題的前景。筆者會就學界對田立克思想中的生態論述作一個概覽，並指出他們的限制；及後就「個體化與參與」這觀念在人與自然的關係中的含義作出表述；隨後將這種兩極性的扭曲所做成的自然物化和人的非人化來突顯雙方關係的錯置，最後，會就科技的含混性格及其救贖來總結田立克生態思想中的一些重要理念。

一　過去的研究成果及限制

雖然在田立克的思想中對自然有豐富的洞見和認識，但學界對田立克這方面的研究一直是鳳毛鱗角。據哥士文（Richard C. Crossman）的資料搜集來看，直至一九八三年為止，英語世界無論是博士論文研究、專書或專文的討論中，涉及田立克有關大自然或人與自然這個主題的，連一份也沒有；[2] 在德語學界方面，則在七〇年後有兩本專書從聖禮的進路探討田立克的思想，有關自然的探討仍然不是他們的重點。[3] 這個現象一直到九十年代後期才開始轉變。

山米爾（H. P. Santmire）在一九八五年出版的《自然的勞苦》（*The Travail of Nature*）中指出，田立克對自然的欣賞使得他的思想成為討論生態問題一個對話的伙伴和神學資源，他認為田立克的「超人格主義」（hyper-personalism）：上帝並非一個人格存有（a personal being），反而位格是植根在上帝中，可以有助於化解過去古典神學中位格上帝（personal God）與非位格自然（impersonal nature）之間的張力。[4] 其次，卡班達（James A. Carpenter）在一九八八年出版的《自然與恩典》（*Nature and Grace*）一書的其中一章中，就討論了田立克的「生命的多重維度整合」（multidimensional unity of life）的觀念，對實在的不同維度之間的互相關聯，提出了神學性的疏解，他亦指出，雖然田立克的神學對生態神學來説是重要的資源，但卻在基督新教的主流傳統中被忽略，原因是田立克的思想類似於自然神學（natural theology）和神祕色彩。[5] 這兩部作品都不能算是對田立克有關自然觀念的深入探討，他們只是點出一些在田立克思想中跟自然有關的特點，生態的問題和田立克的思想之間的關係還不是他們的重點。

到九〇年後，這個學術空檔開始被注意。在一九九二年德國法蘭克福舉行的田立克國際學術會議（Internationale Paul-Tillich-Symposion）中，就以自然神學（*natürliche Theologie*）與自然的神學（*Theologie der Natur*）為題。[6] 賴品超教授在一九九九年的論文中，首次將田立克思想跟生態神學扯上關係，並深入討論了人與自然一同參與在墮落與拯救的觀念，賴教授提出在田立克思想中所突顯的人與世界的關係要比上帝與世界的關係更能對應當代的生態討論。[7] 至於將田立克思想與其生態神學的意涵作專書研究，則要數杜爾（Michael F. Drummy）在二〇〇〇年出版的《存有與大地》（*Being and Earth*），他的研究指出田立克有著一套對無機（inorganic）的神學觀點，亦注意到自然是在墮落和拯救中，並將田立克對愛（*agape*）的觀念發揮到生態的層面而提出眾生平等、非人類中心論（non-anthropocentric）的「生命間的互愛」（*bio-agape*）。[8]

雖然，從上述簡略的觀察來看，田立克思想中的生態論述開始得到應有的重視和闡析，但筆者認為有以下幾方面還可以繼續發展：首先，在一個生態倫理的討論層面上，究竟田立克是一個類似深層生態學（deep ecology）論者所認為眾生皆平等，沒有任何一種存有比另一種存有價值更高，[9] 抑或在生命的多重維度的整合中，縱使沒有層級的架構，但在諸存有物間仍有最高（the highest）和最完美（the most perfect）之分，[10] 這種區別會否是一種生態倫理學的重要參考點，即田立克的思想究竟是傾向非人類中心論抑某程度的人類中心論呢？而他的立場又如何影響生態倫理的考慮呢？這些都仍是懸而未決的問題；第二，倘若田立克的本體論是關乎眾存有（beings）的最基本模態的話，似乎至今還未有學者將人與自然這兩種密切相關的存有放回田立克的本體論去考慮，而上述的研究又往往偏重自然而忽略人，以致兩者之間的互動一直未有學者將它的豐富內容整理出來，並透過這種疏理將田立克對生態神學可能有的貢獻陳述出來；第三：雖然有學者論及田立克的科技觀，[11] 但一直未有學者將田立克對科技的理解放入其對人與自然的關係上討論，而科技在現今的生態神學中顯然是一個相關而迫切的課題，沒有疏理好田立克的理解將不單在理解他對自然的觀點上有所缺失，並且對整個生態神學的討論亦是有所缺欠；最後，過去討論田立克的自然的神學皆忽視了當中的實存根源（existential roots），而錯失了整個現代社會中人與社羣皆以擁有和掠奪為依歸，用田立克的思想來說，就是人與其存有根源疏離後的一種自以為是的狀態，若然，田立克有關「因信稱義」的思想或許能為生態神學中如何使人和自然得贖，和建構生態社羣提供了幫助。

由於這些課題涉及龐大的研究而非本文所能處理，所以本文只會集中人與自然關係中的「相互參與」的特質來展示田立克思想中種種與生態問題有關的課題。

二　人與自然的相互參與

人永遠不是一種獨立的個體，其存在是一種關聯的存有；但同時，人又不能失卻一種自我實現的個體性，意即人在與他者在關聯的進程中必須肯定某種程度的獨立性。人作為一個自我（self）必然與萬物相區別，而致在人以外的自然或世界變成一種與人相對立的存在，但人又是在世界的存有，並且人是依賴世界而存在。田立克認為，

> 每一個自我皆有一個他生存的環境，而每一個反思的自我則有一個他生存的世界。所有存有皆有一處是他們環境的環境。[12]

人身處的自然並非一種雜物的總和，對田立克而言，這些周圍之物並沒有為人之為人構成一種有意義的關聯，換言之，人作為一個具備附與萬物意義的存有，就必然與他所處的世界或自然產生某種的意義活動。「環境是那些周圍之物所構成的，而這些卻是與人作為人相關聯的。」[13] 所以，對田立克而言，環境永遠不會是一種抽離於人而獨立存在之物，要談環境就一定是談一種人的環境。其次，人的環境又隱含著世界的維度。世界就是一個包含一切可能和真實的意義結構的統合。[14] 世界從環境中引出，環境又指向外在於它的世界，甚至倒過來改變人的環境。換句話說，環境是包括在世界之內，但世界又超越環境的領域，而人作為人則不會永遠被禁制於環境之內，他會透過一切的意義活動的交往與環境進行轉化而建構世界。[15] 總括而言，而田立克來說，「沒有世界的自我是空的，沒有自我的世界是死的。」[16] 人

作為自我既是一種能超越環境的存有，但又存在於他所參與的環境和世界當中，同時，環境和世界都並非一些死寂之物，而是被人加以轉化和附與意義的生命世界。

田立克把人與自然環境及世界之間所出現的相互關聯為「個體化與參與」(individualization and participation)的兩極性，對他而言，萬物皆分受著這種本體論的元素，無論是人或大自然的一花一草都同時具備著自身的核心性和與他者進入羣體中的參與性。因此，正如萊布尼茲(Gottfried W. von Leibniz)所言，田立克認為整個宇宙皆在個個體中臨在，萬物具備一種微觀宇宙(micro-cosmic)的素質，而由於人能有意識地、直接地參與在整個宇宙中，因此，人本身就是一個微觀宇宙。[17] 外在的宏觀宇宙和人這個微觀宇宙存在著一種關聯的關係，人是一種整合和系統的存在，而這種特質是惟有當人認識一個同樣是整合和合一的世界時才出現。相反，世界之所以是整合和合一的世界，亦是由於人是一種整合和系統的存在而言。[18] 田立克曾以主體理性(subjective reason)和客體理性(objective reason)來描述這層關係，對田立克而言，理性是俱在於人與萬物之內，雙方之所以能彼此認識和溝通，全因雙方共同參與在同一的理性之內。[19] 這種田立克稱為本體理性(ontological reason)的存在為人與世界之間的關聯提供了合一的基礎。由於人與自然皆參與在一種理性結構中，雙方就會出現一種「把握－塑造」(grasping-shaping)的意義活動，在此活動中雙方皆在進行轉化。

> 把握(grasping)是進入深層，深入到一件物或一件事的本質(essential nature)，並理解它與把它表達出來的涵義；塑造(shaping)有把一種給定的材料轉化為一種形式(*Gestalt*)，一種具有存在力量的存活結構(living structure)的涵義。[20]

這種「把握－塑造」的意義活動亦是人與萬物間的參與活動，參與在人與自然之間的關係是十分重要的。愛是一種參與，認知又是一種參與，甚至敵對和漠視都是一種參與。參與構成一切萬物得以存在的基本質素，亦為萬物之間所建立的整體聯合提供了基礎。因此，人與自然從來就不斷發生某種的聯絡和參與，甚至雙方在最敵對和相互摧毀時亦是在一種關係當中。

三　相互參與的扭曲：自然的物化和人的非人化

人與萬物的本體構成就是一種彼此關聯的相互參與之中，故此從負面而言，人與萬物的疏離都是源於一種關係的錯置，就是在相互參與的進程中出現了破壞性的元素以致彼此的關聯出現了扭曲的狀況。簡單來說，在這種錯置的關係中，外在的世界被人以某種態度來看待，以致被視為死物來看待和利用，但同時，人在這種扭曲的關係中，亦非置身事外，由於雙方彼此關聯，人亦失卻人的種種特質。所以，就田立克而言，自然在錯置的關係中被物化，而人就被非人化。

田立克對這兩層關係的扭曲提出了義理及歷史性的探究。首先，就自然世界在這關係中被扭曲的問題而言，他認為舊約聖經中重視耶和華為獨一神聖的存有，以致萬物的神聖力量皆被否定，「事物只是神聖命令完成的媒介，或者是上帝創造力量的鏡子，除此之外並無任何創造性」；[21] 其次，在柏拉圖（Plato）的世界中，人格的觀念被高抬至萬物之上，萬物內在的力量被重置在理型世界之內；[22] 在新教傳統中，路德宗認為重點在神人之間的關係，人跟自然的關係並非內在的而是一種從上帝而來的外加的責任；[23] 加爾文主義亦有相類似的觀點，視事物沒有內在的力量，自然王國是受制於上帝國；[24] 在德國觀念論中，費希特（Johann G. Fichte）亦將自然視為人性責任空成的可見媒介。[25] 田立克認為，無論是哪一個傳統，自然都基於種種原因將神聖和充滿力量的位置被人格的實現或完成和絕對的真實所取代，這種將自然世俗化的做法造就了近代自然科學和科技文化的出現，把自然引向人的操控和把握之內，但對田立克而言，這種做法無疑是將自然的主體性提走，以致在科技的掌握下，自然只能以一種純然客體的模態來呈現，與人所構成的只剩下「我－它」而非「我－你」的關係，自然就轉化成「死物」（*Ding*）。[26]

其次，人亦沒有因著自然被物化而提升了自身的價值，反而人在這錯置的關係中被非人化。田立克指出，自然世界被人轉化為一部龐大機器後，這部自然機器同時把人轉化為機器的一部分。[27] 當人所面向的只是作為「物」的自然時，意義活動就被化約為手段和目的的工具性活動，人作為主體就被龐大的客體所吞噬，最後只成為客體的一部分。

田立克對人操控自然作為客體被主體吞噬，與人在科技世界中被非人化的主體被客體吞噬所彰顯的精神，曾作過深入的分析，這種以現代性為特徵的意識可追溯至文藝復興的精神。田立克認為，西方現代性精神所表現的具體特徵是數理化的自然科學、科技及資本主義的經濟模式，三者互相緊扣並相互依存。三者都標誌著人類精神的一種自我肯定和自我完成的存在類型，[28] 這種自我存在的模式，將生命進程的諸多形式與其生命的源頭和意義割離，成為一種獨立自足的形態。[29] 其中，田立克清楚注意到科技的一項特徵，就是科技的原本意圖是作為一種將人從大自然中的所有魔化勢力中解放出來，使人不再受大自然的法則所控制，這是一種人類精神心靈（spirit）戰勝物質（matter）的表現，田立克指出這種在人間建立一種理性王國並對大自然徹底控制的烏托邦理想，是源於文藝復興的思想。[30]

田立克認為，文藝復興所突顯的人類精神維度正好與現代世界的自我完成與對外界的操控相一致，他稱文藝復興這種理想為塑造世界（world-shaping）和操控世界（world-controlling）的積極性類型。[31] 與古代希臘世界和中世紀文化不一樣，前者所注重的是一種生命是要內住在宇宙和其他可能性中完成的圓形迴圈模式，後者是一種生命是須要向超越的上帝提升並超越世界的象限的垂直模式，而文藝復興以降的改教運動及至啟蒙運動所注重的是一種水平橫向模式，生命的完成是透過控制和轉化宇宙而達致一種人神共榮的局面。[32] 人類存在的內在目標皆被這種橫向的水平維度所支配。

對田立克而言，這種橫向的水平維度就是一種科學技術的主宰，而在文藝復興的精神深處，就是一種以政治和科技為導向的積極性人文主義。在其中，理想人格是對自然與社會的控制為依歸，理性的解放使人能將一種普遍人性實現，並相信個體與自然之間能取得某種的和諧。[33] 人的內在目標就被轉化為對人對自然進行積極性的強制和改變。[34] 結果就是產生出「理性的人……分析，操控並根據其目的而進行改變」。[35] 對田立克而言，這種改變對人與自然帶來了嚴重的後果。因為萬物的內在目標基本上就是其存在的意義所在，亦是其存在的力量所在。[36] 如今卻在科技的觀照下，萬物的存在目的就只剩下一種目的性的結構，也就是工具與目的的關係（means-end relationship）。人與自然皆被化約成工具性的價值，人理性原本的多重維度功能，包括道德和審美性的能力就只能化約為計算性的推理（calculating reason），[37] 最終萬物的內在目標就只剩下制宰和操控，而制宰與操控的本性就是要否定內在目標為依歸，亦即是最後一切目標只能被取消，而只有無止境的工具的出現。[38]

在一篇名為〈在科技社會中的人〉文章中，田立克認為科技社會帶來最嚴重的後果就是將人「非人格化」（depersonalization）。[39] 因為，對田立克而言，

> 人是一個具有核心性的全體（a centered whole），他／她所有的功能皆受這決定，當其中一樣功能與其他功能相分離並控制全體時，則整個人就受制於此功能。[40]

科技的本質正正是將人變成一種手段，一切的意義和人格都被一種無止境的工具與目的的關係所制約，而人亦只會最終變成一件工具，一件達致其他目的的工具。田立克認為，人不單只是勞動人（*homo faber*），他／她還會溝通，與萬物可以建立一種「我－你」的關係，並且會思考，有道德感，是一種對自身的有限性與趨向無限有所感知的人，總而言之，人的基本本體論結構就是一種「自我－世界」的關係，但科技所帶來的就是透過高舉這種結構中的其中一項元素而排斥並且控制其他元素，以致使整個結構破壞。[41] 田立克認為，科技的基本特徵就是一種夾雜著解放與奴役的含混性格。

四　科技的含混性格

田立克並沒有片面地否定科技的價值，當然他完全清楚上文所指到自然的物化和人的非人化都是由於科技使然。在田立克的思想中，人透過技術與自然進行的「勞動」並不一定出現雙方的疏離和物化，而是可以互相得以實現。

> 人格（personality）與事物在「勞動」中聯合，其中物的力量被發現，並因著人格而得到肯定，其中人格的力量亦深印在事物當中。這種人與物及物與人之間的相互接收（mutual reception）意指兩者皆得以「完成」（fulfilment）。在創造性的勞動中，人格的真實自由（actual freedom）與自然的潛存自由（potential freedom）彼

此聯合。自我決定的人性力量與事物的決定性力量彼此聯合在我們勞動的形式中。[42]

田立克明言，真正的勞動是一種相互的完成和實現。[43] 人的內在生命與外在世界一同在工作的實踐和文化的構作中得到滿足和完成，可在馬克思（Karl Marx）的著作中得到更充分的闡析。馬克思認為，工作的實踐是人自我實現的進程，他認為

人正是要通過對外在世界的轉化，才開始確實地肯定自身是類的存有。這種生產活動是他能動性的類的生活。通過這種活動，自然界才表現為他的工作成果和屬於他的現實性。人工作的對象因而成為了人作為類的生活的客體化歷程，因為在這現實中，他不單在思考和心智上、更可以在實踐上把自已重現。從而在自己所創造的世界中，他可以看見自我的形象。[44]

馬克思將工作實踐視為人自我客體化的歷程，在這歷程中人與外界都相互產生轉化。「人一方面作用並改造外在的自然世界，另一方面，他也同時藉同一歷程改造著自己的本性。」[45] 正如田立克所言，馬克思認為真正的勞動工作是人主體性的實現，借著外在世界與主體的交涉，主體又對自然界創造出一個新的文化世界，同時亦為自我實現創造出新的可能。

另一方面，人透過操控自然來使自身的存在便加安舒，這種實存的感受是把物質控制於人類精神心靈之下。田立克認為，每個人的存在本質都構成了一種「茫然失所」（*Unheimlichen*）的感受，[46] 這種感受的產生並非人碰上一特殊的恐懼或產生此感受的外物，它的出現是作為一種人存在的領悟（*Seinsverständnis*），借用海德格（M.

Heidegger)的説話：

> 如果我們在生存論—存在論(*existenzial-ontologisch*)的意義上把此在(*Dasein*)的茫然失所(*die Unheimlichkeit*)解釋為威脅，而這威脅從此在本身而來並且就此在本身，那麼我們還不因此就認為：茫然失所在實際的「懼」(*Angst*)中已經在這意義下得到領會……此在日常用以領悟茫然失所的方式是在沉淪(*die verfallende*)中轉離，在轉離中，使茫然失所得以「淡化」(*abblendende*)。[47]

顯然，田立克是借用了海德格的分析，人的茫然失所並非一種對威脅的感受，因為若是有威脅存在，人就會自衞，但當人面對茫然失所時，他／她會驚覺自衞的行動是沒有對象的，簡單來説，人作為「在世的存有」(*in-der-Welt-Seins*)，他／她就已經在本然的狀態下處於一種陌生、不在家及異樣的處境中。[48] 當人要逃離和解決在世界中的茫然失所或不在家的存在領悟時，方法是盡一切的努力使他／她的存在成為一種在家的存在(make himself at home in existence)，[49] 而科技就正作為幫助人脱離這種茫然失所的存在領悟而出現，「科學的歷史也就是戰勝茫然失所的歷史，而這種勝利只有在科技中得到完成」。[50] 田立克認為，在科技的使用中，任何東西皆由效益所決定，再沒有一些難以預料的恐懼會出現，一切都在科技的全盤計算下操作，這種精神使得大地(世界)，再不是一處使人茫然失所之處，反而是一處容身的家，簡而言之，科技透過操控萬物而使萬物在家。[51]

這種將科技視為世界除魔的象徵(symbol of de-demonizing of the world)，在田立克眼中卻沒有為人和自然帶來一種在家的結連，反倒創造出一種新的和獨立的存有形式(form of being)，這種存有

形式所帶來的是嶄新的茫然失所，[52] 人與自然帶來了一種新的隔閡和疏離，

> 連於活生生大地上的土壤被提走，被砍伐和人工的石頭將自身與我們分隔，高樓大廈把我們與土壤、樹 木分開；流水現在在水管之內；火與電線相連；動物被分隔或是將牠們的動力提取，在科技的語境內，樹木與植物皆被分配而達致「享用」的理性目標。[53]

顯然，科技將一種安舒、可靠的存在帶給人類，但同時亦將世界變得陌生和死寂，田立克明言，雖然科技將人從世界的魔性中解放出來，但科技的本質是空沒的。[54] 它割斷了流存於眾生之中的生命，換之以理性的駕馭，並且以無盡的可能性來誘使人向無盡的科技世界去尋索。[55]

可見在田立克的思想中，對科技的含混性格經已作出一種初步的理解和確定，科技將人從世界的魔咒中釋放出來，使人再不需在大自然中經歷異樣，但與此同時，科技又將新的理性魔咒加諸於人和自然而產生出新一種的疏離。所以，田立克總括說：「我們必須認識清楚，倘若科技是上帝似的，是創造性的，是解放性的，它亦同時是鬼魔化的，奴役性的，解構性的，就正如萬物一樣，它是含混的。」[56]

科技這種含混性格，亦可說是源於人與世界相互參與的扭曲所致。正如上文所言，萬物都具備理性結構，人與世界一同參與在同一的理性結構中，田立克在本體論理性之下再區分開「主體理性」（subjective *logos*）與「客體理性」（objective *logos*）。[57] 田立克認為，人的理性之所以能把握外界，完全是由於人和外界皆共同被同一的「理性」所規定，用田立克的說法，就是人的心靈和實在（Reality）共同擁有同一的「理性」性格（a *logos* character），[58] 人的心靈所擁有的是自我去把握和塑造的「理性」結構（the *logos* structure of the grasping-and-shaping-self），而實在所擁有的是一種世界被把握和被塑造的「理性」結構（the *logos* structure of the grasped-and-shaped world）。[59] 因此，田立克就此規定了人與實在的一種存有論關係，「自我—世界」的相互依存及相互碰觸與轉化，對田立克而言是最基本的存有論結構（basic ontological structure），[60] 從存有論的角度而言，人是不斷與周圍的環境進行某種的關連，這種關連所構成的意義網路則築成人的世界（human world）。[61]

田立克將人與世界的連系中的認知形式，理解為一種知識的存有論結構（ontological structure of knowledge），[62] 其實，在上述所示的「把握－塑造」的分析中，我們經已就人與世界的關連作了一種本體論的描述，不過「把握－塑造」的行動並非單是一種認知行動，而是涉及存有的整個存在的層面，正如田立克所述，是包括道德踐行、審美活動、技藝的操作等，而這裏所要描述的結構是針對一種被稱為認知性活動的本質。

認知主體（knowing subject）和被知客體（known object）的認知存有論關係，依田立克所理解，是經歷一種聯合－分離－再統一（union-separation-unity）的三一進程。依田立克的理解，知識的確立必定需要預設一種「離」的局面，認知主體與被知的客體之間需要處於一種分離的距離才可以談知識，其實在「把握－塑造」中經已隱含著人的主體理性與實在的客體理性之間的距離才可以談一種相互轉化的可能，這種知識領域內的「離」正是知識之所以可能的條件。[63] 但正如前面曾談及的是人的主體理性與客體理性不正是連於一種本體理性嗎？！因此，田立克強調雙方在知識本體結構中的「離」的同時，需要明白雙方在本質的結構（essential sturcture）中是具備某程度的聯合的。[64] 這亦正是柏拉圖談知識是一種對理念（ideas）的回憶的意思。在本質結構中的「合」經歷了認知結構中必須被預設的「離」後，當然最後就是一種「重合」

(reunion),因此,田立克強調認知的行動就是一種聯合的形式。[65]

經過上述的分析後,我們就可以進入到田立克如何將科技理解為科技理性(technical reason)和操控性知識(controlling knowledge)的理據,並且就兩者在理性的本體論規定下如何突顯出其含混性格有所把握。科技被理解為一種理性化的結構,而這種結構又以一種特殊的「工具－目的」的關係來呈現,並且科技的運用,顯然是以一種理性的態度去對人和萬物進行某種控制和計算,因此,操控性和理性化都是科技的表現形態。但當田立克談到一種所謂的「科技理性」(technical reason)時,他是與先前談到的存有論理性同時並列的,似乎田立克並不以為他是在談論兩種截然不同的理性,

> 這種存有論的理性概念,總是伴隨著科技的理性概念,有時還被後者所取代。[66]

當田立克談到科技理性所要決定的最大關懷是手段,而非目的時,他指出

> 只要科技理性是本體理性的伙伴時,並且「推理」(reasoning)是被用來完成理性的要求,那麼這種處境之中就沒有甚麼危險。[67]

並且,「科技理性如果脫離了本體理性,那麼它無論在邏輯和方法學上如何精緻,都會使人非人化(dehumanizes),除此之外,科技理性若得不到本體理性的持斷不斷的滋養,它本身也會貧弱而腐化。」[68] 顯然,田立克在這裏對科技理性沒有持一種天真的樂觀或悲觀主義,並且對科技理性的含混性格得到進一步的確立。田立克以為科技理性所表現的目的結構並非全然具破壞和非人性的,而事實上對人生理和心理的分析

中，科技理性的功勞是不能被抹殺的，[69] 田立克甚至認為，神學家要建構神學系統時，科技理性所表現的推理能力，是不可或缺的；[70] 當然，若科技理性在一種單一的運用情況下，甚至乎已聲稱自身就已經等同於理性的所有功能，它的效果將是破壞性的，要注意的是：導致破壞性結果並非科技理性本身使然，而是由於與本體論理性相分離所引致的後果。

其次，在討論到操控性知識（*Herrschaftswissen*）時，[71] 田立克嘗言認知的本體論模式原本是一種分離和參與之間的辯證過程，[72] 但在操控性知識中分離的元素卻在認知的過程中達到高峯，認知主體與被知客體的連結只為了將客體完全控制在主體的認知框架下，[73] 由於主體的獨大，被知物件被化約成「物」，將一切「物化」就使得萬物原本自身所具備的「主體性元素」（elements of subjectivity）和「自我關聯性」（self-relatedness）皆遭受扭曲和破壞。

需要注意的是，田立克亦沒有一面倒地全盤否定操控制知識的價值，一方面，田立克明言在面對人的肉身和心理的建構時，操控性知識是可以並且應該得到正常的運用，而只有當運用在人的個體性或人性的深處時，操控性知識才呈現出其局限性；[74] 另一方面，田立克強調知識的獲取是需要在一種「離－合」的辯證中進行，[75] 而操控性知識的歧出，乃在於只側重「離」的元素而使辯證的動態進程受到延滯。

因此，我們可以總括而言，科技的本質所呈現的兩種特性：科技理性與操控知識都同時具備它們的不足之處，這種不足正顯示科技本身正陷於一種含混的狀態而需要被救贖。

五　在救贖中人與自然相互參與的重置

田立克一方面深化上述科技的含混性格，認為其中表現中人在相互參與的模態中高抬自己的罪性，並在聖靈臨在下，雙方因著聖靈的愛以致雙方的參與不以破壞和摧毀對方為依歸，反是雙方得以成全並以實現萬物內在的目的（*telos*）為依歸。

田立克認為科技理性表現出對萬物的操控是源於人主體的獨大，主體挺立至目空一切漠視自身的有限性就是一種「狂妄」（*hubris*）。人的自我超拔（self-elevation）到神聖的領域就是一種狂妄，「人使其自身成為世界的中心，這就是他／她的狂妄」。[76] 這種表現使人忽視自身的有限性，將部分的美善擴大成絕對，自身的文化創作視為神聖創作，將其偶像化並推展成一種終極的關懷。[77] 另外，田立克指出另一種疏離的表徵是「慾」（*concupiscentia*），它不單指向性的層面，對田立克而言，當人與萬物分離後，總有一種內在的置定要與萬物復和，極化的時候就推展成要將整個實在收攝於自身之內。[78]

田立克認為，這些疏離的特徵正反映出科技表現的一種失控的狀態，正常狀態下的參與如今變成將萬物收攝於自身之內，如上帝似的科技支配著人類的每種生活，田立克進一步指出，人的疏離導致人與世界的依存關係受到破損。「自我—世界」這個最基本的本體論結構因疏離而導致雙方的破損，人再不能面對一個有意義的實在，在他／她面前所出現的世界已變分裂離散。

> 世界在一個意義的整體而言已不復存在，諸物再對人沈默，它們失去與人進入意義碰觸的力量，因為人自身亦同樣失去此力量。極端而言，人所經歷的是一完全非真的世界，人除了自覺自身的空沒之外就一無所有。[79]

可見，當人愈發覺得自身與世界的失落時，愈需要將自身與世界重新復和，科技作為人認知世界和認知自身的手段顯然是是有效的方法。但同時，科技這種基於疏離而出現的「狂妄」和「慾」卻沒有真正為人解決人類實存的根源問題。

田立克認為，科技作為含混性的存在是要將科技從它作為「本質與實存的混合物」（mixture of essential and existential natures）中解放出來。就田立克而言，這是一個涉及啟示、拯救和聖靈的問題。在一九一三年田立克一份系統神學的手稿中，科技（*Technik*）與上帝國（*Reich Gottes*）是放在一起討論。[80] 當中，田立克指出：

> 物質文化的辯證性乃在於在世界內精神（*Geistes*）的征服（*die Knechtung*）並透過對世界的統治。神學原則是證立物質性的文化工程（*die sachliche Kulturarbeit*）「科技」（*Technik*），當中透過視上帝的啟示在其中，透過將科技作為服侍上帝的國，並透過承認科技在整全的上帝國度中的永恆意義。[81]

科技是作為人類精神文化表現而被理解，因此它是屬於文化建構的部分，亦是人心靈精神的創作性表現；其次，科技作為一種文化工程（*Kulturarbeit*）是具備一種含混性的，在這裏田立克卻以「吊詭」（*das Paradox*）一詞去表示這種含混性。意思是科技除了展示了一種自毀性的傾向，它究竟有否一種救贖性的肯定元素在其中。[82] 第三，科技的吊詭性得以解除，乃在於其在促進並確立上帝國，就田立克而言，作為物質文化的科技能夠使人從一種動物性的奴役中釋放出來，並且成為人類精神文化的不可或缺的要素。簡單而言，欠缺科技，上帝國將不能實現。（*Wo der Geist die Technik also betrachtet, ist er prinzipiell befreit von ihrer Not.*）[83] 最後，田立克在當時認為科技的審判是在「神學原則的第二環節」（*dem zweiten Moment des theologishen Prinzips*）中相對應，意思是神學原則的第二環節也就是作為「道」（*Logos*）的聖子階段，用田立克後期的説法，就是基督作為新存有去審判和解救科技所帶來萬物的疏離；[84] 與此同時，作為服侍上帝國並消除了破壞性元素的科技則與「神學原則的第三階段」(*das dritte Moment des theologsichen Prinzips*)相協作，此亦即是田立克後期有關在「聖靈臨在」下的討論。[85]

田立克在《系統神學·卷三》中清楚將語言與科技同時作為一種人類精神文化的創作性表現而被理解，[86] 並且強調科技的含混性一方面透過目的性結構來實現人類精神心靈的目的，但同時卻將目的化約為手段，而使手段獨大直至一切有機與無機的生命進程(organic and inorganic process)的內在目標(*telos*)被科技生產的外在目的(purposes)所轉換。[87] 這種含混性格可以以三種面相來展現：自由與限制之間的含混、工具與目標之間的含混、自我與物之間的含混。[88] 第一種的含混性，表現於科技一方面呈現出人有無盡探索的自由，但同時卻又經歷著自身的有限性的限制，「它開啟了一段毫無限制可見的路途，但此路途是透過一有限制及有限的存有而達致的」。[89] 第二種的含混性，表現於科技對生產和進步的意義的迷糊，究竟科技的目的何在？其含混性在於科技一方面是人生命的自我創造(self-creation of life)以致不能亦不應停止，但與此同時卻又成為漫無目的的生產。[90] 最後，第三種的含混性，被田立克稱之為「最本真的含混性」(a genuine ambiguity)，[91] 就是科技使人從奴役中被釋放出來，但同時卻被科技所奴役，使人作為一個主體被轉化成一件物，一件與其他死物一樣的物。[92] 這一切的含混性，皆指向聖靈臨在的神律下被拯救。

神律(Theonomy)一直是田立克思想中的重要概念，[93] 從理性的角度而言，神律是指「自律理性(antonomous reason)與其本身的深處(its own depth)相結合，在神律的處境中，理性得以在順服於結構性的法則並在其自身根基的能力中實現自身。」[94] 若從聖靈和人的心靈的角度而言，神律就是人生命那種自我創作的形態得以在聖靈的指引下趨向探索終極意義和能力。[95] 一種神律的文化就是聖靈決定和聖靈帶引的文化，田立克一直強調神律並非一種以宗教控制文化的狀態，是完成而非破壞文化。[96] 目的是希望文化能超越人類的旨趣而趨向終極的目標。就科技文化而言，就是要在一種實用理性為主導的文化創作中重新將終極的元素引入。因此，對應上述科技的三層含混性格，聖靈臨在的神律亦相應地有三層的表述。

針對第一層有關自由與限制的含混，田立克的觀點是要「限制人那種企圖越過其給予的無盡的自由」。[97] 顯然，田立克並非因為科技帶來破壞而需要限制和廢棄它，回到前科技文明的原始式生活對田立克來說永遠不是一個解決科技所帶來的問題的方法，惟有在聖靈的臨在下展示出要對科技那種無限的可能加以警覺，就田立克的理解，科技那種抽象的可能性是與語言發揮抽象的功能有關，「抽象（abstraction）賦予我們語言的能力，語言賦予我們選取的自由，而選取的自由卻又給予我們無限的科技生產的可能。」[98] 這種可能性誘使一種科技性的狂妄（technological *hubris*）與及科技探索的慾念的出現，相對於科技這些「不設上限」的可能性，人自身卻是一種有限自由的存有，作為一有限的存有，人在其實存中與其本質相疏離，這種狀態使人發揮其自由而得以超越萬物，但同時其自由卻又誘使人否定其有限性，所以在實現其自由中已埋下摧毀性的種子，在科技的可能中既是一種創造又是一種解構。在自由與限制的含混中實際上是人一種實存狀態下的困境，惟有讓人把握清楚其實相，對人類的有限性和罪性的觀照下，讓人明瞭人的自由除了附與人能不斷利用科技超越環境之外，亦讓人一方面注意自由無限的可怕，另方面讓人察覺這種自由的無限最終並不能帶引人類走向解放而只是一種新的奴役。

其次，田立克似乎有意將工具與目的之間的含混性與自我和物之間的含混性一併討論，而兩者之間最大的危險就在於缺乏終極目的和

「愛慾」(*eros*)。就田立克而言,科技的生產是要服侍人的目標為依歸,意思是雖然科技有著含混性,但它是人存在生命一種創造性和超越性的表現,所以它本身是可以作為一種帶引人的目標得到終極完成的媒介,在田立克的理解中,上帝國的象徵標誌著眾生目標的最終完成,「上帝國的意義並非一種事物或功能的聯合,乃是人際,包括與整個非人類世界領域的聯合,當我們說上帝是那終極的目標時,其實是說人是那終極的目標」。[99] 可見,科技是要作為服侍人際關係和人與自然的關係而存在的。其次,在聖靈的臨在下,眾生皆非物,所有存有都可以是存有根基臨在的象徵,並且是眾生生命的其中一個部分,在生命的多重維度的統合中,萬物息息想連,互相依靠,甚至是承載著意義和能力的載體,是愛的物件,「愛慾(*eros*)指向科技性形式(technical *Gestalt*)就是使得神律與科技建立關係之途」。[100]

> 愛就是將分離重合的動力,這是本體論上並且是普遍性上真確的。愛在生命的所有三種進程中產生效用;愛在中心裏結連,愛能產生嶄新性,並且能驅使越過所有給予我們的而達致其根基與目標。[101]

生命的三種進程對田立克來說也就是包括了一切生命的自我整合(self-integration),這是生命的一種內在指向,重點在於建立一個生命的核心性(centeredness of life)、一切生命的自我創造力(self-creativity),是生命向外的成長指向,重點在於輔陳出文化生命、並一切生命的自我超越(self-transcendence),是生命的向上指向,重點在於表述宗教與道德維度。因此,倘若愛能夠重整生命的三重維度,則科技的使用將能以一種終極意義為指向。

在田立克的理解中,眾生有著個體性與參與性的兩極本體論元素,其中顯示出人與自然都是不斷向著對方互相參與、碰觸和轉化。參與的極致就是以聯合的形態來出現，就田立克而言，愛慾（*eros*）正是這種聯合的基礎和力量，不單人要愛萬物，萬物亦同時正等待人去發現和愛，宇宙中的諸存有皆是愛慾的物件。在愛的基礎下，諸物的關係就不再亦不應是相互的操控和制宰，而是關懷、愛惜和保育。[102]

科技理性所表現的問題，正如在本文第三段中分析，是以操控形態出現，這種形態的獨大是需要「智性的愛」（*amor intellectualis*）去救治，田立克以為這種操控性的科技的理性所表現的形式主義是缺乏愛慾的，[103] 田立克一直關心的是要令理性不單操控還要聯合，而在田立克思想中，愛就是聯合的力量。「愛是使分離重合的動力」，[104] 當科技理性是要把萬物相互抽離時，當人因著疏離而與萬物分隔時，愛就正好將原本是一個整體的實在重新結連。田立克將神愛（*agape*）與愛慾分開，前者進入後者當中，將愛慾提升和超越人類生命的創作性活動。田立克指出愛慾是人類一切文化活動的動力，但文化活動本身是具有含混性的，需要神愛（*agape*）這種聖靈的愛所參與和調節。到正如在本文的第二段分析中，田立克提及生命的橫向轉移是構成科技背離其本質性使用的根源，因此，將科技挪移到生命的垂直維度將使得科技從拑制的含混性中釋放出來。[105]

六　總結

就人與自然之間的生態遠象來說，田立克是一位現實主義者，他對雙方的關係一方面作出理想性類形的表述，意指雙方在本質的狀態下不斷雙方交涉，彼此參與，另方面田立克並沒有一種烏托邦主義，人與自然的關係因著人的罪性與科技的出現而變得扭曲和彼此破壞。在這兩種觀念中，田立克的思想讓我們在現今的生態災難中，有一種不存幻想、但卻有希望的動力。

註 釋:

1. 本文原刊於賴品超編:《基督宗教及儒家對談生命與倫理》(香港:崇基宗教與中國社會研究中心,2002),題為〈田立克的生態遠象:人與自然的關係〉。蒙香港中文大學崇基學院宗教與中國社會研究中心批准轉載,特此致謝。
2. R. C. Crossman, *Paul Tillich: A Comprehensive Bibliography and Keyword Index of Primary and Secondary Writings in English* (Metuchen, NJ, & London: The American Theological Library Association The Scarecrow Press, Inc., 1983).
3. 分別是:Kenneth Schedler, *Natur und Gnade: Das sakramentale Denken in der frühen Theologie Paul Tillichs (1919-1935)* (Stuttgart: Evangelisches Verlagswerk, 1970) 及 Ulrich Reetz, *Das Sakramentale in der Theologie Paul Tillichs* (Stuttgart: Calwer Verlag, 1974)。
4. H. Paul Santmire, *The Travail of Nature: The Ambiguous Ecological Promise of Christian Theology* (Philadelphia, PA: Fortress Press, 1985), p.252, n.1.
5. James A. Carpenter, *Nature and Grace* (NY: Crossroad, 1988), pp.37～56.
6. 大會中的文章後被編集成書,參:*Natural Theology versus Theology of Nature*, ed. by Gert Hummel (Berlin & NY: Walter de Gruyter, 1994)。
7. Pan-chiu Lai, "Paul Tillich and Ecological Theology," in *Journal of Religion*, 79/2 (April, 1999), pp.233～249.
8. Michael F. Drummy, *Being and Earth. Paul Tillich's Theology of Nature* (Lanham, MD: University Press of America, 2000).
9. 在杜爾(Michael F. Drummy)的研究中,他似乎較傾向認為田立克較接近深層生態學的立場。參:Drummy, *Being and Earth. Paul Tillich's Theology of Nature*, pp.75～92, 142～143。
10. Tillich, *Systematic Theology*, vol.III, pp.28～29, 36.
11. 有認為田立克是宗教的反科技論者,參:J. Newman, *Religion and Technology: A Study in the Philosophy of Culture* (Westport: Praeger Publishers, 1997), p.154;有認為田立克企圖以一種浪漫主義式的美學觀點去回應科技,參:David H. Hopper, *Technology, Theology and the Idea of Process* (Louisville, KY: Westminster, 1991), p.107。比較中肯和全面的,可參:J. Mark Thomas, *Ethics and Technoculture* (Lanham, MD: University Press of America, 1987), pp.177～228;A. Arnold Wettstein, "Re-Viewing Tillich in a Technological Culture," in *Theonomy and Autonomy: Studies in Paul Tillich's Engagement with Modern Culture*, ed. by John J. Carey (Macon, GA: Mercer University Press, 1984), pp.113～134;Raymond F. Bulman, "Theonomy and Technology: A Study in Tillich's Theology of Culture," in *Kairos and Logos: Studies in the Roots and Implications of Tillich's Theology*, ed. by John J. Carey (Macon, GA: Mercer University Press, 1978), pp.213～234; E. R. Cruz, *A Theological Study informed by the Thought of Paul Tillich and the Latin American Experience: The Ambivalence of Science* (Lewiston: Mellen University Press, 1996)。中文著述方面,可參拙作:〈科技的復位:一個蒂利希的神哲學觀點〉,載《宗教哲學季刊》第七卷第二期(2001.7),頁12～29。

12. Tillich, *Systematic Theology*, vol.I, p.170.
13. Paul Tillich, "Environment and the Individual," in *The Spiritual Situation in Our Technical Society*, ed. by J. Mark Thomas (Macon, GA: Mercer University Press, 1988), p.139.
14. Tillich, "Environment and the Individual," p.140.
15. Tillich, *Systematic Theology*, vol.I, p.170.
16. Tillich, *Systematic Theology*, vol.I, p.171.
17. Tillich, *Systematic Theology*, vol.I, p.176.
18. Paul Tillich, "Idea and Ideal of Personality," in *The Protestant Era*, p.117.
19. Tillich, *Systematic Theology*, vol.I, pp.72～73.
20. Tillich, *Systematic Theology*, vol.I, p.76.
21. Tillich, "Idea and Ideal of Personality," p.121.
22. Tillich, "Idea and Ideal of Personality," p.121.
23. Tillich, "Idea and Ideal of Personality," p.121.
24. Tillich, "Idea and Ideal of Personality," p.121.
25. Tillich, "Idea and Ideal of Personality," p.121.
26. Tillich, *Systematic Theology*, vol.I, p.173.
27. Tillich, "Idea and Ideal of Personality," p.123.
28. Paul Tillich, *The Religious Situation*, trans. by R. Niebuhr (NY: Meridian Books, 1956), p.47.
29. Tillich, *The Religious Situation*, p.48.
30. Tillich, *The Religious Situation*, p.49.
31. Tillich, *The Religious Situation*, p.49.
32. Tillich, *The Religious Situation*, p.49.
33. Paul Tillich, "World Situation," in *Paul Tillich, Main Works / Hauptwerke,* vol.2, ed. by Michael Palmer (Berlin: Walter de Gruyter, 1990), pp.166～167.
34. Paul Tillich, "How Has Science in the Last Century Changed Man's View of Himself?" in *The Spiritual Situation in Our Technical Society*, ed. by J. Mark Thomas (Macon, GA: Mercer University Press, 1988), p.79。原文為發表於麻省理工學院的演講稿，是為一九六一年。
35. Tillich, "How Has Science in the Last Century Changed Man's View of Himself?, " p.79.
36. Tillich, "How Has Science in the Last Century Changed Man's View of Himself?, " p.78.
37. Tillich, "How Has Science in the Last Century Changed Man's View of Himself?, " p.79.
38. Tillich, "How Has Science in the Last Century Changed Man's View of Himself?, " p.80.
39. Paul Tillich, "The Person in a Technical Society," in *The Spiritual Situation in Our Technical Society*, pp.124～127.
40. Tillich, "The Person in a Technical Society," pp.124～127.
41. Tillich, "The Person in a Technical Society," pp.124～127.
42. Tillich, "Idea and Ideal of Personality," p.124.

43. Tillich, "Idea and Ideal of Personality," p.124.
44. Karl Marx, "Economic and Philosophical Manuscripts," in *Karl Marx: Early Texts*. ed. by D. McLeellan (Oxford: Basil Blackwell, 1979), p.140.
45. Karl Marx, *Capital*, vol.1, (Harmondsworth: Pengiun Books, 1976), p.283。另參：Marx, "Economic and Philosophical Manuscripts," p.156。
46. Paul Tillich, "The Technical City as Symbol," in *The Spiritual Situation in Our Technical Society*，p.180. 該文於一九二八年發表，在德文中 "*Unheimlichen*" 原本是指一種無以名狀的恐懼與茫然，而 "*heim*"（家）和 "*un*"（不）的結連就有一個「不在家」或「無家」的意涵。
47. M. Heidegger, *Sein und Zeit* (Tubingen: Max Niemeyer, 1977), p.189。漢譯參海德格爾：《存在與時間》，修訂譯本，陳嘉映，王慶節合譯（北京：三聯書店，2000），頁219。筆者對漢譯稍有修改。
48. Tillich, "The Technical City as Symbol," p.180.
49. Tillich, "The Technical City as Symbol," p.180.
50. Tillich, "The Technical City as Symbol," p.181.
51. Tillich, "The Technical City as Symbol," p.182.
52. Tillich, "The Technical City as Symbol," p.182.
53. Tillich, "The Technical City as Symbol," p.183.
54. Paul Tillich, "The Logos and Mythos of Technology," in *The Spiritual Situation in Our Technical Society*, p.60。此文發表於一九二七年。
55. Tillich, "The Logos and Mythos of Technology," p.60.
56. Tillich, "The Logos and Mythos of Technology," p.60.
57. Tillich, *Systematic Theology*, vol.1, pp.72, 75.
58. Tillich, *Systematic Theology*, vol.1, p.75.
59. Tillich, *Systematic Theology*, vol.1, p.75.
60. Tillich, *Systematic Theology*, vol.1, pp.76, 168.
61. 田立克認為，「自我－世界」（self-world）是最基本的存有論結構與海德格對「此在」（*Dasein*）作為一種「在世的存有」（*in-der-Welt-Sein*）的觀念可有不少相關之處。關於田立克就外物作為人的周圍之物（surroundings）、環境（environment）與世界（world）的不同維度，參：Tillich, "Environment and the Individual," pp.139～144。
62. Tillich, "Environment and the Individual," p.94.
63. Tillich, "Environment and the Individual," p.94.
64. Tillich, "Environment and the Individual," p.95.
65. Tillich, "Environment and the Individual," p.94.
66. Tillich, "Environment and the Individual," p.72.
67. Tillich, "Environment and the Individual," p.73.
68. Tillich, "Environment and the Individual," p.73.

69. Tillich, "Environment and the Individual," p.73.
70. Tillich, "Environment and the Individual," p.73.
71. Paul Tillich, "Participation and Knowledge: Problems of an Ontology of Cognition," in *The Spiritual Situation in Our Technical Society*, p.69。此文原於一九五五年發表於 *Sociologica*, ed. by T. W. Adorno and W. Dirks (Frankfurt am Main: Europasche Verlagsanstalt, 1955), pp.201～209。操控制知識（*Herrschaftswissen*）這概念，是從舍勒（M. Scheler）裏借用過來。
72. Tillich, "Participation and Knowledge," p.70.
73. Tillich, *Systematic Theology*, vol.I, p.97.
74. Tillich, "Participation and Knowledge," p.71.
75. Tillich, "Participation and Knowledge," p.71.
76. Tillich, *Systematic Theology*, vol.I, p.51.
77. Tillich, *Systematic Theology*, vol.I, p.51.
78. Tillich, *Systematic Theology*, vol.I, p.52.
79. Tillich, *Systematic Theology*, vol.I, p.61.
80. Paul Tillich, "Systematische, Theologie von 1913," in Paul Tillich, *Gesammelte Werke, Ergänzungs und Nachlaßbände, band IX, Frühe Werke*, ed. by G. Hummel and D. Lax (Berlin & NY: Walter de Gruyter, 1988), p.416。田立克在一九一三年所撰寫的系統神學手稿現存有兩個版本，一份是存放於哈佛大學的田立克檔案館中，後經由 G. Hummel 與 D. Lax 整理，並於一九九八年作為田立克著作德語版全集的後備性部分的第九卷出版，全份手稿分開三個大部分：護教學（*Apologetik*），內分二十九個分段，惟獨第二十二與二十八兩個段落不見於手稿中；教義學（*Dogmatik*），內分十九個分段；倫理學（*Ethik*），內分二十三個分段。科技（*Technik*）的問題就放在倫理學的部分中討論。另一份現存放於德國馬堡大學的田立克檔案館內，是田立克當年交給其好友 Richard Wegener 保管的，與前一份比較，內容上比較簡單，此份手稿現收錄在 *Paul Tillich, Main Works / Hauptwerke,* vol.6, pp.63～83。因此，現在可以確定，在田立克的一生中曾經有三次進行系統神學的工作，首次是一九一三年的系統神學，接著是一九二五年在馬堡大學的教義學演說（Paul Tillich, *Dogmatik: Marburger Vorlesung von 1925*, ed. by Werner Schüßler [Düsseldorf: Patmos Verlag, 1986]），及最後從一九五一至一九六三年間在美國完成的《系統神學．卷三》。
81. Tillich, "Systematische Theologie von 1913," p.416.
82. Tillich, "Systematische Theologie von 1913," p.416.
83. Tillich, "Systematische Theologie von 1913," p.417.
84. Tillich, "Systematische Theologie von 1913," p.417.
85. Tillich, "Systematische Theologie von 1913," p.418.
86. Tillich, *Systematic Theology*, vol.III, p.57.
87. Tillich, *Systematic Theology*, vol.III, p.61.

88. Tillich, *Systematic Theology*, vol.III, p.73.
89. Tillich, *Systematic Theology*, vol.III, p.73.
90. Tillich, *Systematic Theology*, vol.III, p.74.
91. Tillich, *Systematic Theology*, vol.III, p.74.
92. Tillich, *Systematic Theology*, vol.III, p.74.
93. 神律此概念在一九三三年前是作為在宗教哲學的架構下嘗試建立文化形式和宗教內涵的相互關係的核心概念，而在田立克晚期，這種理解基本上沒有多大改變，惟一的不同，似乎是文化宗教的互動是以一種基督教啟示和聖靈臨在的角度去詮釋。
94. Tillich, *Systematic Theology*, vol.I, p.85.
95. Tillich, *Systematic Theology*, vol.III, pp.249～250.
96. Tillich, *Systematic Theology*, vol.III, p.250.
97. Tillich, *Systematic Theology*, vol.III, p.258.
98. Paul Tillich, *My Search for Absolutes* (NY: Simon & Schuster, 1967), p.74.
99. Paul Tillich, "The Person in a Technical Society," p.134。
100. Tillich, *Systematic Theology*, vol.III, pp.258～259.
101. Tillich, *Systematic Theology,* vol.III, p.134。就愛的本體論涵義，詳參：Tillich, *Love, Power and Justice*。
102. 參 Alexander C. Irwin, *Eros toward the World. Paul Tillich and the Theology of the Erotic* (Minneapolis, MN: Fortress Press, 1991), pp.83～88。
103. Tillich, *Systematic Theology*, vol.I, pp.89～90.
104. Tillich, *Love, Power and Justice*, p.25.
105. Tillich, *Systematic Theology*, vol.III, pp.259～300.

第六章

田立克早期的自然神學：一個生態神學的進路[1]

本文嘗試勾劃出早期田立克在德國時期就自然這觀念的探討，[2] 並把他的理解以一種生態神學的進路來掌握。文章的重點會落在田立克的自然神學的討論上，大自然神學（theology of nature）是指一種從神學進路來檢視自然的學科，與所謂自然的神學（natural theology）有所分別。[3] 過往的學者較多注意田立克後期的神學發展，[4] 其實田立克後期很多重要的觀點，皆可從他早期的著作中找到思想上的源頭。基於學術氛圍的差異，早期田立克的神學面貌有著濃厚的德國觀念論及浪漫主義的特色，這或許可讓我們認識田立克的另一面。本文會指出，田立克早期從謝林的思想中找到對自然的重要及基礎性的理解，並且田立克的實在論詮釋讓自然的主體及客體面皆能得到平衡，及把自然放進基督的新存有的救贖中，以致其魔化的力量得以被釋放。其次，本文會將田立克就科技的神魔夾雜的特質表述出來，以致讓我們能對科技有較全面和務實的態度，歷史與自然的複雜關係亦是田立克早期的關懷。

一　田立克對謝林自然哲學的挪用：精神與自然的同一性

田立克早期有關自然的理解是深受謝林的自然哲學的影響，這充分表現在田立克早期研究謝林的兩篇論文中。[5] 自啟蒙運動以降，作為思考主體的人與被思客體的世界的關聯一直是西方哲學史上的難題，無法解決兩者的二元論與一元論之爭將無法恰當理解人與自然世界的關係。對田立克而言，謝林的自然哲學正是要回應啟蒙運動因著理性能力的提高所造成的內在張力與德國觀念論嘗試解決這種張力所提供的答案的一種推演。[6] 若要理解田立克如何承繼謝林的理路，就需要稍為掌握啟蒙運動至德國觀念論的問題意識與內在發展脈絡。

「啟蒙」（*Aufklärung*）是以理性作為判別一切信念、法則、藝術及文本的判準。[7] 理性有著一套解釋的獨特形態，以普遍法則（general law）作一種機械論（mechanism）來理解事物的內在與外在關係，這種思考模式導引出兩種迴異的結果：懷疑論與自然的物質論。由於理性經常要考察種種信念，以致形成徹底的批判主義，其激化後的結果就是徹底的懷疑論，[8] 其次，啟蒙獨特的解釋形態是把事物置於機械和數理法則下，以致一切皆可被數量化和計算化，換言之，只有物質性的存有才能被理解，能被理解的就一定是物質性的。這種物質主義（materialism）無可避免導致心靈與物質的二元論，結果只有把不佔有物理空間的心靈活動化約為物質活動來理解，或將物質性的存有消融於心靈的精神活動中。[9] 上述兩種啟蒙所帶來的觀點：批判主義（criticism）和自然主義（naturalism）無可避免構成理論上的張力。一方面批判主義以懷疑主義作結，對一切自然的獨立存在及普遍法則持批判和懷疑的態度，視之為人類心靈的構作，對所謂離開人意識活動之外的獨立而客觀的外在世界採取否定的態度；另方面，自然主義以物質主義為依歸，視人類理性的心智能力僅是物質力量使然，世上惟有能被量度和置於物理時空範疇內的物質才具有客觀實在的意義。

康德的批判哲學要避免上述兩種立場的極端後果，既不陷入懷疑論的批判主義而能證立外在世界的知識的真實性，又不陷入物質論的自然主義而對心靈和物質之間的關係取得平衡。[10] 對康德而言,外在世界的認知條件是一切對象之能被認知,完全是由於對象附合認知活動的條件使然,所以對象能被認知的只是表象(representation)而非物自身(thing-in-itself)。徹底的懷疑論者對外在世界存疑,但康德認為他們是混淆了表象與物自身之間的分別,外在事物是依然獨立存在,但這種存在有兩種意義:一是離開人類經驗法則的限制內的存在,這是物自身的意思;二是存在於人類理解(understanding)和感性(sensibility)結合的知識象限中。能知的外界是指呈現於表象中的實在,不可知的是屬於物自身領域。依此,徹底的物質主義亦不為康德所接納,外在世界確實存在於時空之內,但由於康德把自然安置入表象領域之內,與物自身領域相區別,此時「一切存在的一定在自然內」的物質主義教條便能加以反駁。康德的解決辦法是劃分兩層的實在世界,以外界給予的物料加上心靈的概念以形成知識。但他似乎仍是假設著一種外界與心靈的對應關係,而這關係卻無法加以證立。

費希特對康德解決批判主義與自然主義所產生的張力的方案顯然不滿。康德把知識限制在經驗範圍之內,無疑是將外在世界作為表象而非物自身來理解,因此,最終亦無法脱離休謨(David Hume)的懷疑主義,導致心靈和外在世界仍處於一種二元論的格局。[11] 費希特認為,一方面在某種意義下的二元論是不可避免的,因為呈現於人經驗中的客觀事實,就是對象確實是外在地給予我們的,在素質上獨立於人類的意念和想象,但另方面二元論是要克服的,因為知識的成立正是要把主體與客體的關係連上而不能長期把兩者相分離。費希特前設一個「絕對自我」(absolute ego)的觀念,當中包含自我(ego)和非自我(non-ego),絕對自我是自我不斷尋求達致的一個目標而非一種真實,因此,主體永遠無法完全控制自然,跟自然的聯合永遠是一個追尋的目標,這是二元論得以成立的理據;但同時主體某程度上又控制自然，主體努力把自然對應於理性活動的要求之下，這是對二元論克服的努力。簡而言之，對費氏而言，主體與客體在建構知識時建立某種的聯繫，但同時客體世界又獨立於主體的理性活動之外。[12]

但費希特似乎仍然沒有解決康德所遺留下來的問題。當自我控制自然時，其實自然無形中只不過是一種自我心靈活動的產物，意即自我的主體容易吞噬了外在的客體，而當外在的自然對主體作出抗衡時，這種自然由於不受主體理性所控操，故此又落入無法認知的物自身領域之內。所以，費氏仍然處於一種自我與世界的兩難局面中，外在世界一旦與主體意識相聯絡時，就容易被化約為主體的表象世界而喪失了客觀存在的意義，但若要保留外在世界的客體性，主體意識又找不到任何途徑與之相關連而形成知識。對田立克而言，費氏的方案最後結果只會是主體收攝客體世界，主體永遠無法到達客體的內容中。

當謝林再回到這個哲學兩難時，他指出有兩套哲學方案都一直在嘗試解決人與自然的兩難困局，一個是以費希特為代表的批判主義（criticism），另一個是以斯賓諾莎（Baruch de Spinoza）為代表的教條主義（dogmatism）。教條主義企圖把非自我（即客體）絕對化，在把人約化在無限客體的表現中，人的自由被剝奪；批判主義則將自我絕對化，把人等同於無限主體，外在客體的存在則被吞沒。雖然兩者都尋求一種將主體性和客體性達致同一和對應的嘗試，但卻採取兩種迴異的進路，批判主義把主體絕對化來收攝客體，教條主義則把客體絕對化來收攝主體。[13]

謝林認為上述兩種進路都未能在主體與客體的同一（identity）和非同一（non-identity）之間取得平衡，故此謝林的自然哲學（*Naturphilosophie*）既要處理主客體之間出現的二元困局，同時又要保持主客體之間的距離，以致外在世界的真實性能得以證立。[14] 萊布尼茲把物質（matter）視為生命動力（living force）的觀點讓謝林得到啟發，萊布尼茲的物質概念有效地在主體與客體的離與合之間取得平衡，他認為單一的生命動力在各生命單位中彰顯和發展出不同程度的形態，故此雖然各層生命體之間存在著差異，但這種差異並非一種本質上的分別，因為他們皆是同一生命力量的不同表現和彰顯。[15] 謝林不滿費希特以一種消極的概念來指涉自然，視自然為非主體性，謝林指出以「自然」來代替費氏的客體性觀念正是要強化自然並非從屬於主體性範疇之下，而是一種生生不息、獨立而又無法化約的整體。[16] 謝林贊同康德的「有機體」（organism）這觀念，但他指出當康德應用這觀念時是以一種限制性的意義來使用，亦即理解自然作為有機體是一種「軌約性的理解」（regulative understanding）而非「建構性的理解」（constitutive understanding）。[17] 謝林認為，前者無法讓人對自然構成知識，它只引導人的內在目的性套入自然之內，至於自然本身是否具有目的則仍是物自身的範圍而不可知。

田立克站在謝林的立場上反對教條主義，認為它擴大客體而將主體收攝於絕對客體之內，[18] 他指出謝林的自然哲學的精神在於將「同一性原則」（*Identitätsprinzip*）應用到自然之上。田立克把握著謝林自然哲學的重要命題：「自然為可見的精神，精神為不可見的自然。」（*Natur ist hiernach der sichtbare Geist, Geist die unsichtbare Natur.*）這就是把主體與客體之間的複雜關係總結為單一生命力量和實在的兩種表現形態，這兩種元素（精神與自然）在同一性原則下被結連：[19]

> 真正的綜合（作為生命力量的同一性）不單在自我中得到實現，亦在自然中運作。其最高的產物就是主體的自我。[20]

田立克指出，綜合（synthesis）一定不可能如康德所指的綜合意識的某種獨特活動，而是要絕對和完美，否則就永遠無法解決康德理解中的物自身的困難。[21] 田立克強調，主體與客體、一與多皆在自然中，如同在自我中得到綜合。田立克認同謝林視自然之所以能與精神法則相對應並非隨意和偶然的，相反自然自身能必然和原初地與精神相對應。主體（subjective）與理念（ideal）是生命力量的內在化，而客體（objective）與真實（real）則是生命力量的外在化。不論是主體或客體，雙方皆在整體中被掌握和理解，兩者之間真正和絕對的綜合惟有在自然的生生不息的生化進程中出現。故此，人與自然間的鴻溝一旦被打破後，上帝與自然間的分裂亦得以修補，上帝被視為創造性的自然，上帝、人與自然皆在同一性原則下相互關聯，「與上帝的聯合是在與自然產生美感經驗中獲得的」。[22] 與此同時，田立克清楚指出同一性的建立是建基於真實的對立中，精神是不受制於自然而可被視為更高類型的自然，「精神是真實的僅當它設置自然與精神的衝突於自身之內」。[23] 精神超越作為自然的自身，田立克認為精神這種自由的超越才能確保同一性原則真實地表現。

換言之，自然本身就是聯合與動態的目的性系統，它本身能在人的精神活動中回歸到自身當中，所以，自然再不是一種康德式的單純表象，而與人的理解活動相對立和抗衡，反而表象世界本身根本上亦是自然本身實現自身的一種知識界域。因此，田立克指出

> 證明自我是萬物是不足夠的，相反我們要理解的是萬物是像自我一樣。自然並非行動的一個無法理解的限制；它本身就是行動，創建意志，成為自由，為意識而奮鬥。它就是意識戰勝無意識的進展性活動，直至它在作為自然存有的人身上達致平衡。[24]

自然本身就是一個目的性系統，康德雖然有提過自然的目的性，但他只

是把它理解為一種規約性原則來考慮，而非自然本身內在地具備這種目的性。康德只教導我們把有機體和目的性的理念套入自然界內，謝林則堅持自然本身就是一種具備能動性的有機體。

謝林的自然哲學視「絕對」(absolute)為一存活的力量，既非主體性亦非客體性，而是兩者的綜合。這種綜合把主體性領域視為自然本體的目的性和理性發展的結果，教條主義和批判主義分別將「絕對」放在客體或主體一邊，以致無法解決二元論的問題，但自然哲學卻將「絕對」超越任何有限的安排，主體性和客體性都不能獨攬「絕對」。同時，自然哲學又容許自然存在於任何意識之外，自我意識並非如費希特認為能吞沒自然法則，相反自我意識亦是所有自然有機性力量的高度組織和發展而已。可見，在對謝林哲學的挪用中，田立克已基本上接納了人與自然是同一的生命載體，兩者有密不可分的關係。

二　自然的實在論詮釋

雖然田立克早期對人與自然間的相互連繫，因著謝林自然哲學的啟發而有高度的重視和體驗，但這種德國觀念論與浪漫主義式的思想框架，卻沒有讓他輕忽自然的客體性，他一方面強調人與自然間的神祕性參與，另方面指出自然的創造性力量跟自然的客觀結構是不能分割的，田立克強調自然具有內在力量(intrinsic powers)，自然並非死物，內裏包含著意義和能力，這些力量是作為自然成為聖禮得以可能的條件。[25] 其次，這種對自然採取實在論的理解，亦表現在田立克拒絕將自然美化，而是把自然放入基督教對拯救和歷史的詮釋之下，他指出惟有在救恩歷史之中，自然才能從其魔化的勢力中被釋放出來，而能成為承載神聖的載體。

田立克認為，應該對自然採取兩種似乎是迥異甚至是衝突的觀點，一方面承認自然蘊含著不能化約的力量和意義，這是積極性的觀點；同時自然的客體性是與其主體性相容的，自然本身並非在一種本質的純然狀態當中，而是需要從魔化及其悲劇性的勢力中被釋放出來，這是消極性的。因此，田立克所謂的實在論詮釋具備兩層意思，其一是指自然的客觀實在結構和自然的意義和能力是不能分開，這種正視自然的物理素質是要針對浪漫主義和泛聖禮主義的自然觀；其二是強調自然的實存狀態，自然的意義和能力需要參與在基督教的救贖歷史之中，以致能從其含混的狀態中釋放出來。

田立克對自然客體和主體的兼容觀點是受到謝林和歌德(Johann W. von Goethe)的影響，他指出要對自然的深處作理解，是需要越過主體性和客體性的對立來把握的。

> 對所有嘗試進到實在的未斷裂層面的困難問題就是：必然要深入到某種聯同主體精神的「非主體性」和某種聯同客體實在的「非客體性」。[26]

把自然作一種實在論的理解，就是指自然中所隱含的力量和意義(主體性)，是要透過其客體和物理結構(客體性)來把握，自然的真實性是可讓理性和客觀的數理分析所把握，但同時這種真實性亦是其意義和能力得以彰顯的載體。[27] 在田立克舉出歌德的闡釋中可見，「顏色」本身是具備「力量」的，當中存在某種精神性的意義和效能，這種對自然作質量和直覺的把握是與牛頓(John Newton)把自然作數量化和科技性的把握不同。[28] 田立克認為，從拜占庭時代至早期的歌德式的繪畫中，金色都並非被理解為單純一種色譜上的某種排列而已，而是承載著神祕和超越性的宗教意義。[29] 顯然，「顏色」本身具備某種物理結構，並且可以以一種科技的心態來掌握，但這種物理結構並非顏色的全部，其精神性和力量性的維度透過這種物理結構呈現和彰顯出來。

深入到事物的內部和深處來把握其內在的力量和精神是一種實在論的精神，但田立克認為，對事物作實在論的理解是不應離開一種信仰的維度，信仰是超越可把捉的實在，而實在論往往又會傾向質疑實在的超越層面，這兩種看似相互排斥的概念在田立克思想中正好提供了一種對實在作普遍的理解和一種基本的態度。[30] 田立克認為，「信仰實在論」(*gläubiger Realismus*)[31] 要指出無限和有限之間的張力，

> 信仰實在論建基於「此時此刻」的意識(*dem Bewußtsein der Gegenwärtigkeit*)，存有的終極力量和實在的根基出現於獨特的時刻和具體的處境，彰顯出當下的無限深度和永恆意義。但這只能在吊詭的意義下，即：信仰，才可能，因當下本身既非無限亦非永恆。[32]

可見，這種對事物的實在論詮釋是通過一種對歷史性的實在來掌握，「此時此刻的意識」就是指一種具有歷史性的意識，田立克認為掌握事物深處的力量和內在的實質(really real)是要在具體的歷史處境下把捉的，因此，信仰實在論必然包含一種歷史實在論(*historische Realismus*)，但單純的歷史實在論本身不足以把握事實的真實本相，因為事物的實相還沒有在事物的無限根基和無限能力中彰顯出來，所以歷史實在論需要兼顧一種宗教信仰的深度。[33]

將事物(自然)的內在力量加以把握和深入到其內在結構中的嘗試，並非信仰實在論所獨有，田立克指出，始自希臘思想中已經傾向嘗試把「邏各斯／理性」(logos, rationality)等同於事物的內在力量，這種把兩者聯合起來的嘗試在近代被轉化為一種以科技知識操控外界的形態。[34] 深入到事物內部的「理性」被轉化為一種控制世界的「理

性」，事物內在的「真實」（*ousia*）被轉化為受制於自然律的計算性元素，這種「科技實在論」（*techischen Realismus*）把世界作為知識對象來確立並加以控制和掌握。但田立克指出，這種實在論其實並沒有深入到事物的真實內部，自然和實在的內在力量被一種計算性的工具理性抽象化出來，[35] 事物當下的歷史性並無得到重視。同時，田立克認為科技實在論將信仰和實在分開，在里敕爾式（Ritschlian）的神學中清楚表明出來，其中信仰只作為一種把個人從自然真實中抽離出來的拯救行動，個人的道德獨立性與自然相分開，後者則可把自然容讓人以科技來操控，把握並置於人的目的之下。[36] 信仰世界和事物的真實世界頓成截然二分的兩個領域，信仰被收攝為個人道德的提升和拯救的媒介，實在論則安放在對自然和社會的一種科技操控性的態度中。

與此相反，實在論在中世紀中有著另一種形態與上述的科技實在論正好形成反照，這種「神祕的實在論」（*mystische Realismus*）認為，心靈要越過可見的自然世界去把握存有的終極力量，事物的真實本質之所以被掌握，並非透過一種理性化和科技化的理性所接觸，而是通過對「邏各斯」（*logos*）作一種默觀式的聯合。[37] 這種對事物的內在力量作一種直觀的把握，越過事物那種可被化約、控制和計算的層次的嘗試一直是不少哲學思潮中的基本精神。[38] 但田立克認為，雖然神祕實在論能避過科技實在論那種對自然的操制，但對自然世界的具體存在仍然沒有得到重視，事物的歷史性格並沒有在穿越事物表層形態而深入到內在力量中被確立起來，根本上這種實在論就有一種置事物的歷史性不顧的特質，因為這種實在論把信仰提升到一種與超越的神祕聯合中，而忽視歷史處境中的力量和深度。[39] 無限和有限中的無限鴻溝沒有被打破。

與神祕實在論不同，信仰實在論強調萬物的神聖根基的神祕性，這種無法完全掌握的神祕性正是要突顯無限和有限的差異，對田立克而言，有限是不能透過亦步亦趨來到達無限的，有限是要通過信仰的經驗來被無限所抓住。

> 事物愈多在終極的能力下被光照，它就愈發顯得充滿疑問和缺乏意義，因此當它在能力的根基和終極的真實下愈發透明時，事物的能力同時被肯定和被否定。[40]

田立克認為，事物的內在能力跟其能力的根基是不分離的，這並非指能力的根基本然地存在於事物中，作為神聖的能力根基是藉著信仰來抓住我們和臨到萬物當中，這能力不單作為存有的根基而存在，更突入（breakthrough）我們的存在中和審判救治我們。[41]

可見，田立克一方面強調自然中內住的力量和意義，並且這意義和精神力量的掌握是不能離開自然的客體和物理結構，但另方面，田立克亦認為這種內住於自然的力量不是以自然本身成為聖禮（sacrament），事物的內在能力成為神聖能力的載體並指向神聖的事物，這正是聖禮的意思，但同時田立克強調自然作為聖禮的理解是不能離開神聖能力的審判和救贖式的參與，對田立克而言，自然不單需要實在論的詮釋，它還需要作一種歷史的詮釋，而這種歷史式的理解更是要放在基督教的救恩歷史的框架下作出的。田立克認為

> 自然……一定是歷史性和在救恩歷史的語境內被理解。明顯的是在自然中存在著歷史的元素，自然參與在歷史時間中，即不可重覆和不能逆轉方式的時間……基督教決定歷史元素並把自然包括在救恩歷史之內。[42]

自然之物之所以能成為聖禮，就田立克而言，並非由於自然內的神祕和

魔術性的元素，而是自然中的含混性在基督的新存有中被釋放出來，自然本身就是救贖的載體和對象。[43] 自然一旦脫離了救贖的歷史事件，它本身就只能停留在含混的狀態中，所以根本上沒有所謂「純粹的自然聖禮」(purely natural sacrament)，大自然不會隨意地成為聖禮之物，但聖禮的能力又必然是要通過大自然的內在力量和物理結構來彰顯的。「沒有這個載體(大自然)，就沒有聖禮的能力，神聖亦不能感受到其臨在，但這載體自身不能構成聖禮。」[44] 田立克認為，整個救贖歷史的事件，耶穌基督作為新存有所彰顯的救贖是作為理解自然和歷史的重要切入點。

三　科技的含混性格：神魔夾雜的特質

田立克在德國時期的著作中，對科技的理解已有相對清晰的輪廓。首先，田立克強調科技本身是自然的一部分。把科技應用出來就是指一種應用手段達到目的的意思，故此一旦目的得到實現，科技作為其中一種元素就存在。可見，科技是具備普遍性的。[45] 重要的是，自然本身同樣有這種把目的實現的元素，田立克指出：「它(自然)使用使人驚奇的手段為要達致其目的，為要把生命和形式(*Gestalten*)以難以把捉的多樣性帶到存在中。」[46] 田立克在一篇名為〈宗教與科技〉(1929)的未發表的稿件中認為自然本身是以科技的形式來活動的，因此，自然形態(*natürlichen Formen*)與科技形態(*technischen Formen*)之間是存在一種類比的關係。[47] 就田立克而言，自然的豐富性是不能離開科技元素來理解的，顯然這是一種對科技採取最寬闊的意義來把握。在這種意義下，自然所採取的手段與目的間的關係是相一致的，意即當自然要實現自身的生命時，手段和目的皆同時屬於生命形式當中，手段就是目的，目的本身就是手段。[48] 但當談及現代性精神意義下的科技時，科技是在一種較狹窄的意思下被理解，就是指人類精神心靈的參與，其中手段和目的就在生命進程中被分離。[49]

田立克強調，現代意義下的科技是指一種具有改造能力的科技。[50] 這種科技的特徵就是人的精神心靈參與其中，對田立克而言，人類精神心靈所參與而引發的科技元素可以是發展性（*die entfaltende Technik*）和實現性（actualizing technology）。[51] 前者是指精神心靈參與在生命形式當中，在不同生命的維度中保護和發展當中的生命潛質；[52] 後者是一種精神心靈的客體化過程，讓心靈透過客體化的過程而讓自身得以存在。[53] 而在生態倫理的討論中，首要關注的相信是田立克所謂的「改造性科技」（*die umgestaltende Technik*）。[54]

田立克在一九一三年撰寫的系統神學的手稿中指出，[55] 這種現代性精神意義下的科技是與宗教神學的意涵相關連的。田立克強調在神學原則下可以證立（*rechtfertigt*）這種實質的文化工程（*sachliche Kulturarbeit*）（指科技），完全是由於它被視之為上帝的啟示在其中，並且為上帝國而服務，是承認在完成上帝國（*vollendete Gottesreich*）中它具有永恆的意義。[56] 首先，科技就是指精神操控自然（*der Herrschaft des Geistes über die Natur*），人類精神心靈在科技中戰勝自然也就是精神及其自由的一次啟示，這種啟示與上帝創造相類比，物質文化的被創造並非自然生生不息衍生的產物，乃是一種奇蹟（*Wunder*）。[57] 其次，科技在促進上帝國中有著重要的意義。對田立克而言，因著科技的改造能力，時間（*Zeit*）和空間（*Raumes*）的分離得以復合，這有助建立一個人類共同的社羣，這種聯合（*Einheit*）乃是科技的一種創造（*die Schöpfung*）。[58] 並且，科技作為一種實質文化（*sachliche Kultur*）能為上帝國效力，因它是一切歷史變遷的恆定基礎（*die ständige Basis*），田立克指出精神文化中的道德和宗教活動是不能離開科技這種實質文化的。[59] 他似乎認為，實質文化的這種下層建築的進步，將有助推動上層建築的精神文化，並且前者是後者得以建立的必要基礎。

但田立克並沒有忽略科技所產生的問題，借用他在一九二九年的用語，上文所述的只是科技的存有性格（*Der Seins-Charakter*），而它的實存性格（*der Existenz-Charakter*）卻顯示出科技對人和自然的傷害，[60] 兩者的混合就是一種科技的含混特質。首先，科技的生產活動一方面彰顯出人類精神心靈的自由，但同時卻將人類精神帶到更深的奴役中。[61] 田立克把科技這種既能將人類從自然中釋放出來又能服務於上帝國，但卻又重新將人困縛於科技的文化創作中的狀態，稱之為「吊詭」（*das Paradox*）。[62]

在一九二九年的手稿中，田立克又稱這種吊詭性格為「辯證性格」（*der dialektische Charakter*），它正是一種神魔夾雜（*Göttlich-dämonisch*）的彰顯。[63] 它把無限（*Unendlichkeit*）與終末（*Eschaton*）相混淆（*die Verwechslung*）。[64] 超越的指涉（*der transcendenten Bezüge*）在科技生產中失去，換之以一種人類巴別塔式的結連（*die Einheit als Turmbau zu Babel*）。[65] 田立克強調科技是需要被救贖（*Erlösung*），[66] 它永遠都需要放在神學原則的「是」（*Ja*）和「否」（*Nein*）中被檢視，以致它最終得著釋放。[67] 科技這種文化形態，原本可作為一種人參與在自然中的創造性活動，人是一種不斷與外在世界產生意義活動的存有，人的超越性使人能越過周遭的環境而建構文化世界。萬物的存有元素中動態和形式的平衡，使一切眾生在不同的維度中越過自身而建構新的存有形式，而人的動態表現於其創造性能力，人參與在自然的更新變化中並創造文化；自然的動態表現在其生命的不斷生成和生產新的生命形式中表現。在田立克的早期思想中，曾指出人的「勞動」（work）這種文化參與使得人與自然的內在力量能得以一同實現。

人格（*Persönlichkeit*）與物的形式（*Dinggestaltung*）在勞動中聯

> 合，其中物的力量被發現，並因著人格而得以肯定，其中人格的力量亦深印在事物當中。這種人與物及物與人之間的相互接收（mutual reception）意指兩者皆得以「完成」（fulfillment）。在創造性的勞動中，人格的真實自由（actual freedom）與自然的潛存自由（potential freedom）彼此聯合。自我決定的人性力量與事物的決定性力量彼此聯合在我們勞動的形式中。[68]

但這種相互成全的遠象會受到某種關係的錯置而扭曲。田立克認為，在舊約中重視耶和華為獨一上帝的神聖存有，以致萬物的神聖力量被否定，「事物只是神聖命令完成的媒介，或者是上帝創造力量的反映，除此以外並無任何創造性」。[69] 其次，在柏拉圖的世界中，人格的觀念被高抬至萬物之上，萬物的內在力量被重置在理型世界之內；[70] 在新教傳統中，路德宗認為重點在神人之間的關係，人與自然的關係並非內在而是一種從上帝而來的外加責任；[71] 加爾文主義中亦視事物沒有內在的力量，自然王國是要受制並服侍上帝國；[72] 德國觀念論中，費希特將自然視為人性責任完成的可見媒介。[73] 田立克在此無意要就自然被物化的原因作一種追本溯源的思想史考察，他的用意是在西方的諸多不同的思想傳統中，往往都存在一種傾向：要把自然中的神聖和充滿力量的位置被人格的實現或完成與及終極的真實所取代。這種傾向無疑造就了西方近代自然科學與科技文化的出現，把自然引向人的操控與把握之內。其中，自然的主體性被提取，在科技的掌握下，自然只能以一種純然客體的模態來呈現。對田立克而言，這正是自然被物化和人被非人化的意思。

其次，人與自然一同在罪的處境中並與其本質相違反，亦成為人與自然關係錯置的原因。人的自我中心要把萬物置於其控制之下。田立克在一九二五年的馬堡大學教義學的講授中，已對人在疏離狀態下的困境有豐富的探討，田立克指被造物在本質的狀態下是一種「純粹的被造性」(*reine Kreatürlichkeit*)，其結構以一種在完全啟示(*der Vollkommenen Offenbarung*)中無限與在限之間的連結(*Verbundenheit*)為依歸。[74] 然而，田立克指出人與萬物在實存狀態下所出現的罪(*Sünde*)就是一種對本質的對反(*Wesenswidrigkeit*)，並且以四種形態出現：自愛(*Selbstliebe*)、慾(*Begierde*)、狂妄(*Hochmut*)和與上帝分離(*Absonderung von Gott*)。[75] 田立克指出，自愛是根源於被造物受造時的自我性和獨特性，這種自我的突顯和高舉就變成自我中心，自我在關係中排斥他者而只專注自身一己的需要，將愛的關係性特質內化並轉向自身。[76]「慾」就是一種要侵吞一切存有在有限自身中的渴求，這是一種源於生命中以參與為特質的內在結構使然，但在實存狀態下，這種參與轉化成一種無限的侵吞。[77]「狂妄」是一種自我超拔的慾念，對田立克而言，這是最基本的罪的特質，[78] 在自我超拔與自我抽離中，人的自我無法與他者進入恰當的關係中，客體化(*Vergegenständlichung*)就無法避免。在這時期，田立克已經注意到萬物包括人與其他自然之物都具備「自我」並有自身的獨立性和尊嚴，[79] 而田立克強調科學、科技和經濟的罪就正好是將自然客體化和把自然的價值局限於以人的需要為集點。[80] 他者(人與自然)的客體化是一種「〔暴〕力」(*Gewalt*)，它指到力量的客體化，這力量破壞他者的獨立性，[81] 強制他者被同化和喪失自我的主體性和核心價值。

總括而言，在田立克早期的思想中，已經對科技的含混性格作出一種初步的理解和確定，科技將人從世界的魔咒中釋放出來，使人不需在自然中經歷異樣，並且科技被視之為人類精神的文化創造，有助推動人類歷史的前進和為上帝國度而服務；但與此同時，科技又將新的理性魔咒加諸於人和自然中，而產生出新一種的疏離和奴役。所以，「我們必須認識清楚，倘若科技是上帝似的，是創造性的，是解放性的，它亦同時是鬼魔化的，奴役性的，解構性的，就正如萬物一樣，它是含混的。」[82]

四 歷史與自然

上文已交代過在田立克一九一三年的《系統神學》的手稿中，他將科技（*Technik*）和上帝國（*Reich Gottes*）放在一起討論。顯然上帝國、歷史及有關的問題一直是田立克早期的學術上的關懷。雖然田立克跟大部分二十世紀初的德國神學家一樣，歷史意識成為神學的核心問題，但他並沒有忘記自然與歷史間的種種問題。

田立克強調，歷史思維與自然的發展是兩種截然不同的發展原則，歷史性思維無法在空間佔主導的生命形態中開出，以空間為主導的是以自然作為最高的詮釋範疇。因此，自然範疇以空間為主導，以循環運動為主，這與歷史的直線進程有本質上的分別。田立克認為，歷史進程與自然進程有著本質上的分別。一般而言，歷史的發展是因著人的參與和自由而可能，而自然發展只不過是自然內部必然性的結果。

在〈基督論與歷史詮釋〉一文中，田立克展示出以自然與歷史這兩個迴異的範疇來理解實在的差異。他指出自然所展示的生命形態以循環（circle）為特質，生命的內在動力一方面表現於追尋生成和發展，但另方面卻又受著自然發展的必然性所限制。[83] 雖然自然生命的進程是生生不息的動態性發展，但田立克強調循環模式使自然經常尋求一種在靜與動之間的平衡點。[84] 他似乎想指出這種相對穩定的循環形態跟歷史進程是格格不入的。田立克曾在〈歷史的歷史性與非歷史性詮釋〉一文中詳細解釋幾種欠缺一種歷史性思維的文化特色。首先，在中國的「道」教義中，道的永恆性在歷史的範圍之外，而不受歷史進程影響，田立克認為中國的聖王及典籍的著者往往成為將來模仿的對象，故此是一種過去主導著將來的形態；[85] 印度的「梵天」（*Brahman*）的教義裏視一切生命形態，包括神祇、人、動物及終極的真實和意義皆由梵天所派生出來，這些真實皆在修練者的眼中視為通透，田立克指出梵天教義中的拯救觀是渴求將人與一切眾生從時間和歷史中拯救出來，而並非透過時間和在歷史之內拯救，故此最終時間並沒有自身的終極意義；[86] 在希臘的古代思想中，「自然」指涉到一個理性的範疇，意指一切生成（growth）的存有而受本質上必然性（essential necessity）所轄制，當中缺乏人為（artificially）與任意的思想和行動（arbitrary thinking and acting），所以經驗上的實在是參與在一種結構上的必然性中，而自然的完美特質是表現於一種循環的運動（circular motion）之內；而「存有」（Being）則是不動和永恆的，並沒有更高的完美性可追求，亦沒有生成與消亡。因此，歷史並沒有完美點（point of perfection）可追求，因為它並非一種循環運動，沒有更完美的將來可被期望，田立克指出，亞里士多德（Aristotle）把希臘視為一個空間範疇的中心，而非時間範疇的中心，時間是無終的，只是無限地重覆著自身，而斯多亞派（Stoicism）的世界紀元學說（doctrine of world age）更強調世界是在不斷的燃燒和重生的循環中，故此亦是一種不斷重覆的循環；及至新柏拉圖主義（Neo-Platonism）中注重個人靈魂的超脫，而忽視在人際的社會政治的橫向層面改進，可說是以垂直的維度取代了橫向發展的維度，而田立克指出新柏拉圖主義在後期的發展中更形成一種「神祕的超自然主義」（mystical supra-naturalism），將自然徹底摒棄於人神關係之外。[87] 田立克在總結這些以非歷史性詮釋歷史的特質中有幾點是值得注意：第一：這些文化皆以空間主導著時間，時間被視為無限地重覆和在自身中循環，故此，歷史性思維無法在空間佔主導的形態中開出，以空間為主導的是以自然作為最高的詮釋範疇。第二：一切生成和變化的自然範疇皆被視為沒有終極意義和價值，時間性的世界觀從屬於永恆維度之下。拯救是把人從時間和歷史中釋放出來，時間與歷史並不能構成一個拯救的載體。最後，歷史只是不斷自我摧毀的進程，最終在人類歷史的終點上引致無可逃避的消亡。[88]

從以上的表述中得知，田立克似乎有意將歷史進程的思考形態與自然發展的形態作鮮明的對比。在以自然為詮釋進路中，空間主導時間的發展形態，後者只是前者的一個維度而已，空間將時間封閉於自身之內，而無法超越自身。[89] 相反，以歷史切入來理解存有時，上述這種循環形態的時空觀將受到影響。田立克強調時間一旦以歷史視角切入空間時，就會建構了無法逆轉的線性時間發展，這種發展並沒有削弱反而加增了諸存有的力量。[90] 田立克認為有兩點值得注意：第一，這種歷史思考具備方向性的目標，從發生（happening）到指向的目標（goal），這種方向性引導著眾生一種實現的發展而非循環的往返；[91] 其二，因著目標被確立和被引導，歷史思考指向一種嶄新性（newness）。[92] 故此，時間只有一個方向，並且是在同一的方向上。田立克指出歷史進程一旦進入自然發展當中時，自然中的內在張力就成為打破純然存在的循環張力，自然亦因此離開了平衡的狀態。在此，田立克傾向把歷史與自然分開。

> 當只有一個方向，只一次而沒有重覆地生產事物時，時間從空間中撕裂開來，歷史從自然中撕裂開來，但因著這分離，時間的內在意義得以完成。[93]

田立克早期指出他之所以區分開線性的歷史思維與循環的自然發展，並非要將自然抽離於歷史以外，田立克進一步指出：

> 假設一個「人」的概念，而當中沒有涵蓋歷史性格是錯誤的，或者假設一種人與自然的分離而使歷史範疇可排他性地只應用於人身上亦是錯誤的。[94]

田立克似乎想指出人、自然及歷史之間有著緊密的關係，歷史這個範疇在某種意義下可應用到人及自然當中。

但有三點值得注意。第一：田立克強調「歷史載體」(bearer of history)的問題並非以載體本身的特質來解決而是從歷史本身的特徵來解答。[95] 所以，田立克明言「一些嶄新的東西可以出現，意義得以實現，將來可被預期」就成為歷史載體的重要特質。[96] 大致上，這個歷史載體的界定跟後期有關歷史維度(historical dimension)和恰當歷史(history proper)的區分是一致的。兩者皆注重歷史產生出新的局面和狀態，而新的意思是由意義所確立，所以「歷史載體」是指一存有在其中及透過其中意義得以由自由所實現。」[97] 第二：田立克表明上述的界定只是一個原則性的使用，意即在本質的狀態下是有效的。他的意思是人是以自由超越環境的存有，並且能產生意義的實在，但人並不一定能將這些特質完全實現出來，換言之，若以一種實現的角度而言，人不一定能將擁有歷史的能力發揮出來。[98] 第三：雖然田立克對在人之上和在人之下的存有是否有參與歷史進程的能力表示懷疑，但他卻認為自然和世界皆以一種「非直接」的方式參與在歷史的過程中，歷史中的新局面和事態顯然不能離開自然的參與而作為基礎。[99]「嶄新與意義皆依賴於自然力量的一些結集而成，這些力量使得生命和人類的存在成為可能。」[100] 田立克在〈上帝國與歷史〉一文中，關於歷史與自然間的關係的觀點仍是含糊的，他一方面強調歷史並非單單依靠人類的自由的參與，並指出自然在建構人類歷史中是有參與和分享的，「它(自然)為歷史創造了地理的、生物的和心理的基礎，並就人類行動行使一種持續性的影響。」[101] 但田立克卻沒有言明人類的自由參與與自然的參與有甚麼相異之處，似乎田立克傾向認為歷史進程建基於人類的自由參與，而人類的自由參與跟自然有緊密的關係，依此，自然在歷史進程中的參與仍是間接的，它必然需要人的自由參與作為中介而可能。換言之，是人類在歷史中所開展的維度將自然中的維度帶到更高的參與層次。

在上文有關實在論的探討中，我們已經察見田立克強調自然是要在基督教的救恩歷史下被理解和釋放的，就早期田立克的神學發展來看，歷史與基督是兩個相互關聯的範疇。在〈基督論與歷史詮釋〉中，田立克將歷史與基督視為兩個相連的概念，他認為對歷史本質的分析將無可避免地引導出基督論的問題，而基督論又必然導引出有關歷史詮釋的問題。[102] 田立克在此傾向以一種問題和答案的關聯方法去理解歷史和基督論之間的關係，先就歷史詮釋的問題加以探討和展開，後再指出基督論所提供的答案。[103] 田立克的關懷並不在古典基督論探討兩性如何聯合於一個位格的問題上，他認為這方面的探討只是一種預備性的研究，真正核心的問題是如何處理歷史實在的問題，亦即如何理解和克勝歷史中的無意義的威脅。

> 發展基督論是指描述那個具體的一點，其中那絕對在歷史中出現，並為歷史提供意義和目的；同時這亦是歷史哲學的核心問題。[104]

對當時田立克而言，歷史問題的解答並非如後期《系統神學．卷三》中所指出的要在上帝國的象徵中處理，田立克當時所理解的上帝國是一種歷史的超越成全，這種成全指向一種終末和終極的意涵，[105] 而非歷史當下問題的答案。田立克認為，歷史詮釋的問題是有關歷史意義和目的的問題，解決的答案所指向的並非歷史的含混性或無意義的一種將來的終極和超越的解決，而是需要一種當下具體把握歷史的意義，因此，田立克當時基於上帝國這種超越和終末的理解而改以基督論作為歷史的答案。

歷史內部的詮釋問題是關於歷史意義和目的的問題，田立克強調歷史在時間和空間內的物理起點和終點是不能解決自身問題的，歷史意義是由「歷史中心」(the center of history)所決定和呈現的，這個中心決定歷史意義進程中的起點與終點。

> 歷史中心是歷史意義給予原則(meaning-giving principle of history)可被察看之處。歷史得以被建構是因著它的中心被建立這事實，或因著一個中心透過創造歷史而證明自身是一個中心。[106]

田立克認為，當歷史被視為救恩史(history of salvation)時才具有絕對的意義，他強調神聖存有的道成肉身，進入時間之內啟示其絕對和無限性，以致基督所帶來的救恩突入而臨在歷史之中，救恩將歷史內部的魔化勢力作決定性和最終的克勝，田立克指出，這種克勝並非在過去或將來的歷史中的時段中獲得，而是在永恆中尋求。[107] 但永恆又並非指一種無時間性的延續，因著道成肉身把歷史與永恆接上，所以在歷史內部尋索其問題的答案是可能的。[108] 田立克指出，道成肉身事件是一歷史事件，但它並非全然屬於過去的，過去的也是臨在現在，因為被道成肉身這歷史事件抓住並接受它的人的歷史意識中，道成肉身是含蓋著豐富的意義而存在的。[109] 依此，田立克強調，基督是對應著人類歷史的實存問題的答案，而基督論的問題也就被理解為基督成為人類歷史中心的問題。

基於以上的理解，田立克進一步辯指和展述基督教真理宣稱的優越性，在基督論的框架內，歷史只能有一個中心。[110] 這種歷史中心的觀念是絕對並且具有排他性，中心本身這概念就已經排除了多個中心的可能。「只有在歷史這點上（歷史中心），歷史的意義才能彰顯。只有在歷史這點上，對無意義的克勝才能實現。」[111] 田立克似乎將歷史中心與歷史絕對性等同起來，並且排除有其他歷史中心的可能。[112] 田立克指出，作為歷史中心的基督論宣稱是無法用理性的論證去證明或反駁的，作為對歷史基本問題的可能回答，基督論永遠是一個抉擇（decision）的問題。[113] 這個抉擇就是信仰的意思，在信仰之中基督才成為歷史與歷史的中心。[114] 田立克這種基督論的歷史觀將基督理解為歷史和救恩的惟一中心，這種宣稱具有絕對和排他性。

五 總結：一個生態神學的關懷

雖然當西方基督宗教的生態神學興起時，田立克已過世，但他的思想確實對現今的生態神學有不少啟迪。田立克不單熱愛自然，並且對自然經常有一種神祕性的參與，視人與自然為一種生命的整體當中，雙方並非離異的個體，反之自然在人的精神中達至更高的完成，而精神與自然間的統一為田立克的生態關懷奠定了重要的理論基礎，可見，田立克完全認同人與自然為不可分離的創造，雙方一同經受著自然的一切規律和法則，人亦參與在自然的進化中，故此，生命本身就是一切的眾生，眾生中的不同生命的維度彼此結連和互相參與。

其次，田立克這種帶有浪漫主義的自然觀，並沒有讓他沉醉於一種單純的理想世界當中，人與自然參與在罪所帶來的實存狀態中，整個自然皆經歷著罪所帶來的疏離，這種對自然採取的務實的態度，使田立克清楚明白自然是需要在基督在歷史中的救贖中被釋放的，自然中的魔化力量在新存有的拯救中被克勝。基督所帶來的新存有實指一種萬物得到更新和被醫治的狀態，因此，自然與人一同是基督救贖的對象。

在科技的探討中，田立克深入分析了科技的含混性本質。作為一種人類精神表現的文化項目，科技夾雜著一種亦神亦魔的特質。可見，田立克並沒有對科技採取全然否定和負面的態度，反而較能務實和積極地面對科技那種亦正亦邪的特質，並嘗試將它放入基督教的救贖觀內理解。在田立克眼中，科技基本上就是一種人類精神創造性的文化表現，這是人內在本質的一種置定，倘若因為科技導致人與自然關係扭曲而要授取一種反科技的態度，這只會做成一種否定人在現代世界中的文化表現，現代人已經無可避免地與科技一同生活，因此，生態倫理應該更積極地考慮如何善用科技，如何將自然與人的素質在科技的運作中得到提升。正如巴伯（Ian Barbour）所言，對科技採取悲觀和樂觀的態度，都是不正確的，科技是需要重新被導引（redirection），它需要重新被放置在解放人的困局和實現人性的目標而努力。[115] 就田立克而言，科技惟有在基督新存有的救贖下才能克勝本身的含混性，讓它服務於人性及自然，而開往上帝國的來臨。

註 釋：

1. 本文原刊於《道風：基督教文化評論》卷18（2003，春），頁89～121，蒙道風書社批准轉載，特此致謝。
2. 學界一般把一九三三年田立克因納粹政權上場而被迫離開德國遠赴美國的這年，作為田立克思想前後期的分界線。但筆者較傾向認為，這個年分不能作為一種田立克學術生命的分水嶺的嚴格標記，原因有二：第一、田立克思想從早期到晚期有強烈的連貫性，他思想內部有否出現「轉向」的問題是很難下定論；第二、一九三三年田立克已屆中年，從他在當時德國發表的論文、講學及出版來看，思想已非常成熟。筆者並非否定田立克思想沒有經歷一種發展的過程，或沒有發生任何變化。筆者的立場是，從整體來說，田立克的前後期思想有相對較穩定的結構和脈絡，環境上和學術上的變化確實有令他的思想在表現的風格上和重點上有所轉變，但基本大方向是一致的。所以，本文所談的早期思想是較多在一種時段的意義下理解，而非一種思想上的前後轉析上的意思。

3. 自然神學（natural theology）一般是指從廣義的自然，包括人的理性，自然環境的秩序等，能獲得某些關於上帝的認識，如：他的存在、屬性及能力等。有關自然神學跟大自然神學的關係，可參：安希孟：〈從自然神學到關於自然的神學〉，載《道風：基督教文化評論》（2001，春），頁209～234。
4. 就田立克的自然觀念，可參：Drummy, *Being and Earth: Paul Tillich's Theology of Nature*。中文著作，可參：賴品超：〈田立克論人與自然：一個漢語處境的觀點〉，載《道風：漢語神學學刊》（1997，秋），頁149～174。
5. 《謝林實證哲學中宗教歷史的建構》完稿於一九一〇年，《謝林哲學發展中的神祕論與罪疚意識》完稿於一九一二年。
6. 謝林的自然哲學著作，可參：F. W. J. Schelling, *Ideas for a Philosophy of Nature*, trans. by E. Harris & P. Heath (Cambridge: Cambridge University Press, 1995) 及 "On the Relationship of the Philosophy of Nature to Philosophy in General," in *Between Kant and Hegel. Texts in the Development of Post-Kantian Idealism*, ed. by G. di Giovauni & H. S. Harris (Albany, NY: State University of NewYork. Press, 1985), pp.363～382。有關學者在這方面的研究，艾普斯圖（J. L. Esposito）的研究仍是英語世界中的經典之作，參：J. L. Esposito, *Schelling's Idealism and Philosophy of Nature* (Lewisburg: Bucknell University Press, 1977)，其他可參：A. Bowie, *Schelling and Modern European Philosophy* (London & NY: Routledge, 1993), pp.30～44; Dale E. Snow, *Schelling and the End of Idealism* (Albany, NY: State University of New York Press, 1996), pp.67～92; Robert F. Brown, *The Later Philosophy of Schelling* (Lewisburg: Bucknell University Press, 1977), pp.91～97, 166～171。
7. 有關啟蒙運動的理念與二十世紀西方思想界對其的質疑，可參：*What is Enlightenment? Eighteenth-Century Answers and Twentieth-Century Questions*, ed. by James Schmidt (Los Angeles: University of California Press, 1996)。
8. Frederick Beiser, "The Enlightenment and Idealism," in *The Cambridge Companion to German Idealism*, ed. by Karl Ameriks (Cambridge: Cambridge University Press, 2000), pp.19～20.
9. Beiser, "The Enlightenment and Idealism," pp.21～22.
10. 就康德的超越觀念論（transcendental idealism）和經驗實在論（empirical realism）的整合，可參：Stephen R. Palmquist, *Kant's System of Perspectives* (Lahnam, MD: University of America Press, 1993)。
11. Beiser, "The Enlightenment and Idealism," pp.29～30.
12. Beiser, "The Enlightenment and Idealism," pp.29～30.
13. 參：Frederick Copleston, S.J., *A History of Philosophy,* vol.VII (NY: Image Books, 1994), pp.100～102。
14. 有關謝林與德國的「自然哲學」（*Naturphilosophie*）的關係，參：S. R. Morgan, "Schelling and the Origins of His *Naturphilosophie*," in *Romanticism and the Sciences*, ed. by A.

Cunningham & N. Jardine (Cambridge: Cambridge University Press, 1990), pp.25～37。因著學界對謝林早期對柏拉圖（Plato）著作詮釋的發現，以致對謝林的自然哲學的源頭有新的論點，詳參：Manfred Baum, "The Beginnings of Schelling's Philosophy of Nature," in *The Reception of Kant's Critical Philosophy. Fichte, Schelling, Hegel*, ed. by S. Sedgwick (Cambridge: Cambridge University Press, 2000), pp.199～215。

15. Beiser, "The Enlightenment and Idealism," pp.33～34.
16. 參 Dieter Jähnig, "On Schelling's Philosophy of nature," in *Idealistic Studies* 19 (3), 1989, p.223。
17. 就康德的理解，參氏著：*Critique of Judgment*, ed. by Werner S. Pluhar (Indianapolis, Cambridge: Hackett Publishing Co., 1987)。
18. Paul Tillich, *Mysticism and Guilt-Consciousness in Schelling's Philosophical Development*, trans. by Victor Nuovo (Lewisburg: Bucknell University Press, 1974), p.47.
19. Tillich, *Mysticism and Guilt-Consciousness in Schelling's Philosophical Development*, p.53。原文參 Paul Tillich, "Mystik und Schuldbewusstsein in Schellings philosophischer Entwicklung," in *Paul Tillich Gesammelte Werke*, band I, ed. by Renate Albrecht (Stuttgart: Evangelisches Verlagswerk, 1959), p.15。另參：Gunther Wenz, *Subjekt und Sein. Die Entwicklung der Theologie Paul Tillichs* (München: Chr.Kaiser Verlag, 1979), pp.76～78。
20. Tillich, *Mysticism and Guilt-Consciousness in Schelling's Philosophical Development*, p.53.
21. Tillich, *Mysticism and Guilt-Consciousness in Schelling's Philosophical Development*, p.34.
22. Tillich, *Mysticism and Guilt-Consciousness in Schelling's Philosophical Development*, p.57.
23. Tillich, *Mysticism and Guilt-Consciousness in Schelling's Philosophical Development*, p.58.
24. Tillich, *The Construction of the History of Religion in Schelling's Positive Philosophy*, p.45。原文參 *Ergänzungs und Nachlaßbände zu den Gesammelten Werken von Paul Tillich*, band IX, ed. by Gert Hummel and Doris Lax (Berlin: Walter de Gruyter, 1998), p.191。
25. Paul Tillich, "Nature and Sacrament," in *The Protestant Era*, p.112.
26. Tillich, "Nature and Sacrament," p.102.
27. Kenan B. Osborne, *New Being: A Study on the Relationship between Conditioned and Unconditioned Being According to Paul Tillich* (Hague: Martinus Nijhoff, 1969), p.103.
28. Tillich, "Nature and Sacrament," p.104。學界一直有注意歌德（Johunn W. von Goethe）的科學著作與近代科學之間的密切關係，兩者皆對牛頓式的機械物理觀提出批判。歌德本身的科學著作，可參氏著：*Goethe: Scientific Studies*, ed. by D. Miller (NY: Suhrkamp, 1988)；專書可參：H. Bortoft, *The Wholeness of Nature: Goethe's Science of Conscious Participation in Nature* (Hudson, NY: Lindisfarne Press, 1996)；編著可參：*Goethe's Way of Science: A Phenomenology of Nature*, ed. by David Seamon and Arthur Zajonc (Albany, NY: State University of New York, 1998)。
29. Tillich, "Nature and Sacrament," p.105.
30. Paul Tillich, "Über gläubigen Realismus," in *Paul Tillich, Main Works / Hauptwerke*, vol.4,

ed. by John Clayton (Berlin: Walter de Gruyter, 1987), p.194.

31. 就田立克的「信仰實在論」，可參：Ulrich Reetz, *Das Sakramentale in der Theologie Paul Tillichs*, pp.67～81。
32. Tillich, "Über gläubigen Realismus," p.203.
33. Tillich, "Über gläubigen Realismus," p.202.
34. Tillich, "Über gläubigen Realismus," p.196。就田立克如何理解西方精神怎樣從希臘思想形態發展到近代的科技形態，參拙作：〈科技的復位：一個田立克的神哲學觀點〉，頁12～30。
35. Tillich, "Über gläubigen Realismus," pp.197～198.
36. Tillich, "Über gläubigen Realismus," p.204.
37. Tillich, "Über gläubigen Realismus," p.196.
38. Tillich, "Über gläubigen Realismus," p.197。田立克舉出直覺知識論、古典浪漫主義的復興、現象學運動、生命哲學及潛意識心理學。
39. Tillich, "Über gläubigen Realismus," p.204.
40. Tillich, "Über gläubigen Realismus," p.203.
41. Tillich, "Über gläubigen Realismus," p.203。就田立克的「突入」(breakthrough)這觀念的探討，可參：Scharf, *The Paradoxical Breakthough of Revelation*。作者認為，田立克後期(一九五一年後)避免使用「突入」這概念，就這點筆者未能同意，在田立克的《系統神學・卷三》中，雖然較多使用「彰顯」(manifestation)來描述神人間的啟示經驗，但聖靈臨在於人身上的「渾然忘我」(ecstasy)經驗：田立克清楚表明既是上帝的靈突入人的靈中，又是人的靈走出的超越體驗。
42. Tillich, "Nature and Sacrament," p.102.
43. Tillich, "Nature and Sacrament," pp.102～103。田立克從早期到晚期，都把自然視為拯救的對象，雖然表面上，在晚期的《系統神學・卷二》中，以基督和實存作為兩個相互關聯的範疇，較多著筆於人的實存困局，但整個思想框架仍然表現為一種宇宙性的墮落和拯救。詳參筆者的博士論文：〈蒂利希思想中人與自然的關係：一個生態神學的研究〉(香港中文大學，2002)。
44. Tillich, "Nature and Sacrament," p.110.
45. Tillich, "The Logos and Mythos of Technology," p.51。此文在一九二七年出版。
46. Tillich, "The Logos and Mythos of Technology," p.52.
47. Paul Tillich, "Religion und Technik," in *Ergänzungs und Nachlaßbände zu den Gesammelten Werken von Paul Tillich,* band XI, ed. by Erdmann Sturm (Berlin: Walter de Gruyter, 1999), p.248.
48. Tillich, "The Logos and Mythos of Technology," p.52.
49. Tillich, "The Logos and Mythos of Technology," p.52.
50. Tillich, "Religion und Technik," p.248.
51. Tillich, "Religion und Technik," p.248。另參：Tillich, "The Logos and Mythos of Technology," p.53。

52. Tillich, "The Logos and Mythos of Technology," p.53.
53. Tillich, "The Logos and Mythos of Technology," p.53.
54. Tillich, "Religion und Technik," p.248.
55. Paul Tillich, "Systematische Theologie von 1913," in *Ergänzungs und Nachlaßbände zu den Gesammelten Werken von Paul Tillich*, band IX, pp.273～434。此手稿的資料可參本書第五章註80。
56. Tillich, "Systematische Theologie von 1913," p.416.
57. Tillich, "Systematische Theologie von 1913," p.417.
58. Paul Tillich, "Der natürlich-schöpfungsmäßige und geschichtlich-eschatologische Sinn der Technik," in *Ergänzungs und Nachlaßbände zu den Gesammelten Werken von Paul Tillich*, band XI, p.251.
59. Tillich, "Systematische Theologie von 1913," p.417.
60. Tillich, "Religion und Technik," p.248.
61. Tillich, "Religion und Technik," p.248.
62. Tillich, "Systematische Theologie von 1913," p.416。筆者不能贊成沙芬(Uwe Carsten Scharf)認為田立克在一九一三年的系統神學手稿中對科技採取認同和樂觀的態度，指出他是科技的熱愛者(technology enthusiast)，而在晚期才開始注意到科技的魔化力量。筆者認為，其實從早期到晚期，田立克皆清楚指出科技這種亦神亦魔的含混特質。沙芬的觀點，參Scharf, *The Paradoxical Breakthrough of Revelation*, pp.58～59。
63. Tillich, "Religion und Technik," p.249.
64. Tillich, "Der natürlich-schöpfungsmäßige und geschichtlich-eschatologische Sinn der Technik," p.251.
65. Tillich, "Der natürlich-schöpfungsmäßige und geschichtlich-eschatologische Sinn der Technik," p.251.
66. Tillich, "Religion und Technik," p.249.
67. Tillich, "Systematische Theologie von 1913," p.417.
68. Tillich, "Die Überwindung des Persönlichkeitsideals," in *Paul Tillich, Main Works / Hauptwerke*, vol.3, ed. by Erdmann Sturm (Berlin: Walter de Gruyter, 1998), p.138。此文於一九二七年出版。
69. Tillich, "Die Überwindung des Persönlichkeitsideals," p.136.
70. Tillich, "Die Überwindung des Persönlichkeitsideals," p.136。柏拉圖與亞里士多德(Aristotle)所代表的希臘哲學是否完全無法與現今的生態倫理觀相容，學者的意見比較分歧，但大部分學者是持審慎樂觀的態度，參：*The Greeks and the Environment*, ed. by Laura Westra and Thomas M. Robinson (Oxford: Rowman & Littlefield Publishers, 1997)。
71. Tillich, "Die Überwindung des Persönlichkeitsideals," p.136.
72. Tillich, "Die Überwindung des Persönlichkeitsideals," p.136.
73. Tillich, "Die Überwindung des Persönlichkeitsideals," p.136.

74. Tillich, *Dogmatik: Marburger Vorlesung von 1925*, p.129。學界近年開始注意田立克於一九二五年在馬堡大學講授的教義學，其教義學的編排以三一論為結構，可惜因講課時間的限制，田立克無法處理聖靈論的部分，雖然如此，但仍不減它對研究田立克思想的重要性。有關學界就這份教義學的研究，可參：*Études sur la Dogmatique (1925) de Paul Tillich*, ed. by R. P. Scharlemann, A. Gounelle and J. Richard (Québec: Les Presses de l' Université Laval, 1997)。
75. Tillich, *Dogmatik: Marburger Vorlesung von 1925*, p.175.
76. Tillich, *Dogmatik: Marburger Vorlesung von 1925*, p.177.
77. Tillich, *Dogmatik: Marburger Vorlesung von 1925*, p.178.
78. Tillich, *Dogmatik: Marburger Vorlesung von 1925*, p.179.
79. Tillich, *Dogmatik: Marburger Vorlesung von 1925*, p.180.
80. Tillich, *Dogmatik: Marburger Vorlesung von 1925*, p.180.
81. Tillich, *Dogmatik: Marburger Vorlesung von 1925*, p.181.
82. Tillich, "The Logos and Mythos of Technology," p.60.
83. Paul Tillich, "The Interpretation of History and the Idea of Christ," in *The Interpretation of History*, part I, trans. by N. A. Rosetski, part II-IV, ed. by Elsa L. Talmay (NY: Charles Scribner's Son, 1936), pp.243～244。此文發表於一九三〇年。
84. Tillich, "The Interpretation of History and the Idea of Christ," p.244.
85. Paul Tillich, "Historical and Nonhistorical Interpretations of History," in *The Protestant Era*, p.17。此文發表於一九三九年。
86. Tillich, "Historical and Nonhistorical Interpretations of History," p.17.
87. Tillich, "Historical and Nonhistorical Interpretations of History," pp.18～19.
88. Tillich, "Historical and Nonhistorical Interpretations of History," p.20.
89. Tillich, "The Interpretation of History and the Idea of Christ," p.244.
90. Tillich, "The Interpretation of History and the Idea of Christ," p.245.
91. Tillich, "The Interpretation of History and the Idea of Christ," p.245.
92. Tillich, "The Interpretation of History and the Idea of Christ," p.245.
93. Tillich, "The Interpretation of History and the Idea of Christ," p.246.
94. Tillich, "The Interpretation of History and the Idea of Christ," p.252.
95. Tillich, "The Interpretation of History and the Idea of Christ," p.252.
96. Tillich, "The Interpretation of History and the Idea of Christ," pp.252～253.
97. Tillich, "The Interpretation of History and the Idea of Christ," p.253.
98. Tillich, "The Interpretation of History and the Idea of Christ," p.254.
99. Tillich, "The Interpretation of History and the Idea of Christ," p.254.
100. Tillich, "The Interpretation of History and the Idea of Christ," p.254.
101. Paul Tillich, "The Kingdom of God and History," in *Theology of Peace*, ed. by Ronald H. Stone

(Louisville, KY: Westminster / John Knox Press, 1990), p.28。此文出版於一九三八年。

102. Tillich, "The Interpretation of History and the Idea of Christ," p.242.
103. Tillich, "The Interpretation of History and the Idea of Christ," p.243.
104. Tillich, "The Interpretation of History and the Idea of Christ," p.243.
105. Tillich, "The Interpretation of History and the Idea of Christ," p.280.
106. Tillich, "The Interpretation of History and the Idea of Christ," p.250.
107. Paul Tillich, "The Demonic. A Contribution to the Interpretation of History," in *The Interpretation of History*, p.122。 此文於一九二六年以書本形式發表。
108. Tillich, "The Interpretation of History and the Idea of Christ," pp.256~257.
109. Tillich, "The Interpretation of History and the Idea of Christ," p.257.
110. Tillich, "The Interpretation of History and the Idea of Christ," p.250.
111. Tillich, "The Interpretation of History and the Idea of Christ," p.259.
112. 田立克在晚期對這觀點抱較審慎的立場，在他生前最後的一次講論中提到：「在諸宗教歷史中有可能有——我強調的是可能——可能有一中心性事件。」參：Paul Tillich, "The Significance of the History of Religions for the Systematic Theologians," in *The Future of Religions*, ed. by Jerald C. Brauer (NY: Harper & Row Publishers, 1966), p.81。
113. Tillich, "The Interpretation of History and the Idea of Publishers Christ," p.259.
114. Tillich, "The Interpretation of History and the Idea of Christ," p.260.
115. Ian Barbour, *Ethics in an Age of Technology* (NY: HarperCollins, 1993), pp.15~22.

第七章

田立克的在邊緣上的教會觀[1]

本文旨在處理田立克前後期的教會觀，在勾劃出田立克前期和後期的教會觀時，本文特別關注他在這兩段時期不同著重點的**神學理據**。我們會發現，田立克前期由於要應付更多社會的具體問題，以致教會觀會傾向注重跟當時的宗教社會主義對話，後期在整理《系統神學》時則更能處理更多神學傳統的內部問題。雖然有著不同的焦點，但田立克的教會觀仍然有著強烈的延續性，就是強調教會需要不斷自我批判和避免魔化的同時，需要肯定上帝的恩典一直寓居於教會的體制中。前者以田立克的新教原則作為具體的表述，後者則嘗試結合羅馬公教的聖禮觀點作為補充。本文一方面希望指出在田立克的教會觀中，既能站在改革運動中改革家的批判立場上，又能展開與羅馬公教間的對話以補其短，開展了一種普世教會觀的可能，另方面嘗試表明田立克在討論教會觀時，有著一種**神學進路的轉移**，就是從前期較傾向以基督論為代表的新教原則為中心，附以形式（form）和內容（substance）間的辯證關聯法關係來處理教會與宗教社會主義間的關係，轉移到後期以聖靈論來結合新教原則和公教實質的進路為中心，附以潛存（latent）和彰顯（manifestation）的關係來表明教會作為屬靈羣體的兩種模態。若這個分析是成立的，筆者認為田立克的教會觀是建基於聖靈基督論的一種邊緣性教會論。[2]

一　教會和社會間的邊緣

當田立克以「在邊緣上」(on the boundary) 這象徵來回想他種種生命和學術的經驗時，他決意把教會和社會放在一起，表達兩者處於一種邊緣的位置上，他認為德國教會在第一次世界大戰後，要面對的問題和自我身份的困難，皆與社會上既具體又實際的問題有關。他一方面肯定自己對教會的歸屬，視教會為塑造他智性和靈性生命的「家」，他說

> 我喜愛教會的建築及其神祕的氛圍，因為禮儀、音樂、講道和偉大的基督教節慶皆日復日地塑造著整個城市的生命，在這些年間在我裏面就教會和聖禮留下了不可磨滅的感受。加上基督教義的奧祕及它對一個小孩內在生命的影響，就是聖經的語言、神聖、罪疚和被赦免的高峯經驗，這一切都為我要決定成為一個神學家及仍然是一個神學家，擔當了一個極重要的部分。[3]

但另一方面，他又對教會未能在當時德國社會上充滿著階級矛盾的處境中擔當重要的功能感到不滿，教會在採取護教的策略時，卻往往難以對身處階級矛盾的羣眾展示基督教的信息，田立克發覺「教會若嘗試展示一種缺乏考慮階級鬥爭的護教信息，是注定從起頭就要失敗，在這處境中要為基督教辯護就要積極參與階級鬥爭中。」[4] 當時田立克對德國建制教會不滿，並積極參與不同的非宗教性組織和活動，他有這樣的一個肯定，就是作為一個當時的神學工作者的工作，就是要努力去尋索作為宗教羣體的教會與這些人文主義的俗世羣體間的關係。眾所周知，田立克積極參與在當時的「凱邏斯學圈」(*Kairos* circle) 的宗教社會主義 (Religious Socialism) 羣體，締造了他在大戰後主要思想的

框架，同時宗教社會主義亦成為他神學思想的討論焦點，在後面我們會發現田立克所理解的宗教社會主義成為他考慮基督教會本質和使命的切入點。

二　宗教社會主義與先知意識：教會與社會主義間的辯證關係

田立克清楚表明，宗教社會主義並非一種經濟唯物論，認為社會的發展是僅僅依賴經濟關係和生產力的變化，反而宗教社會主義確認經濟是依賴於其他社會和心智上的因素，而宗教社會主義可說是嘗試為人的整體和多元關係作出理解的觀點。[5] 所以，它並非指到一個政黨或政治組織，而是一種存在於不同相關建制中的**精神及靈性力量**，對於政治的左右派立場採取辯證的了解，宗教社會主義無疑吸取了馬克思對資本主義社會的分析，但它本身不是一種政治上或科學上的馬克思主義。[6] 要確切理解宗教社會主義，[7] 就要先對宗教與社會主義間的關係有基本的掌握。田立克認為，宗教與社會主義間的關係應該是一種更具動態性的辯證關係，而非唯物論所認為的上下層建築的單向關係，基於宗教與文化間的緊密關係，田立克認為人文主義的本質都應是基督宗教性的，但教會與社會主義往往會彼此對抗，一方面是後者拒絕自身的超越和宗教元素，另一方面，前者又接納更多的資產階級意識，田立克認為只要社會主義能夠從一種觀念論和唯物論的資本主義解釋進路中釋放出來，而基督教會又可以從封建和資本主義式的形態中解放出來，則兩者就有可能達致深度的合作。[8] 除了對抗外，田立克認為其餘三種的關係模式都是不恰當的，第一種是律法式的，把社會主義視為宗教道德要求的直接後果，[9] 意指教會提倡的宗教倫理觀念都應是社會主義式的，問題是這種理解對雙方更辯證性的關係缺乏把握；[10] 第二種是浪漫主義式的，簡而言之就是把社會主義視為一種宗教，作為一個社會主義分子，為這羣體作出種種無私的奉獻也就是一種宗教的行為，問題是批判能力和原則在這同構的關係中無法體現；[11] 第三種是踐行−政治式的，這種理解是泛指作為一種運動的社會主義和建制教會之間的關係，而又專指到一個個體的社會主義成員身份和教會成員身份間的結合，這種結合往往未能發現雙方更深度的問題而無法將雙方進行轉化。[12]

宗教社會主義的辯證形態就是指到兩方面，一方面肯定「宗教無須專指−特別的宗教領域」，[13] 而社會主義及其他的世俗人文主義思想亦可體現和彰顯神聖超越的本質，「上帝的工作或許能更清楚地在俗世，甚至是反基督教的現象，如社會主義中被察見，甚至於是在教會的明顯宗教領域中。」[14] 田立克的觀點是認為，宗教在具體歷史的特定形態不一定能彰顯其宗教實質，所以基督教會這有形有體的宗教組織往往在實現其宗教實質時會扭曲其本質，而同時這種宗教實質由於不局限在某種的宗教組織和團體之內，所以，或許有時其他人文主義或社會主義比基督教會更能充分發揮這種宗教實質。但為甚麼宗教社會主義能具備承載基督宗教實質的因素？田立克強調，關鍵在於宗教社會主義具備一種**先知式的新教原則**，這原則能就某種的宗教認信形式作出一種辯證性的態度，一方面肯定某種具體的宗派形式價值，但同時又堅決反對將宗派絕對化而成為宗派主義；其次，這辯證原則肯認了社會主義的種種理念和踐行形式，但更重要是關注到宗教基礎；加上當教會具體落實為一歷史的真實時，她就受著俗世化的影響，所有教會傳統內的教義、禮儀和建制的有限性都需要受到某種原則的揭示，而辯證原則正好擔當這個角色。[15]

其次，田立克指出在當時要具體實現這種新教原則是需要結合體現在宗教社會主義內的無產階級處境。新教原則是新教實現的批判性和動態力量源頭，它不等同於任何一種宗教或文化的具體形態，但它卻在內蘊在這一切當中。「新教原則是一切宗教和文化真實的批判。」[16] 無產階級處境是專指資本主義社會內其類羣體（sub-group）的典型處境，它並非狹義地指涉無產階級的成員，[17] 乃指這羣體成員工作或勞動力量被市場以自由方式來交易買賣。[18] 無產階級意識是注意到社會中內在矛盾和人性的扭曲。新教原則對普遍人性的墮坎的理解和無產階級對資本主義社會上製造的矛盾，是相輔相乘的。人性扭曲可以彰顯為一種社會性的扭曲和罪疚；同時社會上的階級矛盾又並非僅只是一種歷史的偶發現象，卻被新教原則給予一種神學的理解，被視為人性本質的扭曲。[19] 田立克認為，新教原則因著無產階級處境得以更具體和真實；社會主義的意識又因若新教原則使得自身更普遍和帶有宗教性意涵。[20]

> 揭示這些具體的意識形態〔指在資本主義經濟市場模式下製造出來的意識形態〕是新教原則其中一項重要的功能，正如它就是昔日先知對宗教和社會秩序攻擊。神學……需要就人性處於扭曲的性格和喜於創造意識形態提供普遍性的洞見。但這是不足夠的……無產階級處境客觀地就是揭示意識形態處境的出色例子，主觀地……無產階級作為一個人，又不能從樹立一個反對其自身利益的意識形態上層建築中逃脫出來……〔無產階級〕傾向建立一個有問題的意識形態上層建築。[21]

同時，因著新教原則作為批判性原則，它使教會與無產階級能處於一種更緊密的關係上，正如唐納利（Brian Donnelly）指出，「教會與無產階級，透過新教原則的介入，與意識形態、真理與偶像崇拜間的扭曲進行鬥爭。」[22] 田立克指出，馬克思提到的錯誤意識、意識形態和異化等問題，應該成為教會和無產階級的敵人，同時這些社會產物亦會損害教會和無產階級，所以兩者都需要一種徹底的批判性力量來進行自我批判。

其次，宗教社會主義這種先知式的辯證態度同時針對聖禮式和理性批判式的進路。前者肯定神聖臨在真實和具體對象中，為當下的處境或形式附與意義和內涵；後者則提供了反思神聖的抽離意識。田立克認為，先知式的進路是這兩者的一種更高的整合，[23]

〔宗教社會主義〕一定要徹底清晰地從先知意識中肯認法權（*Recht*）和形式，對正確形式的要求甚至比理性主義還要強；但亦需要承認無制約的臨在是一切有制約行動的前提（*prius*），這種意義的無制約的內涵就是一切意義形式的前提，而這種形式的發展亦就是一切構造形式（*Gestaltung*）的前提。[24]

意思就是神聖是要臨在於有限事物當中，這種臨在就是一種聖禮式的觀照，神聖的內蘊性甚至在一切意識活動和意義構作的活動以先存在，這種前先性又賦予這些活動意義和內涵，重要的是這種臨在是有要求的，臨在一方面肯定了有限的形式能承載無限，但同時確認了有限自身的有限性而不能踰越有限具體對象本身所應有的象限，一旦越過就是一種需要徹底被批判的魔化舉動。這也就是神律（theonomy）所彰顯的「凱邏斯」（*kairos*）意義，即在時間一刻中貫注了無限的意義和要求，田立克強調精神和社會上的緒形式（包括教會在歷史社會下實現的形式）是那位無制約（Unconditioned）的上帝作為其根基、意義和真實的內涵，文化中的自律形式能與聖禮的實質（sacramental substance）結合構造出一附帶著神聖和公義要求的實體。[25]

依此，教會需要依賴著這種內藏於自身中的先知精神來進行一種否定和肯定的辯證體認，一方面任何的教會或認信形式都只是夾雜著宗教和世俗文化的形式，因此，他們內部的諸宗教象徵都無資格被宣稱為絕對，故此排他性的宗派主義在神聖的「否」之下是站不住腳的；但同時這種徹底的反省意識是需要植根於宗教自身，在神聖的「是」裏面，宗教形式又能有信心於構作自身的宗教象徵。田立克認為，惟有在神聖的無制約面前的「是」和「否」的辯證關係下，教會才能恰如其分地看待自身的身份，就是對一己的宗教傳統既不狂妄自大，但又能委身於自身的傳統之內，他甚至認為當一個宗教若能在自身的象徵內包括這種指向自身的否定性時，這宗教則具備成為一世界宗教的力量。

> 〔這宗教〕愈能從無制約的視象下否定自身，她就愈能透過一認信〔形式〕或教會來證立面向絕對的宣稱，並對宗教社會主義而言則更容易進到教會這等象徵當中，但從無制約而來的「否」不但指向批判某一種認信，它更對抗著某一特別的宗教領域。[26]

三　新教原則中的批判意識和構造力量

我們在上一節已注意到，宗教社會主義內部的先知式的新教原則如何影響田立克對教會的理解，在這一節我們會將新教原則放回基督宗教的傳統內考察它的有效性。我們會發覺這種新教原則並非僅是一種消極的批判意識和力量，它更是一種能與羅馬公教的聖禮實質相結合的力量和原則，或者更清楚是說，新教原則**本身**就具備一種神聖的「否」和「是」的辯證力量。

批判意識和力量不能根植於虛無之上，就算倔強如啟蒙運動的自律文化都需要建基於某種傳統之上，在這傳統內需要肯定某些的基本信念和價值。所以，當新教原則被理解為一種對形式的否定

(form-negating)力量時,它同時亦是建立在一種形式的構造(form-creating)力量中。田立克將這種批判的否定和創造性的構作結合稱之為「恩典的格式塔」(*gestalt* of grace)。[27] 田立克堅稱,教會要進行抵抗和批判任何事物作無限化的動作時,這種批判力量絕對不能來自人為的權威和傳統建制內的力量,它一定是來自那無限的力量,如其說是教會擁有這種力量,不如說是教會「參與在無限中」,[28] 以致她才能獲取這種無盡的力量。這種參與就是指到教會是進入到一種「恩典的格式塔」中。[29]「沒有新教的抵抗是可能的,除非她是植根於一個承載著恩典的格式塔中」,[30] 就田立克而言,新教的抵抗魔化的原則和羅馬大公教會的恩典的聖禮實質是可以聯合的,不單是聯合,更應該是相輔相乘的。

對十六世紀的改革運動中的新教神學家而言,要談一種依賦著具體實物的恩典是顯得有困難的,這種想法讓他們容易聯想到羅馬公教中的聖禮主義(一種人為操作的有限制性和內蘊性結構的恩典觀念),而改革家正是要強調一種無制約的恩典及不可見的教會觀念。田立克指出當新教談到一種「信仰」是「神聖真實的結構」(divine structure of reality)時,這種觀念就是強調恩典的信仰被接納時不可能僅只是超越和在人以外的,它同時是內蘊。[31] 新教那種超越和批判性的「道的神學」(theology of the Word)毫無疑問是新教原則力量的來源和根基,田立克似乎有意指到巴特式的神學精神,強調神聖之言與人之言的「存有論上的本質性差異」,在這種神學下,人一切的文化創作,甚至是宗教建構都會變得相對化,但田立克提醒我們,這種神學的超越性是要附隨著它的內蘊性才生效的,「道(the Word)被視為**超越**我們而**到**我們那裏,但當它被接收時,它就再**不僅**是超越了,它亦是內蘊,和創造出一個神聖結構的真實,因此**它創造出作為人格生命和羣體的型構性力量**(formative power)。」[32] 所以,「上帝的道」不能因為是彰顯於一人格生命中（道成肉身）而忽視了教會的道，所以，這「道」不單是我們之上，亦是在我們羣體之中，神聖超越的上帝與世俗物質的東西是不相分離的。田立克認為，重視這種恩典的格式塔一方面能避免教義式的智性主義，另方面亦可抵拒聖禮主義。教會的其中一個危險就是容易將恩典的真實理解為一種「客觀」的真實。但這種格式塔並非一個與其他存有者並存的存有，它反而是一種透過其他形式彰顯自身力量的一個超越真實，所以新教與羅馬公教的分別是明顯的。

> 羅馬公教認為有限變質為一神聖形式；在基督內的人性被神性所吞沒（在所有羅馬公教神學中的一性論傾向）；教會在歷史上的相對性在其神聖特性中被神化；聖禮中的物質本身被恩典所充滿（變質說的危險）……新教強調恩典是透過一存活的格式塔來呈現的，這格式塔仍是他自身。神聖是**透過**基督的人性，是**透過**教會在歷史中的軟弱，是**透過**聖禮中有限的物質來呈現的。神聖透過作為其超越意義的有限真實來呈現……新教嚴禁恩典透過有限形式呈現轉變為恩典等同於有限形式，這種等同……就是魔化狂妄。[33]

田立克採用了一種路德宗的基督論來理解這種「有限可承載無限」（*finitum capax infiniti*）的觀點，同時基督兩性中的這種「屬性相通」（*communicatio idiomatum*）的特質又應該是不相混淆又不相分離的關係。一方面神聖形式並非如羅馬公教的聖禮主義般將它混淆於有限形式中，正如基督的人性並不因聯合而消失，神聖的恩典是透過一人格的整體生命來呈現的，「有限能承載無限」的基督論程式肯定了聖禮是可能和必須的，不然，神聖就無法有形有體的彰顯出來，但有限仍然是有限，有限的物質載體並沒有因恩典的臨在而變成無限。依此，田立克一方面限制了有限存有作無限化的可能，但同時又肯定了無限臨在有限中的聖禮式的觀點。對他而言，這個有形有體的「恩典的格式塔」是一個真實的載體，她首要的是指到耶穌作為基督，同時又是一羣體的生命，所以，「新教教會就是一個恩典的格式塔」。[34]

但新教教會如何落實這個理想呢？新教怎樣把自身實現出恩典的格式塔？田立克認為，當談到教會是格式塔時，並非指她變質地成為一個格式塔，而是指到她應是一個「通體透明」(transparent)的羣體，神聖的恩典才能通過她透過她來彰顯力量，田立克認為教會要達致這個目標，是不能僅只是消極的批判，「新教對抗自身一定不能停留在單純的辯證性」，[35] 他的意思是，有些時候反抗自身容易成為一種擁護自身傳統的形式，要進行更徹底的反思，或更準確而言，要讓教會更像通體透明的羣體，田立克認為新教需要受世俗元素所挑戰和與之發生緊密的關係。[36] 據新教原則而言，「以下的情況是可能的，就是在世俗的世界裏恩典不在具體的形式而在透明的形式中運作。」[37] 就他而言，教會要活出一種恩典的羣體生命，就必須防範教會體制內的妄自尊大，永遠都接受自身不是真理的壟斷者，因此，恩典除了臨在教會內，亦可以臨在其他非教會性和宗教性的世俗主義中，這些世俗主義或運動往往成為新教教會的挑戰，這亦是田立克其中一項對羅馬公教嚴拒跟世俗主義拉上關係的批判，公教的立場往往會導致教會不斷走向魔化的狂妄(demonic *hybris*)。因此，新教主義應與世俗主義進入更獨特的關係中，

> 若新教主義降服於世俗主義，她的恩典格式塔將終止；若新教主義從世俗主義中抽離，她就終止了新教的特質，就是那種在自身內對抗自身的格式塔。[38]

四 教會作為聖靈臨在與新存有的屬靈羣體

田立克在一九六三年出版的《系統神學．卷三》的〈前言〉中清楚表明，整個系統神學的完成仍然是片斷式和充滿疑問的。[39] 但這種遺憾並沒有影響田立克在卷三中嘗試處理更多問題的野心。在〈導言〉中，他指出對於以往一直面對的批評，他企圖以尤其在**聖靈論的部分**一併來處理，並且他認為新教主義和羅馬公教之間的問題是當時處境的一個「機遇」（*kairos*），後者似乎比新教更能貫徹改革的精神，他更語重心長地指出新教神學需要更認真處理新教傳統和羅馬公教傳統間的關係，而在處理教會論時，田立克再次強調新教原則需要與羅馬公教的實質相結合。[40] 可見，田立克在晚期重新處理教會論的課題時，他以聖靈論的教義切入，對過往他曾闡析過的問題再次作理論性的發揮。

教會是由兩個元素所構成，她同時是基督與聖靈所建立和創造的羣體，在新約聖經中強調基督作為教會的身體亦是教會的頭，而聖靈則賜下各樣的屬靈的恩賜在教會中運行，讓教會得以建立和成長。在論到教會和耶穌作為基督的新存有（New Being）之關係時，田立克指出耶穌作為基督（Jesus as Christ）是需要在一個羣體的語境中被接受，教會作為一個屬靈的羣體正就是彰顯著這種接受的功能。同時，作為靈的上帝的創造性又讓教會這個屬靈的羣體，因著基督事件所帶出的衝擊而被建立。[41] 屬靈羣體的建立是肯認彰顯在基督身上的新存有之力量和意義，與此同時，基督之為基督亦是因著一個羣體彰顯出在祂身上的新存有。

田立克傾向將聖經中眾多描述教會的「隱喻」（metaphor）應用在屬靈羣體身上，因為聖經對教會的描述正是展述出在聖靈臨在下，聯同基督所救贖的羣體當中那種「非含混性的生命」（unambiguous quality of life)。雖然這種生命的非含混性質是片斷而非永恆，但這正是在一種在有限制的生命條件下所彰顯的神聖生命狀態。故此，「教會」(church)不能直接等同於「屬靈羣體」(Spiritual Community)，因為「教會」一詞更多涉及宗教上種種含混性的爭論，並且她是更多指到屬靈羣體在歷史特定形態下的一種實現狀態(state of actualization)，在這實現狀態中，往往如其他生命的特質一樣，夾雜著本質(essence)和實存(existence)，以致是含混的。而「屬靈羣體」卻分受著新存有所賦予的力量，她本身是非含混的，是聖靈臨在下所創造的新存有，[42] 並在潛質上有能力克勝在宗教維度中所出現的生命的含混性。[43] 可見，這種聖靈臨在下的屬靈羣體更多不是指到一羣可見和特定的羣體，她應是一種**內在**於教會的屬靈力量和意義，幫助該羣體克服在具體實現時所遇到的實存上的困難。這種能力讓教會擁有一種自我批判的能力和供應著教會羣體建構自身的意義。

田立克選用保羅的神學，指出惟獨靈能識別靈(林前二11～12)，意即屬靈羣體有如路德所言的，是一羣「無形」(invisible)、「隱藏」(hidden)、「惟獨向信心開放」(open to faith only)的羣體。[44] 屬靈羣體這種隱藏性格好比新存有在基督身上隱藏著一樣，惟有用信心的眼睛才能洞悉這就是聖靈的新創造；[45] 因此，縱然是隱藏著但卻是真實，縱然不為世人所見，但卻是向信心的眼睛開放著。田立克在使用「屬靈羣體」時，是借用了新約聖經「基督身體」與改教家「無形或屬靈教會」的觀念。[46] 因此，屬靈羣體並非意指一種佔有特定時空、具有物理性質的羣體，而是指**依附與內藏於**具體及物理空間下的羣體的一種**內在力量和結構**。[47] 田立克指出，當這具體的羣體一旦意識到她們的根基是以耶穌作為基督時，她們即是教會；相反，若不存在這種意識時，屬靈的羣體仍然是以隱藏的力量和結構存在於這些特定的羣體中。因此，屬靈羣體並不是指一種抽離於歷史中的教會羣體，正如改革家指出，無形的教會正是有形可見的教會之屬靈本質，雖然是隱藏著，不為肉眼所見，但卻決定著有形教會的本性。屬靈羣體並非與教會平行並列的另類羣體，而是一種存在於諸教會內，透過聖靈所具備的能力及結構，對抗著種種在團體生命中所出現的疏離。[48]

依此，田立克的教會論就遊走於一種理想主義（idealism）和現實主義（realism）之間，固守於任何一方都未能掌握教會整全的圖畫。屬靈羣體決不是一種教會的理想類型（ideal type），儼如對抗著真實教會（real church）的完美理念。田立克強烈反對一種觀念論（idealistic）或超自然主義（supernaturalistic）的進路來理解教會。[49] 但與此同時，田立克亦認為處於歷史中的具體真實的教會，亦非教會的本相。故此，現實主義亦非恰當的進路來理解教會。對他而言，教會跟諸生命的維度一樣所呈現的性格，是應該以一種「本質－實存」（essence-existence）的進路來掌握，本質決定著團體生命中的力量和目標，但同時這種本質卻需要落實在具體實存的生命中，在受著種種實存生命所具備的有限性條件中呈現出來。[50] 所以，教會的羣體生命就是處於美善的本質狀態和扭曲疏離的實存狀態中的混合物。

可見，田立克視屬靈羣體與教會間的關係相似於他早期新教原則與教會的關係。聖靈臨在的屬靈羣體與新教原則，同樣以一種無形的內在力量滲透於羣體當中，賦予著羣體自身的特質和結構，並且對抗著該羣體所會遇到的含混性或魔化的危險。同時，屬靈羣體和新教原則作為批判性的功能是不局限於基督宗教之內而是內藏於其他文化或組織之內。田立克似乎在聖靈論的基礎下更能充分彰顯神聖自由地運行於不同宗教和世俗主義中的觀點。我們在下一節會注意到田立克的聖靈論式的教會論如何展現出如早期思想般，將基督宗教教會和其他世俗主義思想放在一種辯證的關係上。

五　潛顯之間的屬靈羣體

正如他早期思想中，田立克認為教會和宗教社會主義應處於一種辯證的關係上，而新教原則可以作為溝通雙方的一個中介原則，使得教會能與其他非基督宗教羣體展開一種更開放但又不至於失去自我身份的關係。同樣，在晚期的系統神學構想中，這種思想以潛存（latent）和彰顯（manifestation）的屬靈羣體來展開。[51]「屬靈羣體」與「教會」存在著一種辯證的關係，兩者既非等同（non-identical）亦非分隔（not separated）。屬靈羣體往往以一種潛存的模態存在（latent mode），這種模態既可在教會之內亦可以在教會之外存在。[52] 聖靈的臨在一方面既帶出啟示和救贖，亦創造出一個新造的羣體，如此一旦有聖靈臨在，無論祂臨在在怎樣的一個羣體當中，就會產生聖靈所屬的羣體。這羣體卻能以潛存和彰顯的兩種模態存在。我們可以透過兩種進路來梳理這種既潛亦顯的羣體觀。

首先，當屬靈羣體是處於未跟核心啟示（基督事件）相遇之前，就是處於潛存的模態；但一旦與此事件相遇，就會由潛存的模態轉到彰顯的模態。[53] 其次，潛存的屬靈羣體可指一羣在「建制教會」（organized church）以外，但卻以極吸引的方法來彰顯新存有力量之羣體。[54] 就田立克而言，她們可以是伊斯蘭教的神祕羣體運動、敬拜偉大神話中上帝的羣體、希臘哲學中的學派、又或是在亞洲及歐洲地區的神祕主義。[55] 這些羣體往往對宗教、教會制度及傳統毫不關心，甚至採取敵視的態度，但對他而言，雖然她們並不從屬於任何一所教會或教會傳統，但這並不意味著她們被排除在屬靈羣體之外。[56] 故此，田立克認為

> 諸教會（churches）是以一種彰顯的宗教自我表述來代表屬靈羣

體，而其他則以世俗式的潛存方式來代表屬靈羣體。[57]

由於這批以潛存方式存在的屬靈羣體**同樣**是聖靈臨在的結果，因此她們亦會對終極關懷有某種嚮往，羣體中亦會呈現聖靈臨在所彰顯的信心和愛。但田立克清楚指出，由於在這種羣體中缺乏對基督作為新存有這種終極判準的肯認，這羣體會因缺乏終極的自我批判能力而有導致世俗化和魔化的危險。[58] 這種對抗和克勝魔化的終極能力與終極判準，就田立克而言，仍然是在耶穌基督於十架上所呈現的自我否定（self-negation）和自我轉化（self-transformation）中彰顯的。[59] 因此，田立克認為，潛存的屬靈羣體是「目的性地」（teleologically）關聯於在彰顯狀態的屬靈羣體。他們是無意識地被引導向基督裏去的。[60]

故此，在田立克的理論框架中，屬靈羣體這種潛與顯的面相展示出一幅有機（organic）和動態的（dynamic）教會觀。屬靈羣體的「潛」是被置於一種等待成為「顯」的狀態中，因此之故，基督的新存有永遠就成為批判他們的宗教象徵。同時，顯的屬靈羣體卻在潛的羣體的批判之下。[61] 其次，基督教會與其他宗教及世俗羣體就並非截然二分，而是帶有某種相依相存的關係，教會是潛存地在這些世俗及宗教羣體中，甚至乎她們可能存在著某種比例的關係，即教會距離世俗哲學思潮的羣體較遠，但距離猶太教則較近。[62]

依此，教會是處於一種吊詭的狀態。一方面落實於具體歷史中的教會陷於生命的含混中，這種含混性使得教會建制、教義及歷史都**不可能**是完全神聖的，而羅馬公教往往就把教會的神學身份等同於她的社會學身份，導致教會的神聖是直接由其建制及教義的神聖性推導出來，這就是層級性狂妄和自大的根源；另方面，由於聖靈臨在使得屬靈羣體具備神聖性，故此，教會**又是**神聖的。

依此而言，基督教會的是宣教使命就並非要把一個完全的陌生者改變過來，因為這班非基督宗教的羣體只是一批在潛存狀態下的屬靈羣體，而不是一批需要基督教會從**外面**拉她們進入教會圈內的羣體。教會的功能就是將這些處於潛狀態的羣體實現出來，[63] 相信田立克會指出「圈內圈外」並非一個恰當的「隱喻」(metaphor)來描述基督教會與這些非基督教會羣體的關係。田立克這種洞見將會是對抗教會自大狂的有力武器。

六　聖靈臨在下的大公實質與新教原則

從以上的分析來看，聖靈臨在就是屬靈羣體的內在本質性和動態性的力量，它一方面建構著羣體的神聖性和內在特質，但同時它又是一種抵抗著魔化力量的神聖原則。其功能和角色儼如田立克早期所談到的新教原則。究竟聖靈臨在和新教原則之間有甚麼關係呢？田立克清楚指出「新教原則是聖靈臨在下抵抗宗教的表現(expression)」，[64] 他繼續肯定新教原則就好像先知的靈的彰顯(manifestation)一樣，對抗著所有宗教那種魔化的自升為高和自我無限化的舉動。[65] 並且它不受教派範圍所支配，能越過新教改革家的教會。但田立克指出，新教原則要完成這個使命，還需作為聖靈臨在所賦載(embodiment)的羅馬公教的實質元素所協作，[66] 而新教原則就成為這種賦載魔化或世俗化的審判標準。[67]

羅馬公教實質(Catholic Substance)對田立克而言，最重要是意指一種聖靈臨在作為中介的聖禮(sacramental)的觀點。[68] 他認為，新教所要對抗羅馬天主教會的重點，正是針對大公教會主義中的聖禮系統，這種聖禮系統往往傾向客觀化和魔化。[69] 田立克指出，在反抗聖禮作一種迷信式的使用時，新教的改革方向是正確的，但新教往往矯枉過正，把聖禮的重要元素抹殺。他針對的並非個別在教會施行聖禮，而是聖禮的一種普遍概念，也就是一種能經驗神聖臨在的載體。[70]「聖禮就是某些在獨特的途徑或情況下，能成為神聖載體的真實。」[71] 簡單而言，就是在任一事件中，超越的臨格在內在之物中，無限的臨在於有限中。在聖禮的理解中，自然之物一旦成為神聖之載體時，自然就參與在救贖的過程中，「聖靈使用自然中的力量，以致進入人的靈中」。[72] 田立克指出，自然之物所內蘊的特質必然與聖禮所要彰顯的意義有某種關聯，例如：水象徵著生命之源頭，但他堅決認為單憑自然中內在力量不足以使它成為聖禮，換言之，基督教並無所謂一種「純粹的自然聖禮」(purely natural sacrament) 觀念。田立克指出，自然本身是含混的，並需要被置於救贖之內，因此聖禮是把自然帶進救恩當中，讓自然參與在神聖的能力中，好讓它從魔化的力量中釋放出來，以致能成為聖禮。故此，所有的聖禮都必然關連於基督的新存有，因此之故，基督就是那位「最原初的聖禮」(*Ursakrament*)。

田立克強調，基督新教主義需要重尋聖禮的元素，但不正確理解聖禮本身亦有危險之處。倘若神聖之物缺乏一種自我否定和批判的精神，則容易陷入一種魔化的危險當中，如此大公實質也就需要在新教原則下作為互補。

簡單而言，新教原則是指反抗任何有限之物作絕對和無限的宣稱。[73] 田立克這種觀念是直接承繼卡勒的稱義論而來，其中路德宗的稱義觀念亦是新教原則的基本原則。路德的「唯獨恩典」(*sola gratia*) 讓人明白面對上帝的恩典時，所能作出的回應就只是接受；加爾文的「唯獨上帝的榮耀」(*soli Deo gloria*) 指出上帝徹底的超越，人與上帝的無限鴻溝讓一切有限之物都無法成為無限。他將這些觀念應用在教會觀上時，就指出教會永遠就只能是「不斷改革的教會」(*ecclesia semper reformanda*)，意即沒有任何的教會體制、神聖系統、神聖教義能成為絕對和擁有無可質疑的權威，亦沒有任何在人心智中的真理能被視為神聖的真理本身。[74]

可見，田立克這種新教原則的徹底性和極端性是有強烈的修正傾向而非建立性，而他自己亦承認，教會不能僅僅建立在一種單純的批判性原則之上。[75] 新教原則中所提出的「否」，是應該與大公元素所提出的「是」相協作：缺乏大公元素中的創造性，新教原則只會陷入虛無的否定當中；缺乏新教原則的批判性，大公實質只會陷入魔化的危險——這亦是田立克早期所指的「恩典的格式塔」。大公實質肯認上帝的超越和神聖是可以臨在於有限的事物中，這打破神聖與世俗的間隔，呈現出神聖內蘊的圖象。新教原則卻突顯神聖與世俗間的差異，神聖的超越被突顯。這兩種教會應具備的特質在田立克的思想中成為教會不斷更新和轉化的動力。

在他晚期的思想中，田立克似乎想通過聖靈臨在這種既超越又內蘊的神聖表現來結合新教原則和公教實質。聖靈臨在是人和羣體以外的一種外力「突入」(break-into)的狀態，這種超越而外在的神聖力量是批判一切宗教和建制的泉源，但當它表現出來時卻以一種以基督的十架的新教原則來彰顯；同時聖靈臨在又是真實臨在於教會的羣體生命裏面，使之成為一個恩典的真實，承載著神聖的赦免的恩典和力量，而這種力量和意義的結合正好以內蘊性的羅馬公教實質的聖禮觀來呈現。其次，教會與其他非基督宗教的羣體間的關係換之以一種潛存和彰顯的狀態來把握，從聖靈臨在的進路連結兩者在一種更緊密的關係上，聖靈的徹底自由遊走於建制教會與人文和其他宗教羣體之中，這似乎比起早期以新教原則中先知意識更能恰當地解釋他們之間的關係。

註 釋：

1. 本文原刊於《山道期刊》，卷七，第二期，2004，頁49～69。蒙香港浸信會神學院批准轉載，特此致謝。
2. 這種早期和後期的思想關係，被理查（Jean Richard）視為一種關聯法的表現，他認為田立克早期的文化神學有如一種問題或潛存的屬靈羣體，而後期的《系統神學》則更多表達出一種教會神學或彰顯的屬靈羣體，中介的原則就是屬靈羣體，參：J. Richard, "The Hidden Community of the Kairos and the Spiritual Community: Toward a New Understanding of the Correlation in the Work of Paul Tillich," in *Paul Tillich's Theological Legacy: Spirit and Community*, ed. by Frederick J. Parrella (Berlin & NY: Walter de Gruyter, 1995), pp.59～64。其次，吉爾奇（Langdon Gilkey）曾就田立克的新教原則與公教實質的結合，提出一種神學性的理解，他認為田立克思想中的新教原則和羅馬公教的實質是徹底的**基督論式**，並**只在**一個完美的象徵中實現，就是新存有在耶穌作為基督中彰顯。筆者認為這個講法是片面和不完整的。他的觀點，參：L. Gilkey, "A Protestant Response," in *Paul Tillich: A New Catholic Assessment*, ed. by Monika Hellwing (MN: Liturgical Press, 1994), p.292。在莫德拉斯（Ronald Modras）的深入研究中，最後還是批評田立克過分強調新教原則的否定性力量，容易滑落到化約主義中去。筆者對此批評不能贊同，莫氏觀點，參：R. Modras, *Paul Tillich's Theology of the Church: A Catholic Appraisal* (Detroit: Wayne State University Press, 1976), 尤其是 pp.262～279。
3. Paul Tillich, *On the Boundary* (NY: Charles Scribner's Sons, 1966), p.59.
4. Tillich, *On the Boundary*, p.62.
5. Paul Tillich, "Author's Introduction," in *The Protestant Era*, p.xviii.
6. Tillich, "Author's Introduction," p.xviii.
7. 全面而深入探討田立克的宗教社會主義思想，參：John R. Stumme, *Socialism in Theological Perspective* (Missoula, MT: Scholars Press, 1978)，較新近的研究，參：Chun-hong Li, *Religious Socialism and its Contemporary Meaning*, M.Phil. unpublished thesis (Hong Kong: Chinese University of Hong Kong, 2004)。
8. Paul Tillich, "Religious Socialism," in *Political Expectation*, ed. by James Luther Adams (Macon, GA: Mercer University Press, 1981), p.44。原文以"Sozialismus: II. Religiöser Sozialismus"為題於一九三〇出版。
9. Tillich, "Religious Socialism," p.40.
10. Tillich, "Religious Socialism," p.40.
11. Tillich, "Religious Socialism," p.41.
12. Tillich, "Religious Socialism," p.41.
13. Tillich, "Religious Socialism," p.44.
14. Tillich, "Religious Socialism," p.44.
15. Tillich, "Religious Socialism," p.54～55.

16. Paul Tillich, "The Protestant Principle and the Proletarian Situation," in *The Protestant Era*, p.163.
17. Tillich, "The Protestant Principle and the Proletarian Situation," p.164.
18. Tillich, "The Protestant Principle and the Proletarian Situation," p.164.
19. Tillich, "The Protestant Principle and the Proletarian Situation," p.166.
20. Tillich, "The Protestant Principle and the Proletarian Situation," p.166.
21. Tillich, "The Protestant Principle and the Proletarian Situation," p.170.
22. Brian Donnelly, *The Socialist Émigré. Marxism and the Later Tillich* (Macon, Georgia: Mercer University Press, 2003), p.91.
23. Paul Tillich, "Basic Principles of Religious Socialism," in *Political Expectation*, p.60。原文以"Grundlinien des Religiösen Sozialismus"為題在一九二三年出版。
24. Tillich, "Basic Principles of Religious Socialism," p.61.
25. Tillich, "Basic Principles of Religious Socialism," p.62.
26. Tillich, "Basic Principles of Religious Socialism," p.65.
27. Tillich, "The Formative Power of Protestantism," p.206。「格式塔」(*gestalt*)這德語不容易在漢語中找到想對應的用詞,大抵上是指到一個存活個體或羣體的一種整全結構,某些翻譯把它譯為「形式」(form),這不但未能把它涵蓋的意義表達出來,並且容易將德語"*Form*"一詞相混淆。這情況,在田立克的思想中尤為重要,因為他早期的文化神學構想中,就是要區分開"*form*"(形式)、"*Inhalt*"(內容)和"*Gehalt*"(意義涵義)三者。而在田立克的思想中,「格式塔」往往被理解為承載著精神心智活動及意義的載體(形式)。參:Paul Tillich, "The Philosophy of Religion," in *What is Religion?*, trans. by James Luther Adams (NY: Harper & Row Publishers, 1969), pp.27~121.
28. Tillich, "The Formative Power of Protestantism," p.209.
29. Tillich, "The Formative Power of Protestantism," p.209.
30. Tillich, "The Formative Power of Protestantism," p.209.
31. Tillich, "The Formative Power of Protestantism," p.210.
32. Tillich, "The Formative Power of Protestantism," p.210。粗體乃筆者強調。
33. Tillich, "The Formative Power of Protestantism," p.212。粗體乃作者強調。
34. Tillich, "The Formative Power of Protestantism," p.213.
35. Tillich, "The Formative Power of Protestantism," p.213.
36. Tillich, "The Formative Power of Protestantism," p.214.
37. Tillich, "The Formative Power of Protestantism," p.213.
38. Tillich, "The Formative Power of Protestantism," p.214.
39. Tillich, *Systematic Theology*, vol.III, preface.
40. Tillich, *Systematic Theology*, vol.III, pp.3~6.
41. Tillich, *Systematic Theology*, vol.III, p.149.
42. Tillich, *Systematic Theology*, vol.III, p.150.

43. Tillich, *Systematic Theology*, vol.III, p.149～150.
44. Tillich, *Systematic Theology*, vol.III, p.150。田立克解釋路德（Martin Luther）所謂的可見與不可見的教會時，強調不可見的教會並非另外一個教會，乃是可見教會的屬靈特質，而可見教會卻是不可見教會一種受扭曲的實現。另參：Tillich, *A History of Christian Thought*, p.252。有關田立克對改革運動的分析，參：G. Lindbeck, "An Assessment Reassessed: Paul Tillich on the Reformation," in *The Journal of Religion*, vol.63, no.4（1983）, pp.376～393。
45. Tillich, *Systematic Theology*, vol.III, p.150.
46. Tillich, *Systematic Theology*, vol.III, p.162.
47. Tillich, *Systematic Theology*, vol.III, p.162.
48. Tillich, *Systematic Theology*, vol.III, p.163.
49. Tillich, *Systematic Theology*, vol.III, p.164.
50. 田立克指出，「本質–實存」的進路是神學思想整個部分的「脊椎」（backbone），他自己的系統神學亦以此為根據，參：Tillich, *Systematic Theology*, vol.I, p.204。
51. 據田立克的自我理解，這種潛顯的區分，其實早於一九三一出版題為〈教會與人文羣體〉"Kirche und humanistische Gesellschaft"的文章已表達出來，但當時他並未以聖靈論的視角來掌握這對概念。參：Tillich, *On the Boundary*, p.66.
52. Tillich, *Systematic Theology*, vol.III, pp.152～155.
53. Tillich, *Systematic Theology*, vol.III, p.153.
54. Tillich, *Systematic Theology*, vol.III, p.153.
55. Tillich, *Systematic Theology*, vol.III, p.154.
56. Tillich, *Systematic Theology*, vol.III, p.153.
57. Tillich, *Systematic Theology*, vol.III, p.153.
58. Tillich, *Systematic Theology*, vol.III, p.154.
59. Tillich, *Systematic Theology*, vol.III, p.154.
60. Tillich, *Systematic Theology*, vol.III, p.154.
61. N. Ferre, "Tillich's View of the Church," in *The Theology of Paul Tillich*, ed. by Charles W. Kegley & Robert W. Bretall (NY: MacMillan Co., 1961), p.259.
62. Ferre, "Tillich's View of the Church," p.259.
63. Paul Tillich, "Missions and World History," in *The Theology of the Christian Mission*, ed. by G. H. Andenson (London: SCM Press, 1961), p.285.
64. Tillich, *Systematic Theology*, vol.III, p.245.
65. Tillich, *Systematic Theology*, vol.III, p.245.
66. Tillich, *Systematic Theology*, vol.III, p.245.
67. Tillich, *Systematic Theology*, vol.III, p.245.
68. Tillich, *Systematic Theology*, vol.III, p.122.
69. Tillich, "Nature and Sacrament," p.94.

70. Tillich, *A History of Christian Thought*, pp.155～156.
71. Paul Tillich, "The Nature of Religious Language," in *Theology of Culture*, p.64.
72. Tillich, *Systematic Theology*, vol.III, p.123.
73. Tillich, "The Protestant Principle and the Proletarian Situation," p.163.
74. Tillich, "The End of the Protestant Era?, " p.226.
75. Tillich, *The Religious Situation*, p.192.

第八章

田立克的神祕主義與三一論[1]

一　田立克的個人氣質與學術傳統：一個積極性評價

雖然田立克明言他自己不是一個神祕主義的神學家，[2] 但他無容置疑是二十世紀基督新教中對神祕經驗和基督教神祕主義傳統最欣賞和採取正視態度的神學家之一。

他對大自然的美和嚮往表現出人與自然間可以發展出一種神祕交往的關係。田立克指出，他孩童時候身處德國的村莊中，那些中世紀建築物的特色、歌德式的城牆和教堂，[3] 都造就了他對自然和歷史採取了更親密的關係。他認為自己與自然是可以建立起一種浪漫主義式的關係，他經常與自然有著神祕的領悟和參與，並以一種審美和默觀而非科學分析或科技控制的立場對待自然。[4] 一方面，他經常強調這種浪漫主義的自然觀有著他自身的**親身**體驗，是一種「神祕參與」（mystical participation）在自然中的體驗；[5] 其次，他亦從文學作品中吸取養分，在德國文學中的詩人，如歌德、荷爾德林（Hölderlin）、尼采（Nietzsche）、諾瓦利斯（Novalis）、里爾克（Rilke）的作品中皆充滿著自然神祕主義（nature mysticism）的色彩；[6] 在田立克的自我描述中，大自然確實給予他豐富的材料和精神上的安舒，這些與大自然的神祕經驗一直豐富著他的神學思考。在大自然的各種景物中，田立克似乎對海洋尤有好感，就他而言，海洋象徵著無限，開放及無盡的空間，這些自然特質的表現往往讓他在學術上得著靈感。田立克曾言面對海洋時的體驗，讓他獲得

> 無限鄰近有限的體驗，這體驗正切合我所傾向的邊緣上的處境（boundary situation），又提供給我一個象徵的想象，為我思想上的情感和創意提供了內涵。[7]

其次，海洋動態地衝擊寧靜的大地，其中充滿著大風和海浪，這些自然現象與田立克建立「動態的羣眾」（dynamic mass）理論提供了素材，更重要的是田立克思想的核心部分有關絕對這觀念，因著狂暴的海洋，讓他把絕對（Absolute）視為動態真理的根本和深淵（abyss）提供了想象的元素。[8] 上述這些田立克自身的個人敍述清楚表達出他是一位**自然的神祕主義者**，對自然有著很深的欣賞和嚮往，這些個人經驗及學理上的相容使田立克對自然有著深刻而豐富的洞見。

其次，田立克所承繼的學術思想傳統亦提供了空間，讓他更正面地看待無限和有限之間的神祕聯合。在他的路德宗信仰傳統中，強調「有限能承載無限」（*finitum capax infiniti*）的基督論宣稱中，承認神人兩性在基督身上互為內在，以致讓田立克能採納無限能臨在一切有限之物中，意即神人間的神祕聯合和自然的神祕主義體驗完全是可能並且真實，而在加爾文主義中這種態度卻被視為泛神論（pantheism）。[9] 這些體驗和學説讓田立克充分欣賞謝林的自然哲學和同一性哲學，並且在神學上建構自身的「自然參與在墮落和拯救」中的理解，以致田立克經常強調他無法接納立敕爾式的神學（Ritschlian theology）在自然（nature）和位格（person）間築起一道無限的鴻溝，把耶穌帶來的拯救僅僅理解為將人從自然的困縛中釋放出來。[10] 這種

神學立場傾向讓自然成為人道德上和科技上操控的對象，以致阻礙了人與自然建立一種神祕性的參與，並且無法理解自然是萬物無限根基的有限表現，亦無法獲得在自然中神魔爭鬥的遠象。[11]

德國浪漫主義對田立克的影響不單彰顯於他對自然的審美和神祕參與上，還建構著他對歷史的特別關係。田立克曾表示在德國鄉鎮中的自然景觀都見證和產生歷史感，這種從自然中引導出對歷史的嚮往不是一種抽離的歷史知識，也就是不會將歷史看作單純的事件，並把它作為一種智性的考察對象而已，相反是視之為個體賴之以存在的重要元素，是過去的歷史參與在現今時刻的一種活生生的真實。[12] 這些歷史事物和建築所彰顯的中世紀文明讓田立克深深認識中世紀中的神律觀念（idea of theonomous），並期盼在歷史的終末能彰顯新的神律。[13]

就田立克所繼承的學術傳統而言，深刻地體會出他承襲了西方神哲學思想中帶有神祕主義的元素部分。德國的觀念論和浪漫主義為他提供了豐富的想象空間，而謝林的思想更塑造了他思想體系的基本框架，其中謝林的自然哲學更為田立克考慮自然的問題提供了重要的素材，[14] 田立克在其中一篇早期探討謝林的博士學位論文中，就分析了謝林的神祕主義和罪疚意識，[15] 其次謝林早期有關「自然與精神的同一性原則（*Identitätsprinzip*）」亦讓他對自然與人的關係採取一種相互依存而非對立的立場。在同一性原則下，自然和精神、客觀與主體、真實（*Realität*）與理念（*Idealität*）皆處於不離不棄的整體之中，[16] 在他的教授資格論文（*Habilitationsschrift*）中，他更以這種「同一性原則」作為切入士來馬赫以前的神學中有關自然與超然的討論，並為批判一種將上帝與自然嚴格二分的「超自然主義」（*Supernaturalismus*）提供了重要的參考。[17]

田立克深信有限的世界能彰顯無限的神聖，以致兩者並非截然的二分，這種連結有限與無限的思想一方面是得力於路德宗的「有限能承載無限」的觀念，另方面，田立克的老師卡勒所教導的因恩典藉信稱義（justification through faith by grace）對田立克產生極深刻的影響，[18] 這個路德宗的重要教義指出，沒有人能宣稱與上帝等同，所有人在上帝面前皆是平等的，另方面上帝與人的疏離因著上帝的接納而得以復和，人能做和應做的只是接納上帝對罪人的接納，田立克最欣賞的是上帝的接納並非僅是對應一種信心上的懷疑，更是接納人在智性上的懷疑；並且這種稱義的觀念打破一切生命中的等級性關係，上帝的接納是直接和當下的，人無需攀越生命中和制度上的重重階梯來到達上帝面前接受這種恩典，這種思想為他考慮以生命的多重維度的整合來代替層級性思維提供了素材。

其次，庫薩的尼古拉（Nicolaus Cusanus）提出「對立並存」（*coincidentia oppositorum*），這思想讓田立克得悉無限臨在一切的有限之中，世界成為上帝無限能力的彰顯場所，有限的世界得以參與在無限的上帝當中；「參與」對田立克而言是一個核心的觀念，他堅稱這觀念是承繼柏拉圖–奧古斯丁–法蘭西斯的傳統而來，[19] 在這傳統中人對無限的體會是當下和即時的，這種「當下的原則」（principle of immediacy）為田立克理解上帝作為存有自身、存有根基和能力大有幫助。[20]

1 神祕主義的負面評價

但與此同時，田立克對神祕主義又採取一種帶有保留，甚至是消極的負面態度。在他討論基督教思想史有關中世紀的神祕主義部分時，他一方面在批判新教自里敕爾以降至巴特為止，都對神祕主義帶有歪曲的情況後，又提醒聽眾要防範走到另一個極端上去，

> 不要犯那種把神祕主義與個人消失在神聖深淵之中，把絕對的

(absolute)和抽象的(abstract)神祕主義相等同的錯誤。[21]

其實，早於撰寫謝林的博士論文中，田立克已對神祕主義提出一種保留的態度，他認為連結人神聯合的同一性原則和分隔人神間的罪疚意識必須找尋一個綜合的可能，「神祕主義原則會勝利，但**並非在**神祕主義的形式下，即不是作為一種當下即時的同一性(immediate identity)，而是作為克勝矛盾的**位格性聯合**(personal communion)：就是『聖靈與自由的宗教』。」[22] 在後期的《系統神學》中，他指出神祕主義的問題「既不是獨處又不是聯合，而是個體的核心自我被消融」。[23] 其次，田立克認為神祕主義無法讓人正視實存生命中的種種非存有狀態，神祕主義傾向以一種虛幻的、不真實的進路來消解人生的種種問題。就田立克而言，神祕主義往往缺乏一種終末論式的盼望焦點，就人間歷史的種種不義視若無睹，這些只重視神人間的垂直維度，而忽略水平橫向維度的消極處世態度，造就了田立克一種對神祕主義的保留態度，以致他認為神祕主義需要被基督教所施洗。[24]

根據霍恩(James R. Horne)的分析，田立克反對神祕主義可總結為有四項理由：首先，絕對的神祕主義取消了自我；第二，絕對的神祕主義有意逃避人在實存狀下的懷疑和無意義；第三，絕對的神祕主義取消了盼望，抹殺了上帝國；第四，絕對的神祕主義的縱向的維度取消了社會和政治的關懷的橫向維度。[25] 德賴斯巴赫(Donald F. Dreisbach)亦較認同這種觀點，田立克並非無條件地接受神祕主義，但他補充了一個處境性的考慮，就是上世紀五十年代，西方社會對東方的神祕主義出現一種熱潮，以致田立克認為這種注意心靈內在化的神聖追求有忽略關心當時複雜的政治社會形勢的危險，正如田立克當時所言：「根據現時的宗教處境而言(指美國的上世紀五、六十年代)，東方的神祕主義並非西方存在主義問題的解決辦法，雖然很多人嘗試這樣做。」[26] 所以，對田立克而言，「神祕主義亦是一種試探，一種欲逃離世界威脅和作為人應盡的責任的試探，特別是讓一己的生命和社羣世界更合理的責任。」[27]

倘若布拉頓（Carl Braaten）以下的觀察是準確的話：「關於**一切**用於說明田立克神學的名稱，除了顯示出他的**整個思路的鞏固基礎**的**神祕主義存有論**（mystical ontology）這個名稱之外，沒有一個接近於適當的說明」，[28] 那麼，田立克自身的神祕主義式的神學系統又是一種怎樣的神祕主義類型呢？當他積極反對這種「絕對的神祕主義」時，他又如何在自身的神學系統中超越這種類型呢？在田立克的神學體系中又是如何以這種既接納又反對的辯證性態度來看待神祕主義？

二　作為範疇與作為宗教類型的神祕主義

田立克清楚指出構成宗教經驗的核心元素是「對無制約（Unconditioned）或上帝的一種**即時當下的醒覺**（immediate awareness）」。在他晚期回顧他的哲學背景時，他認為有限與無限的聯合成為他有關宗教經驗的教義的基本原則，亦由於此，讓他更能認同很多東方思想。[29] 這種醒覺是神祕性的，田立克認為神祕性就是指「一種建構作為臨在經驗當中的神聖的**範疇**，因此，神祕性就是每個宗教之為宗教的核心」。[30] 就田立克而言，神祕性作為一種神人聯合的範疇是在宗教領域上具有普遍性的，是每種宗教經驗裏面的核心，就是追求一種神聖的聯合。[31] 一種超越主體和客體對揚的超越經驗將會呈現於這種神聖的聯合中，[32] 這種作為範疇的神祕經驗是作為存在於所有宗教經驗中的先驗元素（*a prior*），田立克認為無論是觀念論或自然主義皆依賴一種先於經驗的同一性，也就是經驗主體與終極之間的同一性。[33]

田立克總結出三種類型的宗教：聖禮式、先知式和神祕式。聖禮式的宗教類型注重神聖的彰顯是要通過中介來完成，萬物皆能成為神聖的載體，信仰是通過這些載體而到達神聖對象本身。但田立克認為這種類型的危險在於容易將有限的載體等同於無限的神聖，這種祭司式的聖禮宗教類型一旦混淆了啟示對象和中介間的分野，就會變成一種魔化的危險。[34] 因此，田立克指出這種類型需要一種先知式的宗教類型來補充，對那種傾向魔化的危險作出批判。有趣的是，田立克認為神祕式的宗教類型往往亦可以擔當這種批判角色。可見，就他而言，神祕性元素和先知倫理式的批判並非相互對立的。

> 神祕主義透過貶抑啟示的任何中介，來批判魔化和扭曲了的聖禮–祭司式本質，並嘗試直接地聯合心靈與存有的根基，使之進入存在的的奧祕當中而無須有限的中介來協助。[35]

事實上，作為批判力量的新教原則（Protestant principle）對田立克而言亦非僅僅是一種消極性的批判元素，新教原則**本身**就具備一種神聖的「否」和「是」的辯證力量。當新教原則被理解為一種對形式的否定（form-negating）力量時，它同時亦是建立在一種形式的構造（form-creating）力量中。田立克將這種批判的否定和創造性的構作結合稱之為「恩典的格式塔」（*gestalt* of grace）。[36]

但與此同時，神祕性的宗教類型由於強調一種直接參與到神聖本身的企圖，以致要將現實處境中的種種載體加以否定，以求達致這種直接的當下性。但危險就在於它「移除了啟示的具體特性，並使得這些都跟真實的人類處境無關」，神祕宗教元素就人的時空存在作出一種「終極的否定」（ultimate negation）。為要進入一種心靈的深度（depth of soul），神祕主義者會倒空自已，越過一切初始性的關懷。[37]

就田立克而言，這正是作為宗教類型的神祕主義所要付出的代價。

三　自我在神祕經驗中的消融與保存

從以上的討論中，田立克對於一己的人格存在因著絕對交往的神祕性的經驗中被取消，是相當保留的。

其實，在田立克的存有論中一直要保持著一種同一性和非同一性的辯證張力。在討論關於認識論的問題上，田立克指出認知主體（knowing subject）和被知客體（known object）的認知本體論關係是經歷一種聯合－分離－再統一（union-separation-unity）的三一進程。依田立克的理解，知識的確立必定需要預設一種「離」的局面，認知主體與被知的客體之間需要處於一種分離的距離才可以談知識，其實在「把握－塑造」中經已隱含著人的主體理性（subjective reason）與實在的客體理性（objective reason）之間的**距離**才可以談一種相互轉化的可能，這種知識領域內的「離」正是知識之所以可能的條件。[38] 主體－客體的結構又同時以一種本體理性（ontological reason）所連結，因此，田立克強調在知識本體結構中的「離」的同時，需要明白雙方在本質的結構（essential structure）中是具備某程度的聯合的。[39] 這亦正是柏拉圖談知識是一種對理念（ideas）的回憶的意思，及田立克談到「愛慾」（*eros*）作為一種人追求認識層面上與萬物聯合的力量的意思。在本質結構中的「合」經歷了認知結構中必須被預設的「離」後，當然最後就是一種「重合」（reunion），因此，田立克強調認知的行動就是一種聯合的形式。[40] 可見，田立克認為一種純粹的神祕聯合是**不可能**在認知的層面上出現的。

依此，田立克非常強調一種主體與客體互惠關係，就是在這種「我－你」的交往建立一種神祕性的參與。這是建基於田立克認為一切的存有都以一種「自我–世界」的兩極性為基礎。[41] 在田立克的觀點中，自我不應於神祕聯合中被消解，一己自身的具體特質不應被取消，反而心靈的活動方向是積極而具體的。正是如此，田立克區分開具體和抽象的兩種神祕主義，在他評價明谷的伯爾納（Bernard of Clairvaux）有非常清楚的強調。

> 僅當……有愛的神祕主義，……才有基督教的神祕主義。……參與是動態的，不是靜態的和律法的。這種具體的、積極的對基督的愛的神祕主義是伯爾納的神祕主義的（抽象的神祕主義）前提。……具體的神祕主義是**愛和參與**到救主上帝的神祕主義，而抽象的神祕主義或超越的神祕主義，則是**抽離於任何有限的東西**，達到任何事物的終極根基。……決定性的問題是：在伯爾納的觀點中，有某種不同於（托名）狄奧尼修斯著作中的理論的東西，這就是具體的神祕主義、基督教的神祕主義、愛的神祕主義。它仍然是神祕主義，因為神祕主義是參與，而參與包含部分的同一（partial identification）。[42]

在田立克評價布伯（Martin Buber）的思想時，除了高度評價神祕主義和社會公義間的緊密關係之餘，他更指出一種神祕主義需要經常注意的問題，就是人神間的聯合與相遇，不能讓一己融化入神聖的一（divine One）當中，意思就是布伯所謂的「我–你」關係不應該在神祕的聯合（*unio mystica*）中被超越，因此，所謂的神祕聯合是「人與自身聯合，為著行動和世界，為著確認萬物有著神聖的根基而與上帝聯合」。[43] 就這種保存人的自身存在和保持一種相互主體的神祕主義而言，田立克與艾克特（Meister Eckhart）是有分別的。艾克特認為，人的心靈為要重歸一種統一性中與上帝契合，就必須擺脱一切被造世界的多樣性結構，力圖返回自身的深處和原型當中，「靈魂要想認識上帝，它就必須也忘掉自已，必須也失去自已」。[44]

田立克這種愛的參與的神祕主義存有論（mystical ontology of love participation）似乎可以提供一種較恰當的理解框架來調節神祕主義中強調同一性和分離的極化問題。在愛的存有論中，愛就是聯合的力量。「愛是使分離重合的動力」，[45] 聯合是最終的目標，生命的各種型態都在愛的存有模態中找尋結連的力量和存有基礎，這種愛的力量為存有論結構中的「個體化–參與」（individualization–participation）取得張力中的平衡，避免雙方的其中一方採取壓迫和操控的力量來轉化這種平衡，但愛又必須預設著雙方的距離和特質，神聖的「你」永遠跟人在聯合中保持著一種認知和存有上的分別，這種分別並沒有因神祕聯合而被取消。

四　絕對信仰中的「上帝之上的上帝」

從以上的討論中，田立克對神祕主義的態度和理論觀點應該是清楚的，在強調宗教經驗中的神聖臨在的即時當下醒覺的神祕體驗中，指出需要保持一種保存自我核心元素的神祕聯合，個體的特質「不因聯合而消失」，存有論的參與和個體化元素就算在神祕聯合中都不會被取消。田立克經常強調這是一種「參與」，參與包含著聯合和分離、同一性與部分同一性。但田立克這種觀點能否貫徹於他的整個體系當中？要堅持這種對待神祕主義的觀點，會把田立克的神學觀點帶來甚麼影響呢？

1　存有論–神祕論的進路

其實，田立克在上述所描述的神祕主義的構想中，充分表達出一種聖經宗教中的位格主義(personalism)傾向，基督教中的強調上帝與人類之間的關係是以一種有情意的主體關係來建構的，雙方的互惠關係造就了相互主體的彼此參與模態。這正是田立克一直堅持基督教的神祕主義應該是一種保存個體特質的神祕聯合的精神。但這種注重位格存有(personal being)的神學精神與田立克一貫所強調的一種非位格性的存有論(a-personal ontology)怎樣調協呢？

宗教意義下的絕對的上帝和哲學原則下的絕對原則被視為兩種彼此對揚的觀念。田立克認為，宗教哲學就是要回應這兩種絕對的關係的問題：「上帝」(*Deus*)和「存有」(*esse*)這兩個絕對(Two Absolutes)的問題。[46] 眾所周知，田立克認為可以有兩種進路去認識上帝，存有論的進路是當人發現上帝時，他就發現自身，上帝與自身在某程度上是等同的；宇宙論的進路是把上帝作為陌生者來看待，本質上人和上帝是分離的。田立克指出，傳統證明上帝存在的論證是有兩方面的缺失。首先這些論證出來的上帝是無法相等於萬物根基的上帝，上帝是一切萬物的來源和基礎，是「本質和實存的創造性根基」(creative ground of essence and existence)，[47] 所以上帝根本就不在事物整體之內，祂本身就是越過本質和實在的存有自身(being-itself)。[48] 從這個意義下，田立克宣稱：「上帝是不**存在**的」，[49] 原因是上帝並非如一般的存有者(beings in general)這樣地存在，若上帝如存有者般存在，祂根本就不是上帝，而只是被造物。其次，田立克認為這些論證都是嘗試從世界這起點來推論上帝，到頭來，這個被推論出來的上帝就不會是一個超越的上帝，而只會是一個早已被預設了的結論，只是一個打通笛卡兒「智性世界」(*res cogitans*)和「物質世界」(*res extensa*)的力量而已。[50] 所以，上帝存在的論證其實就不是甚麼論證，「他們都是隱含在人有限性中的上帝**問題**之表述」。[51]

田立克認為，在存有論的進路中，上帝和存有的根基是相連的，人在自身中發現上帝，就是體會上帝作為萬物的根基而存在。上帝的問題之所以可能，是因為在我們發問上帝問題時，對上帝的醒覺（awareness of God）已臨在。這種意識並非一種純粹心理學意義下的理解，據田立克描述，「醒覺」既非一種直觀和經驗，亦非一種知識，這可說是一種神祕性的領悟，而非一種智性的推理活動或心理上感受性活動。所以上帝是這些追問得以可能的前提而非結論。[52] 人意識到自身的有限性之餘，同時亦會意識到有潛存的無限性在人的自身當中，就田立克而言，存有論的論證（ontological argument）就因此往往帶有一種**神祕性**，這種無限臨在於有限中的表述，其實正是存有論的根本特性。田立克認為，這論點一直是奧古斯丁、聖法蘭西斯、波納文圖拉（Bonaventura）等人所強調的一種**內蘊性的上帝**追尋之路。田立克直言，這個傳統可被稱為一種神祕性的進路，因為「神祕主義可被定義為關聯於存有自身的主體與客體等同（identity）的經驗」。[53] 這種等同的體驗就是指到對上帝認識的「即時臨在性」（immediacy），[54] 上帝自身臨在於人的心靈當中，因上帝就是那真理自身（*Ecce tibi est ipsa veritas*），當人發問和懷疑時，上帝正被預設著，祂是先於主體與客體的區分和對立之前，這種在對立之前（*prius*）的特質充分彰顯出田立克上帝觀的神祕性，作為存有自身的上帝參與在一切之中，在一切之前，先於任何的主體與客體的對立。就好像光一樣，光就一直在我們旁邊，只是我們沒有注意它，但沒有光我們也就甚麼都看不見，上帝作為「真理自身」（*verum ipsum*）和「善自身」（*bonum ipsum*）參與在一切人的心靈活動中，同樣這些活動亦參與在終極的上帝力量中。

2 上帝之上的上帝

基本上，田立克所反對的抽象的神祕主義和他所贊成的具體（有情意的位格性）的神祕主義都有一個比較明確的優先次序。但當田立克談到一種人被非存有所侵吞的極端情況時，他似乎傾向認為上述這兩種進路都無法提供實存的解決出路，以致提出一個相當富爭論性的概念：上帝之上的上帝。

田立克認為，當人面對極度和徹底的無意義和失望時，這些傳統的有神論（theism）都無法給予足夠的存在勇氣來讓人克勝這些困難，他認為「所有形式的有神論都在我們被稱為絕對信心（absolute faith）的經驗中被超越」。[55] 所謂絕對信心就是一種並無特別具體內容，而只有以「上帝之上的上帝」（*Gott über Gott*）為內容的信心。[56]「上帝之上的上帝」並非指有一位超級上帝在一切上帝之上，田立克清楚指出，「之上」（above）和「裏面」（in）都只是一種空間性的圖象（spatial imagery），是無法真正表達真正的意涵。[57] 田立克指出，人在極度的失望和徹底的懷疑當中，所有**有神論的上帝概念和形象**都會被粉碎，並且進入一種「上帝缺席」的焦慮和痛苦當中。當一切上帝的形象和以往對上帝的概念都無法成為信仰的對象時，惟一的出路就是出現在懷疑和絕對信心中的「上帝之上的上帝」。

在這種信心面對絕境的時間，田立克指出一般有兩種進路去應對，就是神祕主義（mysticism）和神人的位格關係（divine-human personal relation）。這兩者都是基於一切存有的存有論結構中的兩端（two poles of ontological structure）：參與（participation）和個體性（individualization）所致。[58] 當「參與」這種存有論性格佔主導時，神祕性特質將會出現在追尋勇氣過程中，若「個體性」佔主導時，位格關係則會出現。[59] 首先，田立克要問：神祕主義如何和能否成為存在勇氣的源頭？他指出透過與存有自身的聯合，獲取存有力量而作出自我肯定，而這種東方宗教中的神祕主義傾向透過否定世界的真實本質來克勝存在的焦慮和懷疑，「有限存有在最後的分析中是『非存有』（non-being）」，[60] 因此，這種**神祕式的勇氣**的限制在於「意義和存有的**空**」，在體現萬物皆空時，神祕主義者就能體會一切意義和價值的無常，因此，原初的焦慮和失望都同時帶進一種徹底的否定中，在這種懷疑和否定中克勝徹底的失落。[61]

其次，與上帝的有情意的交往又如何獲取存在的勇氣？田立克認為，上帝跟人的位格交往，確保了一種個體性的把握，這種接觸是直接和有情意的，而非依賴一己和有限存有的存在，而是透過「與上帝經驗一種獨特和位格性的碰觸」。[62] 這種情意的接觸所提供的存在勇氣是一種建基於信任的勇氣（courage of confidence），田立克提出路德的例子，認為他就是一個面對極度失落時仍抱著一種「即或不然」（in spite of）的對上帝的信任。[63] 跟神祕主義的勇氣比較，位格性的情意關係注重個體自我的特質，保存位格與位格間的關係。但同時，這種勇氣也是無法得到最終極的保證，它無法找到一個毫無疑問的穩固的信仰根基。[64]

田立克認為，處於極度罪疚和失落當中，所需要的那份「接納已被接納」的勇氣，無法由神祕主義和位格關係所提供，惟有絕對信心才能產生存在的勇氣，而對象就是「上帝之上的上帝」，絕對信心超越了神祕主義和位格關係，一方面神祕主義並非懷疑這些威脅生存之物的存在，它只是視他們為初步，是可以一層層越過而已，但無意義的徹底懷疑是對這一切有根本的否定；其次徹底懷疑又摧毀了位格關係中的主客體關係，直接讓人質疑位格上帝的性情和獨特性。所以，在徹底的失落中所需要的勇氣，其實是要指向一個越過神祕主義和位格關係的上帝，這也就是「上帝之上的上帝」。[65]

絕對信心是一種被存有自身力量所抓住的狀態，它本身具備一種悖論的性格，路德那種「即或不然」的因信稱義本身就提供了重要的參考。人在這種極端情況下，信仰讓人被存有力量所抓住以致獲得一種肯定自我的勇氣。[66] 就田立克而言，神祕主義和位格關係在絕對信心之下被等同了。

但上帝之上的上帝是一個怎樣的上帝？當田立克認為上帝之上的上帝是超越有神論（theism transcend）的位格情意關係的上帝和神祕主義中的上帝時，他所指的又是一個怎樣的上帝？饒有趣味的是，田立克明言上帝之上的上帝與位格上帝和神祕聯合的存有有某種的連繫。

> 上帝之上的上帝是所有神祕主義渴求對象，但神祕主義為要獲得他（上帝之上的上帝）亦要被超越，神祕主義並無認真看待**具體**事物，懷疑一切具體之物……上帝之上的上帝雖是隱藏，但卻臨在於神人的相遇當中……當上帝與人相遇時，上帝既非客體亦非主體，因而是越過有神論強加給他的那個框架……（上帝之上的上帝）避免因參與而失去自我和因個體化而失去一己的世界。[67]

由於，就田立克而言，上帝之上的上帝應該是沒有具體內容的，以致田立克傾向把上帝之上的上帝理解為一種**普遍化的存有論結構**的存有自身（Being-itself as the universal-ontological structure），以致讓人覺得田立克會否最終還是沒法擺脫一種非位格性的存有論模式來解決極度失落的信仰問題，意思就是作為絕對信心對象的這種帶有普遍性的存有自身，會否亦是某種田立克要反對的神祕主義式的存有聯合的另類形式？更甚的是，這種帶有神祕性的聯合模式的存有論聯合跟田立克自己一直反對的非位格性聯合的抽象神祕主義豈非互相排斥？

3 作為上帝之上的上帝的三一上帝

其實，田立克在分析上帝之上的上帝如何能提供一種存有的勇氣時，就指出存有自身若要具備賦予存在力量和勇氣，它自身必須將非存有（non-being）採納進來，「存有必須以作為存有的否定的否定來思想」，[68] 以致讓存有有身與非存有進行一種動態的辯證生命過程，這種辯證的動態性理解賦予上帝作為存有的力量（power of being），這力量提供克勝非存有威脅的勇氣，而更重要的是，田立克認為「存有—非存有」辯證模式正是上帝生命的動態和「存活」（living）的標記，這種透過「存有—非存有」辯證模式來呈現的上帝正是基督宗教中的三一上帝形態的特質，「神學在認真看待存活上帝（living God）這觀念時，是與此一樣的，最明顯是在**上帝內在生命的三一象徵**中出現」。[69] 當然，田立克從來沒有承認上帝之上的上帝**就是**三一上帝，但至少當田立克認為，上帝之上的上帝是超越有神論的上帝時，他指出有神論的位格上帝觀**並非錯誤而只是片面**（one-sided），[70] 似乎留下一個思想的空間讓我們可以設想位格上帝觀是要**被超越而非完全被排斥**的教義，同時上帝之上的上帝與神祕主義和位格上帝並非一種相互排斥的狀態，田立克指出，神人相遇的位格關係亦可以經驗一種上帝之上的上帝的臨在，儘管以一種隱藏的方式臨在；神祕主義亦同時嚮往上帝之上的上帝。所以，田立克所言的這種上帝之上的上帝並非要對抗神祕主義和位格上帝，反而應該是一種**繼承式的**超越。依此，上帝之上的上帝理應**具備並且超越**這兩種元素：神祕主義式所追求的非位格性的存有論聯合的上帝觀，和位格主義所強調的神人相遇的位格上帝觀。

其實，田立克亦清楚指出，存活上帝必須以三一的辯證進程來表達自身，存有自身（being-itself）並非一種靜態的存有，反而是一種充滿動態性、包含存有與非存有的一種三一進程。所有的生命進程都包含離和合，甚至上帝本身都不例外，田立克認為三一論的詮釋框架是最理想的象徵去理解上帝這種生命的存活性。他認為三一論象徵是對人實存境況最完整的答案，[71] 並且基督教的啟示亦是建基於對神聖生命與其自我彰顯的一種三一論的角度去理解。[72] 田立克的三一論特色在於其辯證的特質。這種特質正好與生命的進程互相呼應。

其次，神祕主義所要求的是一種與**絕對者**聯合，而位格關係所要求的是與位格上帝的**具體**聯合。依田立克的思想而言，這正好對應人就終極關懷中所需要的**具體性**和**絕對性**需求，從人與上帝關係中所出現的要求具體和絕對的兩種進路而言，三一結構正好滿足了為要達致平衡具體性所要求的多神論結構和絕對性所要求的一神論結構的要求。[73] 田立克指出

> 「終極關懷」這片語指向人類經驗中的一個張力。一方面，人不可能去關懷某種不論在實在領域還是在想像領域都不能具體地遇到的東西。普遍概念只有借助其再現具體經驗的力量，才能變成終極關懷的材料。一個事物愈是具體，對他的關懷就越是可能。徹底具體的存有，即個體的人，乃是最徹底的關懷–愛的關懷的對象。另方面，終極關懷又必然超越每一種初步、有限和具體的關懷。要回答隱含在有限性中的問題，它就必須超越整個有限性的領域。但是，在超越有限的時候，宗教性的關懷喪失了一種「存有對存有」(being-to-being)關係的具體性。它傾向於變成不僅是絕對的，而且是抽象的，並激起具體因素的反作用。這是**上帝觀念中不可能避免的內部張力**……這是理解宗教史的動力的關鍵，而且，這是從最早期祭司智慧到**最精微的三一論教義討論的每一種上帝論的基本問題**。[74]

因此，雖然這種三一式的終極關懷結構(Trinitarian structure of ultimate concern)並非以三一上帝為終極對象，但它所呈現的宗教經驗張力引導到一種上帝觀的內在張力，[75] 而這種張力所導致的上帝觀隱含一種三一的結構或原則。就田立克而言，神祕主義式的終極關懷傾向要求一種**終極而普遍性的特質**，位格上帝宗教的終極關懷則傾向

要求一種**具體而獨特性的特質**，而三一的問題正是「在存活上帝中整合**終極性**和**具體性**的問題」。[76]

因此之故，本文大膽地指出，田立克的上帝之上的上帝應該以一種三一上帝的方式來表達，這種三一上帝和上帝自身的深淵性本身不必然有矛盾的情況。並且，惟有以一種三一的上帝描述才能更好地整合田立克自己一貫以來對神祕主義的批評和對基督教的神祕主義的辯護。

註 釋：

1. 本文原刊於陳家富編：《蒂利希與漢語神學》，（香港：道風書社，2006），頁99～119。蒙道風書社批准轉載，特此致謝。
2. Paul Tillich, *Perspectives on 19th & 20th Century Protestant Theology*, ed. and with an introd. by Carl E. Braaten (NY : Harper & Row Publishers, 1967), p.21.
3. Tillich, *My Search for Absolutes*, p.24.
4. Tillich, *My Search for Absolutes*, p.26; 另參：.Paul Tillich, "Autobiographical Reflections," in *The Theology of Paul Tillich*. p.4.
5. Tillich, "Autobiographical Reflections," p.4.
6. Tillich, *My Search for Absolutes*, p.26; Tillich, "Autobiographical Reflections," p.5.
7. Paul Tillich, *On the Boundary*, p.18.
8. Tillich, *On the Boundary*, p.18.
9. Tillich, *On the Boundary*, p.18.
10. Tillich, *My Search for Absolutes*, p.25; Tillich, "Autobiographical Reflections," p.4.
11. Tillich, "Autobiographical Reflections," p.4。吉爾奇曾在一段敍述田立克的生平事迹中，表達出田立克對自然界的創造與魔化力量的尊重和敬畏。一九五〇年四月，當吉爾奇正準備駕車帶田立克到一處森林中散步時，田立克到達後問：「這裏有沒有「蛇」（"Serpents"）出沒？」吉爾奇表示他經常往返這裏，但從未遇見過，並鼓勵田立克同行，誰知田立克直立不動，並返回車中，說：「我是一個城市人，我要返回車上去。」後來吉爾奇驚覺田立克以"serpents"而非"snakes"來描述蛇，正是表現出田立克經常注意無限的生命力量和死亡是存在於自然之中，這正是自然的奧祕，參：L. Gilkey, *Gilkey on Tillich* (Eugene, OR: Wipf and Stock Publishers, 1990), p.201。
12. Tillich, "Autobiographical Reflections," p.5.
13. Tillich, "Autobiographical Reflections," p.6.

14. Tillich, *On the Boundary*, p.17.
15. Tillich, "Mystik und Schuldbewusstsein in Schellings Philosophischer Entwicklung," pp.11～108。英譯本，參：*Mysticism and Guilt-Consciousness in Schelling's Philosophical Development*。
16. 參：Werner Schüssler, *Paul Tillich* (München: C. H. Beck, 1997), p.27.
17. 田立克的教授資格論文，參氏著："Der Begriff des Übernatürlichen, sein dialektischer Charakter und das Prinzip der Identität, dargestellt an der supranaturalistischen Theologie vor Schleiermacher," in *Ergänzungs und Nachlaßbände zu den Gesammelten Werken von Paul Tillich*, band IX, pp.435～588.
18. 就卡勒的思想及其對田立克的影響，參 Wilhelm Pauck, *From Luther to Tillich*, pp.170～180。
19. 就田立克與柏拉圖－奧古斯丁－法蘭西斯的傳統的關係，參：J. P. Dourley, *Paul Tillich and Bonaventure: An Evaluation of Tillich's Claim to Stand in the Augustinian-Franciscan Tradition*, Ph.D dissertation. Fordham University (Ann Arbor, MI: UMI, 1971)。就「參與」(participation)這概念在田立克思想中的位置，參 A. A. Wettstein, "The Concept of Participation in Paul Tillich's Thought with Studies in its Historical Background and Present Significance," unpublished Ph. D dissertation. (McGill University, 1968)。
20. 參："Interrogation of Paul Tillich," conducted by William L. Reese, *Philosophical Interrogations*, ed. Sydney & Beatrice Rome (N.Y: Holt, Rinehart & Winster, 1964), p.357。
21. Tillich, *A History of Christian Thought*, p.136.
22. Tillich, *Mysticism and Guilt-Consciousness in Schelling's Philosophical Development*, p.125。粗體乃筆者所加。
23. Tillich, *Systematic Theology*, vol.II, p.72.
24. Tillich, *A History of Christian Thought*, p.173.
25. James R. Horne, "Tillich's Rejection of Absolute Mysticism," in *Journal of Religion*, vol.58, no.2 (April 1978), pp.130～139.
26. Paul Tillich, *The Courage to Be* (New Haven & London: Yale University Press, 1952), p.186.
27. Donald F. Dreisbach, "Tillich's Ambiguous Attitude Toward Mysticism," in *Mystische Erbe in Tillichs philosophischer Theologie*, ed. by Gert Hummel & Doris Lax (Münster: LIT Verlag, 2000), pp.402～414.
28. Carl Braaten, "Paul Tillich and the Classical Christian Tradition," in *A History of Christian Thought*, p.xxv。粗體乃筆者所加。
29. Paul Tillich, "Philosophical Background of My Theology," in *Paul Tillich, Main Works / Hauptwerke*, vol.I. p.414.
30. Tillich, *Systematic Theology*, vol.II, p.96。粗體乃筆者所強調。
31. Tillich, *Systematic Theology*, vol.III, p.258.
32. Tillich, *Systematic Theology*, vol.III, p.257.

33. Tillich, *Systematic Theology*, vol.I, p.9.
34. Paul Tillich, *Dynamic of Faith* (San Franciso, CA: Harper & Row Publishers, 1957), p.60 及 *Systematic Theology*, vol.I, p.140。
35. Tillich, *Systematic Theology*, vol.I , p.140.
36. Tillich, "The Formative Power of Protestantism," p.206。就神祕元素和新教原則的結合問題，可參韓國學者 Young Ho Chun, "Mystical Impulse and Protestant Principle," in *Mystische Erbe in Tillichs philosophischer Theologie*, pp.51～61。
37. Tillich, *Dynamic of Faith*, p.61 及 *Systematic Theology*, vol.I, p.140。
38. Tillich, "Environment and the Individual," p.94.
39. Tillich, "Environment and the Individual," p.95.
40. Tillich, "Environment and the Individual," p.94.
41. Tillich, *Systematic Theology*, vol.I, p.171.
42. Tillich, *A History of Christian Thought*, pp.172～175。粗體乃筆者所強調。
43. Paul Tillich, "An Evaluation of Martin Buber: Protestant and Jewish Thought," in *Theology of Culture*, p.194.
44. 參：李秋零：〈艾克哈特的神祕思想〉，載《現代性、傳統變遷與神學反思》，劉小楓等編（香港：道風山基督教叢林，1999），頁334～350。引文引自李氏文章，頁339。
45. Tillich, *Love, Power and Justice*, p.25.
46. Tillich, "The Two Types of Philosophy of Religion," pp.10～12.
47. Tillich, *Systematic Theology*, vol.I, p.205.
48. Tillich, *Systematic Theology*, vol.I, p.205.
49. 露斯（Robert R. N. Ross）傾向稱田立克這觀點為「上帝是非存在」（Non-existence of God），參 Robert R. N. Ross, *The Non-existence of God* (NY & Toronto: Edwin Mellen Press, 1978)。
50. Tillich, *Systematic Theology*, vol.I, p.205.
51. Tillich, *Systematic Theology*, vol.I, p.205.
52. Tillich, *Systematic Theology*, vol.I, p.206.
53. Tillich, "The Two Types of Philosophy of Religion," p.14.
54. Tillich, "The Two Types of Philosophy of Religion," p.13.
55. Tillich, *The Courage to Be*, p.185.
56. Tillich, "God above God," p.418.
57. Tillich, *Systematic Theology*, vol.II, p.8。因此，「上帝之上的上帝」這譯名並非很恰當，德語 "*über*" 就並非等同於英語 "above"（在上面）的意思，反而更多表達一種越過（beyond）或超越的意涵。
58. Tillich, *The Courage to Be*, p.156.
59. Tillich, *The Courage to Be*, p.156.

60. Tillich, *The Courage to Be*, p.158.
61. Tillich, *The Courage to Be*, pp.158～159.
62. Tillich, *The Courage to Be*, p.163.
63. Tillich, *The Courage to Be*, p.161.
64. Tillich, *The Courage to Be*, p.162.
65. Tillich, *The Courage to Be*, pp.177～178.
66. Tillich, *The Courage to Be*, p.173.
67. Tillich, *The Courage to Be*, pp.186～187.
68. Tillich, *The Courage to Be*, p.179.
69. Tillich, *The Courage to Be*, pp.179～180。粗體乃筆者強調。
70. Tillich, *The Courage to Be*, p.184.
71. Tillich, *Systematic Theology*, vol.III, p.285.
72. Tillich, *Systematic Theology*, vol.I, p.157.
73. Tillich, *Systematic Theology*, vol.I, p.221.
74. Tillich, *Systematic Theology*, vol.I, p.211。粗體乃筆者強調。
75. Jean Richard, "The Trinity as Object and as the Structure of Religious Experience," in *Trinity and / or Quaternity: Tillich's Reopening of the Trinitarian Problem*, ed. by Gert Hummel & Doris Laz (Műnster: LIT Verlag, 2004), pp.19～23.
76. Tillich, *Systematic Theology*, vol.I, p.228。粗體乃筆者強調。

第九章

田立克的歷史神學[1]

就二十世紀的神學而言，無一不對歷史問題表示關注，兩次大戰的影響及十九世紀的理想年代的終結，都給予德國神學一次對歷史問題的深刻反省。因此，舒維堡（Christopher Schwöbel）正確地指出，對德國那批辯證神學家而言，終末論一開始就並非教義學中無關痛癢的最後一章，而是從一開始就決定了整個神學的工程。[2] 就田立克而言，在他漫長的一生中，幾乎所有的神學課題都跟歷史相關，他在1948年時回顧他的神學工作時，他認為

> 在我思想和生命而言最重要的，莫過於把這些觀念應用到對歷史的詮釋上，歷史之所以成為我神學和哲學的核心問題，是因為我從第一次大戰回去後所發現的歷史真實：一個混亂的德國和歐洲；及資產階級那勝利的年代和十九世紀生命方式的終結；路德宗教會與無產階級的分裂；傳統基督教的超越信息與革命運動的內蘊盼望間的鴻溝。[3]

從一次大戰回來，田立克帶著對理想主義的破滅的情懷，加入德國的宗教社會主義運動和參與「凱邏斯」學圈（*Kairos* circle）時，就明顯表達到在反省當時身處的環境時，須以歷史作為核心的觀念來串連整個文化神學的構想，依此，田立克在德國期間的大量作品中，皆反映出

歷史問題與基督教信仰的關聯情況，這構想並沒有因著到美國時以中斷，反而在整個系統神學的企劃中，擔當了重要的角色。

一　歷史的特質

1 對實在的歷史與自然理解

田立克認為，歷史進程與自然進程有著本質上的分別。一般而言，歷史的發展是因著人的參與和自由而可能，而自然發展只不過是自然內部必然性的結果。

在〈基督論與歷史詮釋〉(1930)一文中，田立克展示出以自然與歷史這兩個迥異的範疇來理解實在的差異。他指出自然所展示的生命形態以循環(circle)為特質，生命的內在動力一方面表現於追尋生成和發展，但另方面卻又受著自然發展的必然性所限制。[4] 雖然自然生命的進程是生生不息的動態性發展，但田立克強調循環模式使自然經常尋求一種在靜與動之間的平衡點。[5] 他似乎想指出這種相對穩定的循環形態跟歷史進程是格格不入的。田立克曾在〈歷史的歷史性與非歷史性詮釋：一個比較〉(1939)一文中詳細解釋幾種欠缺一種歷史性思維的文化特色。在中國的「道」教義中，道的永恆性在歷史的範圍之外，而不受歷史進程影響，田立克認為中國的聖王及典籍的著者往往成為將來模仿的對象，故此是一種過去主導著將來的形態；[6] 印度的「梵天」(*Brahman*)的教義裏視一切生命形態，包括神祇、人、動物及終極的真實和意義皆由梵天所派生出來，這些真實皆在修練者的眼中視為通透，田立克指出梵天教義中的拯救觀是渴求將人與一切眾生從時間和歷史中拯救出來，而並非透過時間和在歷史之內拯救，故此最終時間並沒有自身的終極意義；[7] 在希臘的古代思想中，「自然」指涉到一個理性的範籌，意指一切生成(growth)的存有而受本質上必然性(essential necessity)所轄制,當中缺乏人為(artificially)與任意的思想和行動(arbitrary thinking and acting),所以經驗上的實在是參與在一種結構上的必然性中,而自然的完美特質是表現於一種循環的運動(circular motion)之內;而「存有」(Being)則是不動和永恆的,並沒有更高的完美性可追求,亦沒有生成與消亡。因此,歷史並沒有完美點(point of perfection)可追求,因為它並非一種循環運動,沒有更完美的將來可被期望,田立克指出在亞里士多德的理解中,希臘是一空間範疇的中心,而非時間範疇的中心,時間是無終的,只是無限地重覆著自身,而斯多亞派(Stoicism)的世界紀元學說(doctrine of world age)更強調世界是在不斷的燃燒和重生的循環中,故此亦是一種不斷重覆的循環;及至新柏拉圖主義(Neo-Platonism)中注重個人靈魂的超脱,而忽視在人際的社會政治的横向層面改進,可説是以垂直的維度取代了横向發展的維度,而田立克指出新柏拉圖主義在後期的發展中更形成一種「神祕的超自然主義」(mystical supra-naturalism),將自然徹底摒棄於人神關係之外。[8] 田立克在總結這些以非歷史性詮釋歷史的特質中有幾點是值得注意:

1. 這些文化皆以空間主導著時間,時間被視為無限地重覆和在自身中循環,故此,歷史性思維無法在空間佔主導的形態中開出,以空間為主導的是以自然作為最高的詮釋範籌。

2. 一切生成和變化的自然範籌皆被視為沒有終極意義和價值,時間性的世界觀從屬於永恆維度之下。拯救是把人從時間和歷史中釋放出來,時間與歷史並不能構成一個拯救的載體。

3. 歷史只是不斷自我摧毀的進程,最終在人類歷史的終點上引致無可逃避的消亡。[9]

從這些表述中得知，田立克似乎有意將歷史進程的思考形態與自然發展的形態作鮮明的對比。在以自然為詮釋進路中，空間主導時間的發展形態，後者只是前者的一個維度而已，空間將時間封閉於自身之內，而無法超越自身。[10] 相反，以歷史切入來理解存有時，上述這種循環形態的時空觀將受到影響。田立克強調時間一旦以歷史視角切入空間時，就會建構了無法逆轉的線性時間發展，這種發展並沒有削弱反而加增了諸存有的力量。[11] 田立克認為有兩點值得注意：第一，這種歷史思考具備方向性的目標，從發生（happening）到指向的目標（goal），這種方向性引導著眾生一種實現的發展而非循環的往返；[12] 其二，因著目標被確立和被引導，歷史思考指向一種嶄新性（newness）。[13] 故此，時間只有一個方向，並且是在同一的方向上。田立克指出歷史進程一旦進入自然發展當中時，自然中的內在張力就成為打破純然存在的循環張力，自然亦因此離開了平衡的狀態。在此，田立克傾向把歷中與自然分開。

> 當只有一個方向，只一次而沒有重覆地生產事物時，時間從空間中撕裂開來，歷史從自然中撕裂開來，但因著這分離，時間的內在意義得以完成。[14]

2 歷史維度與恰當歷史的區分

在上一節，我們已考察了田立克在早期如何表述歷史思維與自然發展的區別，他認為兩者基本上從屬不同的範疇和層次，而在田立克後期的發展中，他將歷史的意義釐清得更清楚，以免讀者混淆人類歷史發展與自然的歷史發展的差異。

在《系統神學．卷三》（1963）中，田立克強調歷史維度是生命多重維度中最富包容性的一個維度，原本應該從屬於精神維度的部分中討論，因為惟有在精神維度中實現其潛存性時，歷史維度才能開展，並以一種橫向的方向性預期地發展。[15] 因此，田立克認為歷史的恰當和原初意義就應該是指涉到人類的歷史（human history），因為惟有人的精神維度才能開展歷史意識，這正是「恰當歷史」（history proper）的意思。[16] 但田立克並無否定萬物同樣具備歷史發展的進程，自然世界的生成及老死皆是展現出一歷史性的發展形態，因此「自然史」（*Naturgeschichte*）一詞正是指涉在自然中一切生命生成的歷史維度（historical dimension）。[17] 重要的是，田立克指出歷史作為維度與固有歷史有四點的差異。

首先，在精神維度下開展的歷史是具備「意向」（intention）和「目的」（purpose）的，田立克認為人類的目的性參與對歷史發展是具決定性的，雖然它並非一種歷史發展得以可能的充分條件，但一定是必要條件，意即雖然歷史發展還需具備其他外緣性因素構成，但一旦缺乏人精神維度的目的性投入，則無法有歷史的發展可言，「一個欠缺以目的為意向的進程是沒有歷史的」。[18] 言下之意，田立克想表示自然的進程完全沒有人的精神維度的展現，至少在精神維度中，無機和有機界域中只能以潛存性地存在，故此自然的歷史發展只是一種生物、化學和物理性的自然法則所驅動，整個進程皆缺乏目的的參與。

其次，固有歷史所表現的特徵是人在歷史進程中設定某些特定與非特定的意向和目的，重點在於人能以其有限自由超越所處的自然及歷史環境。[19] 這種自我超越充分將存有論元素中的自由與命定的兩極性表現出來，人的自由受制於過去歷史的因素，但同時卻從這些因素中創造新的歷史進程，田立克的意思是人的自由的介入使得歷史能開展某些新的局面。[20]

第三，繼承上一點有關自由的介入，固有歷史的特質表現於一種「嶄新」的可能。[21] 田立克認為每個歷史場境都是新的出現，都是獨特（unique）和完全無法比擬（totality incomparable）。[22] 他強調「嶄新」對自然動態發展而言不是陌生的，從宏觀和微觀宇宙的角度觀之，無機世界每時每刻皆有新的結集，有機世界隨著進化的過程產生新的品種。[23] 這一切表現出自然的歷史維度中完全有產生新生命形態的可能。但田立克強調固有歷史和歷史維度的「嶄新性」是有本質上的差異的，分別在於兩者相連的價值或意義的問題。田立克指出，人精神維度中開展的文化領域和歷史領域內含蓋人格與社羣的共同體，這些共同體追求真理、公義、神聖等宏觀及絕對意義，倘若這些價值是絕對的，則在人類固有歷史中的嶄新的出現必然是指在這些羣體中實現的嶄新性的價值。[24]

最後，固有歷史中的歷史事件具有某種意義的獨特性（significant uniqueness），這種獨特性的意義展現為他們代表著人類本質上的潛存性（essential potentialities），並且他們展示出這些潛存性以一種獨特的途徑來實現，還有歷史事件是指向歷史終結時的最終目的。[25]

總括而言，固有歷史與歷史維度的分別在於自由與終極意義的參與和呈現。在自由的問題上，田立克認為無論是微觀或宏觀自然都無法發現自由和目的的例子，就算在有機世界中的高等動物亦無法超越自身的一切生物法則和定律，牠們是受縛於自然的需要和象限之中，自然所表現的是有限的必然性（finite necessity），人所表現的是有限的自由（finite freedom）。[26] 自由的意涵正是突破必然性的法則，目的和意向皆無法在自然中尋獲。有關終極的意義問題則比較複雜，當中涉及生命各維度的存有是否具備終極意義的問題，以及是那一種意義下的終極意義的難題。田立克沒有否定自然界無時無刻皆有新的生命品種和形態產生，這些存有在某個生物意義下是獨特的，但這種自然的獨特性是否具有終極意義呢？田立克的答案是否定的，原因是對田立克而言，只有作為人的精神性維度才具有體會和經驗終極意義的能力。[27] 萬物是否內在地和本然地具備終極意義的問題田立克沒有正式回答，但他指出即使自然界被指稱為終極意義的載體，這種意義還是要由人所賦予的，換言之，自然無法依賴自身而本具終極意義。[28] 所以，就一種類比的方法而言，自然界確實具有歷史的發展意義，並且萬物皆有內在目標（*telos*）等待實現，這種實現必然是以歷史的維度作為實現的場所，故此一切眾生皆有歷史維度。但自然的「自發」（spontaneity）不能等同於人的「自由」（freedom），惟有人精神維度中所開展的歷史才是歷史的本意。[29]

二　歷史載體

跟前一節探討歷史維度與固有歷史相關的，是有關歷史載體（bearer of history）的問題。我們已經清楚表述田立克認為一切生命維度皆具有歷史發展的維度，但固有歷史（history proper）之所以可能是建基於自由的目的性介入與終極意義的體現，因田立克指出這兩者在自然的歷史維度中皆欠缺，故此在嚴格的意義下自然發展的歷史進程並非人類精神維度下所開展的歷史進展，可見，以後一種意義而言，歷史並無在自然中出現。有關「歷史載體」的問題正是探討何種實在的生命和存有中有歷史的出現，換言之，即是問：哪種實在能成為承載歷史的載體？

田立克早期指出他之所以區分開線性的歷史思維與循環的自然發展，並非要將自然抽離於歷史以外，雖然田立克當時並沒有使用歷史維度和固有歷史的用語來解釋自然並不抽離於歷史的真正意思，但他強調歷史的意義是由於自由的介入並產生嶄新性的創作是十分清楚的。[30] 田立克進一步指出：

> 假設一個「人」的概念，而當中沒有含蓋歷史性格是錯誤的，或者

> 假設一種人與自然的分離而使歷史範疇可排他性地只應用於人身上亦是錯誤的。[31]

田立克似乎沒有正面處理自然能否承載歷史的問題，他只指出人、自然及歷史之間有著緊密的關係，歷史這個範疇在某種意義下可應用到人及自然當中。

但有三點值得注意。第一：田立克強調「歷史載體」的問題並非以載體的特質來解決而是從歷史本身的特徵來解答。[32] 所以，田立克明言「一些嶄新的東西可以出現，意義得以實現，將來可被預期」。就成為歷史載體的重要特質。[33] 大致上，這個歷史載體的界定跟後期有關歷史維度和固有歷史的區分是一致的。兩者皆注重歷史產生出新的局面和狀態，而新的意思是由意義所確立，所以「歷史載體」是指一存有在其中及透過其中意義得以由自由所實現」。[34] 第二：田立克表明上述的界定只是一個原則性的使用，意即在本質的狀態下是有效的。他的意思是人是以自由超越環境的存有，並且能產生意義的實在，但人並不一定能將這些特質完全實現出來，換而言之，若以一種實現的角度而言，人不一定能將擁有歷史的能力發揮出來。[35] 第三：雖然田立克對在人之上和在人之下的存有是否有參與歷史進程的能力表示懷疑，但他卻認為自然和世界皆以一種「非直接」的方式參與在歷史的過程中，歷史中的新局面和事態顯然不能離開自然的參與而作為基礎。[36]「嶄新與意義皆依賴於自然力量的一些結集而成，這些力量使得生命和人類的存在成為可能。」[37] 田立克在〈上帝國與歷史〉(1938)一文中，關於歷史與自然間的關係的觀點仍是含糊的，他一方面強調歷史並非單單依靠人類的自由的參與，並指出自然在建構人類歷史中是有參與和分享的，「它(自然)為歷史創造了地理的、生物的和心理的基礎，並就人類行動行使一種持續性的影響」。[38] 但田立克卻沒有言明人類的自由參與和自然的參與有甚麼相異之處，似乎田立克傾向認為歷史進程建基於人類的自由參與，而人類的自由參與跟自然有緊密的關係，依此，自然在歷史進程中的參與仍是間接的，它必然需要人的自由參與作為中介而可能。換言之，是人類在歷史中所開展的維度將自然中的維度帶到更高的參與層次。

在田立克晚期表述有關歷史載體的段落中，卻完全沒有提及自然的概念，[39] 他在當中表明歷史的直接載體（direct bearers）是人類社羣，指的是國家、家族及部族等；而間接載體（indirect bearers）卻是個體的人。[40] 田立克這種立場展示出他明確將歷史發展及其意義限制在人類羣體之中，就他而言，歷史就只能是諸羣體的歷史，[41] 個體生命的歷史意涵只能與承載歷史的羣體連上才具有實質性的意義。[42] 田立克這種將自然排除在歷史載體的問題之外的立場卻沒有否定自然與歷史是存在某種的關連，他似乎傾向以生命多重維度整合中有關存有的範疇的時空觀的視角再次進入自然與歷史的問題，這種進路一方面較能將自然與歷史的複雜關係展示出來，另方面將自然是否歷史載體的討論帶到另一個層次之中。

在存有範疇中，我們只選取時間和空間作為討論的焦點，原因是田立克在這兩方面的討論較多，其次時間和空間正好對應自然和歷史的自身特質。首先，田立克強調範疇在生命多重維度的整命中帶有獨特性和普遍性，在生命的各自維度中，範疇擁有自身在該維度中的獨特質素，但同時範疇在諸維度中亦帶有某種一般性的特質，因此，田立克認為範疇既是獨立又是關係性的概念。[43] 就一般的有效性而言，時間表現出一種在諸維度中的「相互接續性」（after-each-other-ness）元素，空間則表現出一種「相互鄰接性」（beside-each-other-ness）元素，[44] 然而，這兩種形式性的界定並無抹殺時間和空間在各自維度中的獨立意義，無機世界的時空結構與人的歷史維度的時空結構顯然是大有分別的。其次，因著生命多重維度是相互關連和相互制約，故此田立克認為整個宇宙的各部分皆是處於一種共在的時空（contemporal, conspatial）的架構下，諸生命體在此框架下共同分享和參與彼此的時空之內。但田立克對於宇宙中是否存在一種統攝諸時間的時間統合（unity of time）或統攝諸空間的空間統合（unity of space）則表示懷疑，他認為倘若存在一種時空觀，而它是包含一切維度的時空在內，並且超越他們的話，則這種範疇必然是屬於存有自身的奧祕之內，並且超離人類的認知範圍之外。[45]

就時間和空間的範疇而言，田立克認為在一般的意義下，時空之間會因應他們自身在某一界域中的主導性而出現一種比例性的關係，意即在一界域中愈受無機維度所主導的，則愈受空間所主導；一界域愈受歷史維度所主導，則愈受時間所主導。[46] 歷史受時間主導而自然受空間主導這一根本性立場與早期的思想是相一致的，但因為諸維度在生命的整命中是相互滲入，因此時空的關係亦按照不同維度的主導性而有所調整，換言之，歷史與自然內的時空概念並非靜態的存在，而是一種相互參與的動態性的運作。

田立克認為，時間和空間的一般性特質（相互接續性與相互鄰接性）在無機的生命維度中具有排他性素質（quality of exclusiveness），空間在無機維度中佔主導地位，一切物理及化學的無機物的存在就是一種佔領空間性的存有，並為自身的佔據點而掙扎，時間的情況相類似，物理進程把先前與將來的時刻排除，時間的序列間隔不存在聯合的關係。[47]

無機維度中的時空排他性特質在有機維度中卻因著「參與」（participation）的元素而被打破。[48] 田立克指出，在生物性的界域中無機維度中的存有與有機維度中的存有彼此已連結成一整體並且相互依存，樹的根和葉片在無機維度中是具備排他性的各自獨立的時空結構，但在有機維度中雙方卻互相參與在對方的生命當中，兩者在同一的生命自我生成的進程中彼此結連，這種生命的相互參與把先前無機維度中的排他性衝破。時間在整個生物界域的生成過程中亦基於參與而彼此滲透，一生命體的過去參與在現在，現在參與在未來，時間範疇的過去、現在和將來在相互參與。簡而言之，一生命體的各部分空間所構成的是一整體的生命體，一生命體的一切生成時間構成整個生命進程。[49]

依次，參與的元素在意識維度中得到進一步擴展，有機界域中的動物存有具備的內在意識得以突顯出一種時間維度，過去在意識中體現為回憶，將來在意識中體現為預期，回憶和預期在動物性存有的意識中獲得了一種在當下即時的體驗，一種可被體驗的現在（experienced present）就包含了回憶的過去與預期的將來，換而言之，過去及將來的意識參與在當下的時間體驗中。同時，空間在意識維度中亦提升至一種自我引導的方向性運動（self-directed movement），空間再不僅是佔據一種物理意義下的位置，而是帶有某種意義下的自我意識的方向和空間感。[50]

在人文精神維度中，時空觀獲得進一步提升至人文性的維度中。精神性的時間和空間（time and space of the spirit）透釋出一種高度抽象的能力，並且表現出一種越過有限和具體事物的無限和超越性特質。田立克指出在人文精神維度中，在創造性精神的時間內能結合具體的有限性（concrete limitedness）和抽象的無限性（abstract unlimitedness）。[51] 意即一切的文化創作皆具備一種雙重性：一方面把給予之物在橫向水平方向上加以無限的超越，另方面又把嶄新的文化創作帶到確定和具體的存在當中。[52] 田立克想指出的是，在人類精神的文化創作中，時間再不能由物理時間所計算，精神時間是以一種質而非量的標準來衡量，但與此同時，文化創作又必須在具體和確定的時間下進行，意即精神性時間和物理意義下的時間並非割離的兩種分離的時間長河，反而是緊接和相互參與在生命維度的整合中。

由於歷史維度的充分實現是在人的精神維度中體驗，因此人的精神性時空觀與物理時空觀之間的關係直接指向歷史時空與諸生命維度的時空間的關係。從以上的分析中可見，生命維度愈趨向更高的存有界域時，時間與空間的排他性元素愈趨淡化，各生命維度間的時空結構亦愈傾向相互參與和彼此融合。依此，在歷史這種最富包容性的維度中，各生命維度中的時空結構理應獲得最高度的參與和融涉。田立克強調在人的固有歷史形態中，所有在諸生命維度中的時間和空間形式界定皆直接有效。[53] 歷史藉著無機界域的時空結構而前進，亦透過諸生物性存有的生成與老死而成形，精神性與意識性維度亦驅動著歷史的運作。[54] 諸生命維度在歷史的水平中直接參與，因此，雖然田立克強調歷史載體最終必然是指向人類羣體，但他指出自然在整個歷史進程中是有所參與的，歷史本身是不能獨立於自然的諸維度而向前邁動。

同時，田立克亦強調歷史維度包容一切的維度在其中並且超越他們，因此，歷史維度中的時空結構與先前維度中的時空結構是有所不同的。首先，歷史維度把一切生命維度中的潛存性實現出來。「歷史時間實現地包括無機時間，無機時間潛存地包括歷史時間。」[55] 田立克這種潛存性與實現性的區分，淡化了自然和歷史間的鴻溝，兩者有著相互滲入的模態，但又沒有彼此等同。在一種潛存性的意義下，歷史是包括在自然之內；而在實現性的意義下，自然是包括在歷史之內。所以，空間在無機界域佔主導和時間在歷史界域佔主導的這種一般意義下的論題是不精確的，田立克亦強調這兩個極端並非一種簡單的兩極性（simple polarity）。[56] 其次，歷史時間和空間讓諸生命維度中的時空結構指向最後的完成。在歷史進程中，自然的時間和空間所指向的目的只有相對性的完成，人的精神維度中的文化創作亦是未完成；而「歷史卻是一處結集所有創作性活動的場所，並突顯出他們縱然有相對性的完成但仍是還未完成」。[57] 而歷史維度所指向的最終完成是緊扣整個宇宙的生命進程中的最終完成。

> 「自然參與在歷史中」並在宇宙的完成中。就歷史時間而言，這意指歷史時間所指向的最終完成就是一切生命維度中時間運作所指向的完成。[58]

依此，自然和歷史所指向的是一切生命最終的目標皆得以完成，在歷史的終末結局的象徵，亦同時是諸生命的目標得以充分實現的象徵，這指向田立克所理解的上帝國和永恆生命的象徵。

三　歷史意義、「凱邏斯」（*Kairos*）與基督論

在〈基督論與歷史詮釋〉（1930）一文中，田立克將歷史與基督視為兩個相連的概念，他認為對歷史本質的分析將無可避免地引導出基督論的問題，而基督論又必然導引出有關歷史詮釋的問題。[59] 田立克在此傾向以一種問題和答案的關聯方法去理解歷史和基督論之間的關係，先就歷史詮釋的問題加以探討和展開，後指出基督論的答案。[60] 田立克的關懷並不在古典基督論探討兩性如何聯合於一個位格的問題上，他認為這方面的探討只是一種預備性的研究，真正核心的問題是如何處理歷史實在的問題，亦即如何理解和克勝歷史中的無意義的威脅。

> 發展基督論是指指述那個具體的一點，其中絕對在歷史中出現，並為歷史提供意義和目的；同時這亦是歷史哲學的核心問題。[61]

對當時田立克而言，歷史問題的解答並非如後期《系統神學．卷三》中

所指出的要在上帝國的象徵中處理，田立克當時所理解的上帝國是一種歷史的超越成全，這種成全指向一種終末和終極的意涵，[62] 而非歷史問題的答案。田立克認為，歷史詮釋的問題是有關歷史意義和目的的問題，解決的答案所指向的並非歷史的含混性或無意義的一種將來的終極和超越的解決，而是需要一種當下具體把握歷史的意義，因此，田立克當時基於上帝國這種超越和終末的理解而改以基督論作為歷史的答案。

歷史內部的詮釋問題是關於歷史意義和目的的問題，田立克強調歷史在時間和空間內的物理起點和終點是不能解決自身問題的，歷史意義是由「歷史中心」(the center of history)所決定和呈現的，這個中心決定歷史意義進程中的起點與終點。

> 歷史中心是歷史意義給予原則(meaning-giving principle of history)可被察看之處。歷史得以被建構是因著它的中心被建立這事實，或因著一個中心透過創造歷史而證明自身是一個中心。[63]

田立克認為，當歷史被視為救恩史(history of salvation)時才具有絕對的意義，他強調神聖存有的道成肉身，進入時間之內啟示其絕對和無限性，以致基督所帶來的救恩突入而臨在歷史之中，救恩將歷史內部的魔化勢力作決定性和最終的克勝，田立克指出這種克勝並非在過去或將來的歷史中的時段中獲得，而是在永恆中尋求。[64] 但永恆又並非指一種無時間性的延續，因著道成肉身把歷史與永恆接上，所以在歷史內部尋索其問題的答案是可能的。[65] 田立克指，道成肉身事件是一歷史事件，但它並非全然屬於過去的，過去的也是臨在現在，因為被道成肉身這歷史事件抓住並接受它的人的歷史意識中，道成肉身是含蓋著豐富的意義而存在的。[66] 依此，田立克強調基督是對應著人類歷史的實存問題的答案，而基督論的問題也就被理解為基督成為人類歷史中心的問題。

基於以上的理解，田立克進一步辯指和展述基督教真理宣稱的優越性，在基督論的框架內，歷史只能有一個中心。[67] 這種歷史中心的觀念是絕對並且具有排他性，中心本身這概念就已經排除了多個中心的可能。「只有在歷史這點上（歷史中心），歷史的意義才能彰顯。只有在歷史這點上，對無意義的克勝才能實現。」[68] 田立克似乎將歷史中心與歷史絕對性等同起來，並且排除有其他歷史中心的可能。[69] 田立克指出，作為歷史中心的基督論宣稱是無法用理性的論證去證明或反駁的，作為對歷史基本問題的可能回答，基督論永遠是一個抉擇（decision）的問題。[70] 這個抉擇就是信仰的意思，在信仰之中基督才成為歷史與歷史的中心。[71] 田立克這種基督論的歷史觀，將基督理解為歷史和救恩的惟一中心，這種宣稱具有絕對和排他性。

這種神聖臨在於時間內的神學觀點被田立克稱為「凱邏斯」（*kairos*），是「永恆突入時間，時間又預備接受永恆的一刻」，[72] 就田立克而言，永恆突入歷史意味著打破一切人類進步的歷史觀和那種保守的歷史立場，一方面歷史的終極意義並非內蘊於歷史內部，但要轉化歷史，此力量又不能是單純的超越性力量，它必須內蘊在歷史之中。「凱邏斯」指出神聖力量的介入歷史，導致歷史的意義有著一種「不屬於歷史但卻內在於歷史中」的新力量元素而被揭示。

更重要的是，歷史承載永恆的觀念將引導出神律（theonomy）的觀念，神律連結著有限和無限，有限向無限開顯而不能變成無限，因此歷史的時刻將成為無限的載體和時刻，在這時刻，神聖彰顯並表達出神聖的參與。[73] 所以，與此同時，「凱邏斯」觀念也是一個對歷史構成危險的觀念，正如田立克反駁希爾斯（E. Hirsch）的公開信中，指出若將「凱邏斯」作一種保守的聖禮式詮釋，將容易導致把神聖臨在與某國某族相等同，依此，有限的國家、黨或歷史人物將被視為神聖的象徵，這是災難性的。反而希爾斯忽略了「凱邏斯」中的先知和終末論的批評精神，永遠不能將歷史的某刻與神聖相認同，依此，新教原則中避免魔化的力量就應運而生。[74]

四　歷史意義與上帝國

正如上一節所言，在田立克早期的思想中，有關歷史意義和目的的問題是放在基督論的框架中討論的，基督論所提供的答案正是回應歷史詮釋的問題，而上帝國所帶出的終末意涵並未為田立克所採納。然而，上帝國這觀念又並非完全在田立克早期思想中被遺忘。在一九二〇年間，田立克已開始使用上帝國這象徵來發展他的終末論。因著第一次世界大戰中擔任隨軍牧師的經歷，以及戰後參與德國宗教社會主義運動，這些實存的體驗讓田立克摒棄一種對歷史的樂觀主義觀點，並且反對個人靈魂在他世的拯救的終末論立場，據田立克在晚期的回憶中，當時因著反對歷史的進步主義、烏托邦主義及超越主義，並且為宗教社會主義的理論而考慮建基於一種聖經中的先知主義而引致要重新解釋「上帝國」這象徵。[75] 以下我們就田立克後期的討論為焦點，原因是他在後期的著作中的思想較具系統性和漸趨成熟。

正如在前文所述，田立克的後期思想中強調生命的多重維度的整合，歷史的意義和詮釋就不單是一個僅涉及人類歷史的維度的問題，對歷史意義問題提供的答案皆涉及一切具有歷史維度的存有，故此若上帝國象徵能克勝歷史內的含混性的話，這種克勝必然涉及整個生命的各維度中。田立克清楚表達出歷史的詮釋所包括的遠多於一種就歷史問題所提供答案，由於歷史本身是一個最富包容性的維度，所以歷史意義的答案隱含一個回應一切存有的普遍意義的答案。[76]

田立克認為，歷史意義的問題有三種消極性的答案：悲劇性（tragic）、神祕性（mystical）和機械性（mechanistic），而亦有三種積極性但不恰當的答案：進步主義的（progressivistic）、烏托邦的（utopian）及超越論的（transcendental）。[77] 跟田立克早期的劃分類似，他將所有消極性詮釋視為一種非歷史性（non-historical）的詮釋類型，意指歷史之內和歷史之外根本不存在任何目的，個體存活在歷史場境內並沒有意識到生命的內在目的（internal *telos*）。[78]

對歷史作悲劇性詮釋可追溯至古代希臘思想，他們認為歷史並非朝向任何歷史性或超歷史性的目的而進發，而是無止境和循環地回到起點去。一切生命的生成和消亡皆在歷史的循環當中，眾生面對生命一切的悲痛和掙扎，以致其生命的力量被高舉和歌頌，偉大的特質和悲劇性的命運同時在大自然、國家及個人生命中存在。[79] 但田立克認為，這種詮釋根本漠視了歷史中任何的內在或超越的完成或滿足，一切眾生的生命是沒有盼望可被預期。

其次，與早期思想相若，田立克將東方宗教（印度宗教、道教及佛教）和新柏拉圖主義與及斯賓諾莎主義一併收歸一種歷史的神祕論詮釋之下。在這種詮釋框架下，歷史本身是沒有任何意義的，它無法創造嶄新性，亦並非真實。這種詮釋只強調少數能洞察生命困境的覺者，並視一切眾生的苦為生命的一部分。田立克認為，這種神祕論的歷史詮釋根本無法推動人去克勝和改變歷史內的種種困境，只求超脫與回歸終極。雖然田立克對這理論不滿，但他仍讚揚神祕論詮釋中對一切維度中生命所受的痛苦有一種悲情和同情共感，並指出這種對萬物的情感是西方的歷史觀往往缺乏的。[80]

至於隨著近代科技的進步，歷史往往受制於一種機械式的詮釋，在這框架下，自然和生命受科學和科技的操控，因此並非如悲劇式的詮釋中強調人類和一切眾生的偉大。這種進路傾向一種進步主義的特質，因為在科技操控下，歷史往往會因著人的理性計劃而達致某種預期的目標，但田立克強調這種詮釋亦可導引出一種對生命和歷史漠視的犬儒式（cynical）的態度，因為一切歷史事件皆由機械的法則或定律的決定，從嚴格的意義來說，歷史在其中亦沒有真正的盼望可被預期，故此亦算是一種非歷史性的詮釋。[81]

另一方面，田立克區分出三種具備歷史性的詮釋，而他們在上帝國的象徵的檢視下被判為不恰當。第一種是歷史的進步主義。這種詮釋將樂觀主義加諸於歷史發展和意義之中，視人類在歷史進程中的科技和科學的持續進步，可帶領歷史進到預期的目標之上。這種框架為一切歷史的活動、革命的激情和失去信念的人提供一種動力。所以，表面上這種理解是將歷史目標內置於歷史之內，但其實是一種意識形態和「偽宗教」（quasi-religious）詮釋。[82]

烏托邦主義的歷史觀與進步的歷史觀的分別在於後者把進步視為一個沒有終極目的的無限的進程，而前者卻相信歷史有一最終的完成階段。烏托邦式的詮釋是寄望將一處人類的理想國度建立在歷史之中，在這個完美的處境中生命一切的含混性皆得以克服和勝過，大地透過人這微觀宇宙得以轉化為最終的完成，這種將天國建立在人間的理想早已在文藝復興時期被提出。但田立克認為，烏托邦主義的危險是把某些終極的特質賦予某些初始（preliminary）的事物中，引導某種偶像崇拜的危險，並且這種理論亦無視人和大地的疏離狀態，無法正視歷史和人類一切文化活動中的含混特質。故此，田立克認為這種詮釋是不恰當和危險的。[83]

至於一種歷史的超越論詮釋亦不為田立克所接受。這種詮釋視基督的出現是為要把教會中個別的人從罪惡和罪疚中拯救出來，以致他們死後可被接到天堂裏去。[84] 這種詮釋框架的缺失在於把個體的拯救與歷史羣體及宇宙分別開來；並且將創造的界域與拯救的界域分開，這正是摩尼教的危險，把創造的本質美善加以否定，以致生命與拯救無關；最後，這種詮釋顯然將人類建構的文化和所屬的自然排除在歷史的拯救之外，上帝國只是一種靜態的超自然序列而非一種大地上動態的力量。[85]

田立克對上帝國的詮釋跟他晚年與佛教接觸不無關係。在一九六一年的班頓講座（Bampton Lectures）中，田立克把基督教的上帝國與佛教的涅槃觀念比較，並指出前者是社會性、政治性和位格性（personalistic），而後者則是一種存有論的象徵。[86] 田立克強調前者所強調的「參與」容易對自然加以操控，而後者的「同一」（identity）則較能對自然加以感情上的認同。如前文所述，田立克雖然不滿亞洲宗教那種非歷史性的神祕論詮釋，但對他們能對生命諸維度中所經受普受的痛苦而發的悲憫是加以肯定的，因此，他在《系統神學．卷三》中強調上帝國的象徵意涵需要加以擴充，除了以上三個特徵外，田立克補充普遍性（universal）在其中。[87] 為的是要肯定上帝國並非人類生命所獨佔的，既然歷史維度是最富包容性的維度，它又指涉到一切存有的生命內在的目標，故此，上帝國顯然是指到生命維度中一切存有的生命的完成，這種將上帝國的象徵意涵的擴充，使田立克的終末論帶有一種生態式的色彩。

上帝國的政治意涵顯示上帝在其國度中的主權和管治，重點在神聖管治的普遍性，田立克強調這種政治性意涵並非單純指向人的羣體層面，在上帝國度中就是轉化的新天新地，是歷史新階段的嶄新性實在，是上帝遍在眾存有中的新創造，亦即是新存有，因此，田立克有意將這個政治象徵擴為一個宇宙性的政治象徵。[88] 其次，上帝國的社羣意涵所彰顯的是平安與公義的觀念。在上帝國中完成了烏托邦主義時大地上的公義和諸存有間和諧共處的期望。[89] 第三，在上帝國的位格意涵中透釋出諸存有的參與和個體性，而並非一種轉化為對終極或絕對的同一。個別存有的存在目的沒有因著永恆意涵而被取消，人性在每一個體存有中得以完成。[90] 最後，田立克擴充了上帝國的普遍性維度，當中包含了諸生命維度中的存有，因著諸生命維度的互涉，歷史維度與諸維度的互相滲入和相互參與，致使某一維度中的生命目標完成亦導引其他維度中的目標完成。正如田立克在一九六五年臨終前幾個月寫下的講章〈盼望的權利〉(The Right to Hope)中指出，對永恆生命(eternal life)的盼望並非將盼望賦予給個別分離的個體的參與在永恆中，而是賦予給一切存有，包括人與人及其他存活的存有，他們皆植根於神聖的存有根基之中，因此，上帝國所表徵的永恆生命就是所有存有的根基和目標，而其中上帝是遍在萬有之中(God shall be all in all)。[91]

五　歷史終末與永恆生命

田立克認為，歷史維度是最富包容性的生命維度，因此歷史維度內所出現的含混性要指向的基督教象徵中的答案，亦應該是含義最廣闊的宗教象徵。就生命的含混性所要對應的基督教答案而言，田立克在整本《系統神學．卷三》中分別以聖靈臨在、上帝國與永恆生命三個象徵來回應。三者是相互理解和互為內在的，但田立克以為基於象徵質料的分別，三者確實對應不同的處境，聖靈臨在是回應人類精神維度和功能所隱含的困境，上帝國是對應歷史的含混性，永恆生命則是回應普遍生命的含混性的答案。[92] 然而，從歷史的領域再檢視這三個宗教象徵的意涵時，他們皆在歷史的含混性和困境中有所對應。田立克強調上帝國這象徵可以包括聖靈臨在和永恆生命的意涵在其中，[93] 因為上帝國本身是最富包容性的宗教象徵，它的內在歷史(inner-historical)面向，是以聖靈臨在參與在歷史的動態生命進程中所彰顯的，換言之，聖靈臨在可說是上帝國的內在意涵；至於上帝國的超歷史(transhistorical)面向,則以永恆生命這象徵來彰顯歷史終末的意義,因此永恆生命可說是上帝國的超越意涵。[94] 田立克同時強調上帝國這兩種內在於歷史動態中的力量及外在於並超越於歷史進程中的力量,對他而言,上帝國的超越及普遍面向是將一種歷史遠象擴延至宇宙性遠象,在一種歷史終末的意義而言,整個宇宙,包括人與自然,所遭受的災害疾病和痛苦皆在上帝管治的主權中被克勝,萬物都變成新的了,田立克認為這完全是神聖的介入和新的創造,以致大地上出現新天新地。[95]

在這種終末論的宇宙性遠象中,田立克強調傳統基督教的終末論由於是有關「最後的事」(last things)的教義,因此往往將終末論放在神學系統最後的部分,但這是錯誤的。[96] 雖然田立克自己亦跟隨傳統的神學系統的一貫做法,把有關歷史終末的探討放在系統的最末處,但他強調基督教終末論是探討永恆和時間性(temporal)之間的關係,是一切眾生內在生命目的(*telos*)的問題。[97] 因此,終末論與創造論是不能分開的,田立克甚至認為神學系統亦可以從終末論而非創造論來開始,[98] 萬物的終局是隱含在萬物的源頭那裏,因此創造的意義惟有在萬物的終末中才能被揭示的;同時,萬物的終局的本質是由萬物的源頭的本質所決定的,意即惟有對創造的美善有所肯定才讓終末的完成成為可能,萬物內在生命目的在歷史終末中完成讓萬物的起始的創造變得有意義。[99]

可見,「永恆生命」這個終末論象徵在田立克思想中的重要性,它一方面指涉到上帝國的普遍及超越意涵,另一方面又指涉到歷史的終末階段,這個終末有兩個意思:一是萬物歷史的終結(finish),大地、宇宙及宇宙中的生命到達了一個終局;二是時間進程中的目標,亦是諸生命維度中的目的(*telos*)。第一種生物及物理意義下的歷史終局所代表的完結,並不等同於第二種意義下的完成。終末是超越一切歷史時間性的有限性，這種超越同時亦是有限時間（歷史）的完結，田立克稱這個時刻為「永恆」。[100] 正如前文所述，田立克指終末論是關於永恆與時間之間的關係的教義，因此，終末並非僅是關心將來的歷史走向的教義，它亦是一種實存當下的盼望的源頭。

終末論的精神所要關心的是在拯救論中萬物實存狀態下進到本質狀態的教義，無可置疑，這是一種在將來的時間模態下，被造存有在永恆中參與的生命完成的問題，但同時這亦是萬物站於有限時間內面對永恆的當下經驗的問題。[101] 因此，田立克稱這種集永恆的將來維度與當下的現在盼望為「永恆現在」（eternal now）。[102] 在一篇名為〈永恆現在〉的講章下，田立克指出永恆和現在是兩種相互關連的時間模態。一方面，永恆所指向的「將來」是作為一種「還未出現」（not yet）的模態臨在於現在，而這種將來的臨在是因著現在（present）所期盼，因此將來永遠是指到一種人當下現在的將來；但同時，時間若沒有一個終局而只有無止境的時間長河的話，「現在」的模態亦不會出現。[103] 田立克強調永恆突入時間長河之中，讓我們在永恆現在之中經驗著一種當下具體的現在，讓人在時間的困境中給予一種永恆的確定。[104] 因此，終末（eschaton）永遠是一種具備將來維度（futuristic dimension）的當下體驗（present experience）。[105]

田立克認為，永恆生命作為上帝國的超越指向的象徵是具備豐富而包容性極廣的內容。他反對一種超自然主義式的詮釋，這種詮釋認為永恆生命就是指一切生命中的負面特質皆被除去，但田立克認為這種觀點只是一種將有限時間內的含混元素作一種投射到超越界域中的嘗試，在超越界域中，人類的歷史、整個宇宙自然皆無法參與，歷史的價值只存在於大地上的生命，上帝國是在歷史之上而無法介入歷史之中，人個體的得贖就是指從地上歷史的界域中轉嫁到天上的界域裏去，簡而言之，一切歷史與宇宙的活動皆與上帝國度無涉無關。因此，田立克認為「永恆生命」的基本宣稱應該是：

> 歷史的每個當下的終結被提升進到永恆中歷史的積極內容裏，同時在參與當中排除了負面的內容。因此，在歷史中任何的被造皆沒有失去，只是從實存中出現的負面元素中釋放出來。在歷史被提升到永恆中時，積極的變成彰顯為毫無含混性的積極，負面的變成彰顯為毫無含混性的負面。故此，永恆生命是包括歷史的積極性內容，是從其負面的扭曲中釋放出來，並且完成當中一切的潛存性。[106]

可見，一切生命皆在永恆生命中取消了所有實存上的疏離和扭曲，並把內在於生命中的目標和潛質實現出來，這亦正是一種從實存進到本質的「本質化」(essentialization)進程。[107] 這種永恆生命中的本質化，並非指到一種取消實存狀態而空有潛存性或本質性的狀態，它是指因著經歷實存下的結構變化而在時空下加入了某種「嶄新」性在本質存有，因此永恆生命中的本質存有是具備在實存狀態下的結構的，換言之，是本質性與實存性之間的一種創造性的綜合。[108]

萬物包括人與自然在永恆生命中享受神聖的永恆祝福(eternal blessedness)。田立克指出，自然在永恆生命中參與和展示出神聖的榮耀，自然中的衝突和痛苦皆在終末的結局中被取消，自然各維度的生命與神聖生命在一種相互的參與當中，上帝臨在萬物當中而為萬物(God is all in all)，萬物亦參與在上帝的永恆生命中。田立克認為，在永恆生命中上帝與萬物互為內在，整幅遠象就是一種終末的萬有在神論(eschatological panentheism)。[109] 上帝的三一象徵把存有的他性(otherness)帶入自身的存有當中，神聖生命的辯證過程把一切眾生的實存狀態帶進自身的創造和拯救中，以致三一進程根本上就是一種自然參與在上帝生命中的進程。上帝的三一生命包括了一切被造的生命在其中，一切生命維度亦隨著上帝的三一生命進程而被帶進永恆的生命和歷史終局中。[110] 可見，在田立克的系統神學的結尾部分，他指向一種上帝為中心的生命遠象（theocentric vision of life），而非僅是人類為中心（anthroprocentric）或宇宙為中心（cosmocentric）的神學。[111] 因為萬物存有的目標和最終完成必然是在上帝的神聖生命中的參與和完成，離開上帝的神聖三一生命，一切眾生的內在目標皆不能被滿足。最後，田立克的神學系統將人與自然的橫向關係帶進上帝與整個宇宙的垂直關係中，兩者得以在神聖生命中綜合起來。

註 釋：

1. 本文取材自筆者的博士論文的一章，參陳家富：〈蒂利希思想中人與自然的關係：一個生態神學的研究〉。
2. Christopher Schwöbel, "Last Things First? The Century of Eschatology in Restrospect," in *The Future as God's Gift: Exploration in Christian Eschatology*, eds. by D. Ferguesson & Marcel Sacort (Edinburgh: T & T Clark, 2000), p.222.
3. Tillich, "Author's Introduction," p.xvii.
4. Tillich, "The Interpretation of History and the Idea of Christ," pp.243～244；德語原文，參：Paul Tillich, "Christologie und Geschichtsdeutung," in *Paul Tillich, Main Works / Hauptwerke*, vol.6, pp.190～191。
5. Tillich, "The Interpretation of History and the Idea of Christ," p.244.
6. Tillich, "Historical and Nonhistorical Interpretations of History," p.17.
7. Tillich, "Historical and Nonhistorical Interpretations of History," p.17.
8. Tillich, "Historical and Nonhistorical Interpretations of History," pp.18～19.
9. Tillich, "Historical and Nonhistorical Interpretations of History," p.20.
10. Tillich, "The Interpretation of History and the Idea of Christ," p.244.
11. Tillich, "The Interpretation of History and the Idea of Christ," p.245.
12. Tillich, "The Interpretation of History and the Idea of Christ," p.245.
13. Tillich, "The Interpretation of History and the Idea of Christ," p.245.
14. Tillich, "The Interpretation of History and the Idea of Christ," p.246.

15. Tillich, *Systematic Theology*, vol.III, p.297.
16. Tillich, *Systematic Theology*, vol.III, p.297.
17. Tillich, *Systematic Theology*, vol.III, p.297.
18. Tillich, *Systematic Theology*, vol.III, p.303.
19. Tillich, *Systematic Theology*, vol.III, p.303.
20. Tillich, *Systematic Theology*, vol.III, p.303.
21. Tillich, *Systematic Theology*, vol.III, p.303.
22. Tillich, *Systematic Theology*, vol.III, p.303.
23. Tillich, *Systematic Theology*, vol.III, p.303.
24. Tillich, *Systematic Theology*, vol.III, p.303.
25. Tillich, *Systematic Theology*, vol.III, p.303.
26. Tillich, *Systematic Theology*, vol.II, p.31.
27. Tillich, *Systematic Theology*, vol.III, p.305.
28. Tillich, *Systematic Theology*, vol.III, pp.305～306.
29. Tillich, *Systematic Theology*, vol.III, p.306.
30. Tillich, "The Interpretation of History and the Idea of Christ," pp.252～253.
31. Tillich, "The Interpretation of History and the Idea of Christ," p.252.
32. Tillich, "The Interpretation of History and the Idea of Christ," p.252.
33. Tillich, "The Interpretation of History and the Idea of Christ," pp.252～253.
34. Tillich, "The Interpretation of History and the Idea of Christ," p.253.
35. Tillich, "The Interpretation of History and the Idea of Christ," p.254.
36. Tillich, "The Interpretation of History and the Idea of Christ," p.254.
37. Tillich, "The Interpretation of History and the Idea of Christ," p.254.
38. Tillich, "The Kingdom of God and History," p.28.
39. Tillich, *Systematic Theology*, vol.III, pp.308～313.
40. Tillich, *Systematic Theology*, vol.III, p.308.
41. Tillich, *Systematic Theology*, vol.III, p.312.
42. Tillich, *Systematic Theology*, vol.III, p.312.
43. Tillich, *Systematic Theology*, vol.III, p.313.
44. Tillich, *Systematic Theology*, vol.III, p.313.
45. Tillich, *Systematic Theology*, vol.III, p.314.
46. Tillich, *Systematic Theology*, vol.III, p.315.
47. Tillich, *Systematic Theology*, vol.III, pp.315～316.
48. Tillich, *Systematic Theology*, vol.III, p.316.
49. Tillich, *Systematic Theology*, vol.III, p.316.
50. Tillich, *Systematic Theology*, vol.III, pp.316～317.

51. Tillich, *Systematic Theology*, vol.III, p.317.
52. Tillich, *Systematic Theology*, vol.III, p.317.
53. Tillich, *Systematic Theology*, vol.III, p.318.
54. Tillich, *Systematic Theology*, vol.III, p.318.
55. Tillich, *Systematic Theology*, vol.III, p.319.
56. Tillich, *Systematic Theology*, vol.III, p.319.
57. Tillich, *Systematic Theology*, vol.III, p.319.
58. Tillich, *Systematic Theology*, vol.III, p.320.
59. Tillich, "The Interpretation of History and the Idea of Christ," p.242.
60. Tillich, "The Interpretation of History and the Idea of Christ," p.243.
61. Tillich, "The Interpretation of History and the Idea of Christ," p.243.
62. Tillich, "The Interpretation of History and the Idea of Christ," p.280.
63. Tillich, "The Interpretation of History and the Idea of Christ," p.250.
64. Tillich, "The Demonic. A Contribution to the Interpretatran of History," p.122.
65. Tillich, "The Interpretation of History and the Idea of Christ," pp.256～257.
66. Tillich, "The Interpretation of History and the Idea of Christ," p.257.
67. Tillich, "The Interpretation of History and the Idea of Christ," p.250.
68. Tillich, "The Interpretation of History and the Idea of Christ," p.259.
69. 田立克在晚期對這觀點抱較審慎的立場，在他最後的講論中提到：「在諸宗教歷史中有可能有——我強調的是可能——可能有一中心性事件。」參：Tillich, "The Significance of the History of Religions for the Systematic Theologians," p.81。
70. Tillich, "The Interpretation of History and the Idea of Christ," p.259.
71. Tillich, "The Interpretation of History and the Idea of Christ," p.260.
72. Tillich, "Author's Introduction," p.xix.
73. Paul Tillich, "Kairos," in *The Protestant Era*, p.47.
74. Paul Tillich, "Open Letter to Emanuel Hirsch," in *The Thought of Paul Tillich*, ed. by James Luther Adam, Wilhelm Pauck, Roger Cincolin Shim (San Francisco, CA: Harper & Row Publishers, 1985), pp.353～387.
75. Tillich, *Systematic Theology*, vol.III, pp.356, 454.
76. Tillich, *Systematic Theology*, vol.III, p.350.
77. Tillich, *Systematic Theology*, vol.III, pp.350～356.
78. Tillich, *Systematic Theology*, vol.III, p.350.
79. Tillich, *Systematic Theology*, vol.III, pp.350～351.
80. Tillich, *Systematic Theology*, vol.III, p.352.
81. Tillich, *Systematic Theology*, vol.III, p.352.
82. Tillich, *Systematic Theology*, vol.III, p.353.

83. Tillich, *Systematic Theology*, vol.III, pp.353～355.
84. Tillich, *Systematic Theology*, vol.III, p.355.
85. Tillich, *Systematic Theology*, vol.III, pp.355～356.
86. Paul Tillich, *Christianity and the Encounter of the World Religions* (NY: Columbia University Press, 1963), pp.64～69.
87. Tillich, *Systematic Theology*, vol.III, pp.358～359.
88. Tillich, *Systematic Theology*, vol.III, p.358.
89. Tillich, *Systematic Theology*, vol.III, p.358.
90. Tillich, *Systematic Theology*, vol.III, p.358.
91. Paul Tillich, "The Right to Hope," in *Theology of Peace*, p.190.
92. Tillich, *Systematic Theology*, vol.III, p.357.
93. Tillich, *Systematic Theology*, vol.III, p.357.
94. Tillich, *Systematic Theology*, vol.III, p.357.
95. Tillich, *Systematic Theology*, vol.III, p.360.
96. Tillich, *Systematic Theology*, vol.III, p.298.
97. Tillich, *Systematic Theology*, vol.III, p.298.
98. Tillich, *Systematic Theology*, vol.III, p.298.
99. Tillich, *Systematic Theology*, vol.III, p.299.
100. Tillich, *Systematic Theology*, vol.III, p.394.
101. Tillich, *Systematic Theology*, vol.III, p.395.
102. Tillich, *Systematic Theology*, vol.III, p.395.
103. Tillich, *The Eternal Now*, p.131.
104. Tillich, *The Eternal Now*, p.131.
105. Tillich, *Systematic Theology*, vol.III, p.396.
106. Tillich, *Systematic Theology*, vol.III, p.397.
107. Tillich, *Systematic Theology*, vol.III, p.400.
108. Tillich, *Systematic Theology*, vol.III, p.401.
109. Tillich, *Systematic Theology*, vol.III, p.421.
110. Tillich, *Systematic Theology*, vol.III, pp.421～422.
111. Tillich, *Systematic Theology*, vol.III, p.422.

第十章

近年西方與漢語學界的田立克研究回顧[1]

「翻譯、理解與轉化」似乎已經成為近百年漢語思想接觸西學後的慣常舉動，透過漢語迻譯西學典籍，繼而進行消化吸納，進而批判轉化以挪為己用。在近代基督教神學家中，田立克於漢語思想界而言算是較特別的例子。田立克的漢語翻譯文獻是近代神學家中要算是最多的，但對他的漢語研究是不成比例的少。田立克思想一方面要比其他神學家在非基督宗教領域中來得普及和受歡迎，單以他的「終極關懷」一語之廣被引用已知，並且在學術神學的研究領域中，不少漢語學人都曾與田立克的思想有過交鋒；然而田立克思想之艱澀和系統之廣闊，又造成漢語基督教羣體難以接納，更礙於信仰之差異造成不少無理的指控。無論如何，要在二十一世紀的漢語神學界再談一個二十世紀的德裔美籍新教神學家，也許在踏前一步進行理解和轉化之前，須先概覽西方學人對田立克的新近研究，進而清理漢語的存貨後再深思田立克於漢語學界的研究潛能。以下會分別從美國、德國及漢語學界的田立克研究作一個學術的回顧。[2]

一　美國學界的田立克研究

田立克出生和成長於德國，成名卻在美國，若要比較田立克在德國和美國的（神學）思想界中的影響程度，無可置疑後者比前者來得深遠和廣泛。原因相信無論是從國際知名度或具廣泛影響力的著作出版而言，都是在一九三三年田立克移居美國後才出現的。田立克在美期間與哲學界、心理治療、社會學理論、基督教神學、藝術和政治等領域的學者廣泛接觸，而於晚年還以**英語**出版三卷的《系統神學》，這都為田立克塑造了一個**美國**神學家的形象。除了這種身份的特色外，田立克的個人和神學的影響力事實上塑造了二十和二十一世紀大部分的美國神學景觀。

當今沒有一個美國的神學家會**重覆**田立克的神學，或以他的神學作為一種學派（school）來定位，但大部分的美國神學工作者都會在不同程度上得益於他的神學或受他的神哲學**精神**所薰陶。美國神學家特雷西（David Tracy）曾這樣説：「田立克作品對當代神學的衝擊並非一種學派的影響，而是一種**廣泛滲透的臨在**（pervasive presence）。」[3] 從美國神學界當前的神學出版可以稍為為特雷西以上的觀點作出佐證。很多田立克的英語著作現時還不斷重印，以《生之勇氣》（*Courage to Be*）一書為例，此書於一九五二出版，一九五三年三版，並成為耶魯大學出版社的暢銷書籍，到一九九一年此書仍在重印，並且精裝本銷量高達三萬五千冊，平裝本更達致四十一萬一千冊。[4] 其次，在二〇〇一和二〇〇二兩年，就有三本書分別討論田立克神學思想在二十一世紀的持續相關性，布爾曼（Raymard F. Bulman）與帕雷利亞（Frederick J. Parrella）合編的《在新千禧年的宗教：田立克精神中的神學》（*Religion in the New Millenium: Theology in the Spirit of Paul Tillich*）中超過二十位學者分別以經濟，社會和宗教、婦女與宗教、藝術與宗教、宗教對話與靈性、宗教與科學五個範疇來展示當前美國神學界的學者如何挪用田立克的神學來回應他們的處境和問題。[5] 凱里（John Carey）亦隨後以回溯田立克思想基礎和展望他的神學潛質為進路，思考田立克有關愛慾（eros）問題、科學和創造、後現代主義、倫理問題的課題，並指出田立克的影響力還在發掘當中。[6] 斯滕格(Mary A. Stenger)和斯通(Ronald H. Stone)合著的《田立克對話》(*Dialogues of Paul Tillich*)更深入地討論田立克的宗教對話基礎、田立克神學與婦女主義及田立克政治思想與基要主義等課題。[7] 這些論文集和著作的出版都顯示,田立克的神學思想並沒有局限於他二十世紀的文化語境而變得過時,反而相當大程度上田立克的神學能夠為當前美國的神學工作者帶出具指導作用的理論和實踐框架,這班神學工作者完全意識到田立克思想的處境性,他們並沒有天真地認為田立克思想是放諸四海而皆準,在他們這些帶著批判性的閱讀中,田立克的思想一方面在新的視域中帶來新的意義,另方面隨著新的著作出版又為他在二十一世紀的語境中再次發揮「關聯」的神學意義。[8]

在眾多田立克神學與當代思潮的關聯中,最突出的例子莫如田立克與自然科學的關聯,[9] 自二〇〇一年起至今,*Zygon* 期刊差不多都有論者討論田立克與科學的研究,以二〇〇一年為例,他們就更以一期的專輯來探討田立克思想中宗教與科學的問題。正如該期期刊主編赫夫納(Philip Hefner)所言,雖然田立克讓學者認為宗教與科學分屬不同層次的思維活動和關懷對象,但其實他將宗教與科學放在一個更為複雜和微妙的形態關係中。[10] 其中有論者認為,田立克的關聯神學所展示的自然的神學(theology of nature)正好建構一種科學與宗教整合模式,並且他對於宗教哲學的兩種類型的分析又隱藏了某種自然神學(natural theology)。[11] 離開這種方法論的層次討論後,要進入更實質的科學與宗教對話,有學者對田立克的科學神學的潛質抱有很大的信心,指出田立克思想中的知識和存有範疇、對有限性的分析、作為象徵的上帝和疏離等宗教語言,能與二十世紀的科學發現,如:量子宇宙論、進化生物學和大爆炸理論等,有更好的對話。[12]

其次,另一個與宗教和科學有密切關係的課題也是非常矚目的,從二〇〇二至二〇〇四年間，不少學者圍繞著田立克與德日進（Pierre Teilhard de Chardin, 1881～1955）的比較研究來討論。[13] 他們關心在一種後達爾文進化論（post-Darwinian evolution）的時代中能如何建構基督宗教的信仰，如何能搭建一種上帝生命與被造生命體間更緊密關係的進化論式的神學（evolutionary theology）。霍特（John Haught）認為，雖然田立克神學中具備一種有利於進化論的「將來的形而上學」，及宇宙性的墮落和救贖觀念，但田立克不滿於德日進的樂觀的進步式進程觀點，有可能不利於開拓一種「為進化的上帝」（God for evolution）。[14] 這種觀點遭受不少學者質疑，格里格（Richard Grigg）指出田立克思想與進化論之間應可發展出一種比霍特所認為的更相融的關係，他強調田立克思想的上帝並沒有為生物進化提供一種歷史性的目標（historical telos）反而是一種「深層目的論」（depth teleology），上帝與生物的進化自身並沒有一種平衡和線性發展的平衡關係，反而上帝與進化是交織在人對救贖的追問中。[15] 卡爾（Paul Carr）認為，田立克有關存有和非存有間的辯證關係和生命為一種潛在存有的實現等觀念更能符合進化觀點中的生成和消亡的現實情況，反而德日進的進步觀點顯得過分樂觀和簡化，同時田立克的終末論突顯的上帝國並沒有與熱力學第二定律相違背，並且與德日進提出在「亞米加點」（Omega Point）中一切存有會進化到最高形態不一樣。[16] 而德拉施米（Michael W. DeLashmutt）更認為，德日進的神學科學進路有混合主義的危險，能較好地處理科學和神學的關係模式仍然是田立克的關聯進路。[17] 赫欽森（James E. Huchingson）更比較了兩人對自然系統、精神和物質及生命體的層次結構的問題。[18]

生態問題與田立克的神學討論亦是美國學界的焦點之一，雖然田立克離世後生態神學才逐漸在六十年代成為美國神學界關注的焦點，但現今不少論者皆認為田立克的神學對處理現時的環保問題能提供非常有潛質的神學資源。[19] 杜爾在二〇〇〇年出版的專著全面評述和展開田立克的生態神學維度，分析了田立克的自然參與在墮落和拯救的觀念、生命的多維度整合（multi-dimensional unity of life）、愛的生態倫理等重要焦點。[20] 美國神學泰斗考夫曼（Gordon Kaufman）近年反思在生態和進化世代中如何重構基督宗教的信仰象徵時，指出雖然田立克思想中仍存留某些人類中心論的傾向，但總體而言，田立克的思想更能開拓一種有利於當代的神學思維，田立克的內蘊而充滿動態性創造力的上帝觀，和重視人與被造世界的存有結連都能有效地建構一種非人類中心論的當代生態神學思維。[21] 隨同生態神學的討論，田立克對現代科技問題的批判性分析同樣受到美國學界的關注。早於一九八七年修改自馬可（Thomas Mark）在芝加哥大學的博士論文的《倫理與科技文化》（*Ethics and Technoculture*），就已經將田立克與帕森思（Talcott Parsons）、馬爾庫賽（Herbert Marcuse）和海德格爾放在同一層次上比較他們對科技的立場，田立克的文化神學提供了有力的宗教批判維度。[22] 過去曾有學者亦探討過田立克的科技觀，但卻流於片面。[23] 近年田立克對科技文化的分析才逐漸受到學者的關注，田立克對科技理性的批判、神律與自律的互動、聖靈臨在與人的創造性文化活動的交織，都為田立克的科技觀提出了一種神學的視角。[24]

其次，另一個值得關注的發展就是田立克與婦女主義的討論。費森登（Tracy Fessenden）在一九九八年的一篇論文中指出「女性」（woman）一直在田立克的生平和思想中佔有重要的地位。[25] 這個討論首先涉及田立克個人和思想中有關「愛慾」的爭論。近年不斷有學者為田立克的情慾生平翻案，他們這樣做並非出於一種對田立克私生活的好奇，而是愈多學者認為田立克思想中有很多元素跟他的愛慾生活是分不開的。他們大多對田立克第二任妻子漢娜（Hannah Tillich）的《從時間到時間》（*From Time to Time*）一書對他的情慾生活的報導抱批判的態度。羅洛·梅(Rollo May)早於八十年代初就從心理治療分析出發，除了指出漢娜個人性格的問題而導致對田立克的偏激描述外，還指出田立克的童年生活和大戰後的婚姻破碎等個人經驗都塑造了田立克對女性(feminine)有異乎尋常的渴求，並且這種對陰性的需要為田立克思想造就了重要的思想泉源。[26] 隨後從八十年代到九十年代不斷有學者發掘田立克思想中這種婦女經驗和愛慾觀念在他體系中的位置，[27] 田立克認為，女性具備一種源頭的力量(power of origin)，這力量呈現出愛慾和母性的特質，依此，這特質不輕易與以父權為核心的理性系統、陽具中心主義的父權政治文化相協調，並且能成為批判父權主義意識形態的武器，學者似乎認為田立克這種陰性元素提供了與現今婦女神學和婦女主義的對話空間。論者並且在展述田立克的存有論的神學語言中，發現田立克能發展出一種非性別主義的神學(nonsexist theology)，這種思想透過與戴利(Mary Daly)的比較，可見田立克思想相當有力地批判傳統的父權主義下的宗教論述，並且他的新教原則所揭示的自我批判和否定力量為宗教語言的偶像化帶來有力的克勝。[28] 其次，有論者甚至認為田立克晚期的三一象徵中表達了第四個維度(quaternity)，這第四維度塑造了一種三一上帝觀中容納某種母性(maternal)和陰性(feminine)的上帝象徵，並且這種上帝觀可與西方基督教神祕經驗傳統的陰性上帝象徵相對話。[29]

最後，美國學界對田立克神學與社會科學的關係的關注是不容忽視的。就田立克與心理治療的關聯而言，眾所周知，田立克在美國期間經常與當時的心理治療學者和治療師對話，共同探討神學、牧養和心理治療的關聯性對話。早於一九八一年，杜利(John P. Dourley)就以比較田立克與容格(Carl Jung)的心理學來指出人的心理內核與上帝的神聖臨在間的關係，[30] 隨後，他在一九九五年又再將這論題放在現代人存在的無根的心理散亂的狀態，進而指出德日進、容格和田立克之間的心理治療的宗教維度的可比較性。[31] 近年，庫珀（Terry D. Cooper）集中處理於一九四一至一九四五年間在美國成立的「紐約心理學會」（New York Psychology Group），其中參與學者包括田立克、佛洛姆（Erich Fromm）、羅洛·梅、羅傑斯（Carl Rogers）等，在他的研究中指出，田立克對神學與心理治療的關係可從八方面歸納：田立克的參與迫使心理治療追問他們理論和實踐的神學－存有論基礎、心理治療或心理學對基督教信仰的攻擊往往不是建基於客觀的經驗證據而是某種未被檢證的信念、結合了路德宗的藉信因恩典稱義（justification by grace through faith）與心理治療的接納（acceptance）實踐、並且這種心理的罪疚感並非僅是心理現象而是帶有深刻的存有論疏離、擴闊了心理治療的個人維度而進入社羣語境與個人實存經驗的互動、深刻地指出存有論與心理治療的「焦慮」差異，強調心理治療的實踐界線、推進了臨牀治療和神哲學的互動、最後對於心理治療的自我救贖提出批判。[32] 在政治理論和社會學方面，首推唐納利近年對晚期田立克與馬克思的思想繼承的研究，他主要論證在美國期間的田立克仍熱衷於參與政治事務，對當時多項政治議題，如：錫安主義、核武、政治壓迫，都積極討論，並且仍然以馬克思的思想資源來作為整理神學和社會問題的重要參考，而並非過去學者所認為田立克在離開德國後就放棄了宗教社會主義的思想。[33] 唐納利認為田立克的意識形態與象徵主義、無產階級與教會、理論與實踐、歷史與辯證、權力與革命和唯物主義與超自然主義等範疇都受馬克思的持續影響。

二　德國學界的田立克研究

若美國學界對田立克思想的關注是較多放在與其他思潮的對話關

聯上而尋求它在當前思潮的相關性，德國學界的焦點就較多放在田立克思想的自身發展和與基督教神學和西方哲學傳統的討論上。這方面得益於德國保羅田立克學會（Deutsche Paul Tillich Gesellschaft）[34] 的大力推進，該學會除了相繼將田立克在德國時期的手稿、講稿和著作陸續出版外，還組織大型學術會議及將論文集出版，以致積極與北美田立克學會合作，共同於歐美兩地推介田立克的思想，這學會可說是現時最值得關注的一個在德語學界的田立克研究的羣體。以下會分別從田立克的著作出版和有關的研究來揭示德語神學界對田立克關注的面貌。

田立克的德語著作除了較早前出版的十四卷《全集》（*Gesammelte Werke*）較矚目外，就要數近年出版及仍在出版中的《全集的補充著作和遺稿》（*Ergänzungs-und Nachlaßbände zu den Gesammelten Werken*）。倘若出版一定程度上能反映學界的關注，這套全集的出版方向可謂標誌著德語神學界重新發掘田立克的神學思想資源，並且以他早期的思想為主。這套補充性資料以田立克在德國時期的著作為主，包括卷九的《早期著作》（*Frühe Werke*）：[35] 從最早期的學生時代的論文、論謝林的博士論文、還有初試撰寫的系統神學提綱（1913）[36] 和討論超自然概念的教授資格論文；卷十二和十三的《柏林講演》（*Berliner Vorlesungen*）：[37] 包括田立克於柏林大學作為編外教師（*Privatdozent*）的重要講課資料，其中較重要的有〈神學與宗教研究的百科全書〉（1920）、〈宗教哲學〉（1920）及在一九二〇至一九二四年間在柏林大學神學系講演的基督教和哲學思想史；卷六的《往來書信與糾紛》（*Briefwechsel und Streitschriften*）：[38] 當中較重要的收錄了田立克與赫奇（Emanuel Hirsch）討論有關政治神學的書信爭論，[39] 及與一九三三年移居美國的德裔社會哲學家許斯爾（Eugen Rosenstock-Huessy）的往來書信；卷七的《早期講章》（*Frühe Predigten*）：[40] 收錄了田立克於就讀博士學位間的講道講章，主要是第一次大戰前在牧養實習期間的講道講章；卷十和十一的《宗教、文化、社會》（*Religion, Kultur, Gesellschaft*）：[41] 當中收集了田立克於德國時期沒有發表和非正式的稿件，內容豐富而多元，雖多是些殘篇和手稿的形式，但無疑對理解他的思想有不能抹殺的作用；卷八的《關於黑格爾的講演》（*Vorlesung über Hegel*）：[42] 收錄了田立克在一九三一至一九三二年間在法蘭克福大學講演黑格爾哲學的內容，這對理解田立克挪用黑格爾思想，和他與德國觀念論的關係有重要作用；卷十四的《教義學講演》：[43] 收集了田立克在一九二五至一九二七年間在馬堡（Marburg）和德累斯頓（Dresden）兩所大學的基督教教義學講演，這當然對理解田立克的神學體系的發展至為重要。[44]

其次，德國保羅田立克學會近年不斷以大型學術會議和出版會議文集的形式來推動田立克的研究，務求不斷深化田立克的神學思想及探索他的思想在德語學界的相關性。以近年開會的主題為例，就曾在一九八八年探討田立克的存有論、[45] 一九九〇年探討田立克的終末論、[46] 一九九二年探討探討他的自然神學、[47] 一九九四年探討神學悖論、[48] 一九九六年探討他的真理與歷史的主題、[49] 一九九八年探討存有與言的問題、[50] 二〇〇〇年探討他與神祕傳統的關係、[51] 二〇〇二年探討他的三一論問題、[52] 二〇〇四年探討基督論的歷史核心問題、[53] 二〇〇六年則以田立克的象徵理論在宗教與文化關係上的問題舉行會議。從會議的主題而言，德國學界更多關心田立克神學自身的獨特性及他的思想與整個西方神哲學思想傳統的承繼和開展的問題上。這種特色無疑反映出在二十世紀的芸芸德語神學大師中，田立克的研究似乎曾一度在德語學界出現一段時間的低潮，現時是急起直追的時候；其次，隨著田立克的德語著作的陸續出版，田立克似乎又再次以一個**德國**神學家的身份而出現在德國學界當中，[54] 德國學者探討的焦點似乎有意或無意間與北美學者相區別，他們更多地注意田立克神學在基督教傳統中的獨特性，尤其是他在一九三三年前的著作。

隨著兩份田立克以德語寫作的系統神學（一九一三年的系統神學與一九二五年的馬堡教義學）的作品的面世，大大改變了過去德語神學界把研究田立克的焦點從美國期間的三卷《系統神學》轉移到這兩份早期的文獻上。田立克一九一三年的《系統神學》雖是田立克在二十七歲完成的作品並且從未在他生前出版，但可算是「思想上非常豐富並成熟」的作品，體現出當時德國觀念論哲學緊扣他的神學思想，並為晚期在美國完成的系統神學奠定了基礎；還有，這份作品更多呈現出作為一位**教會神學家**的田立克。[55] 由於還未經受大戰的洗禮，田立克這份作品帶有濃厚的德國觀念論神學和哲學的痕迹，單以結構而言，他把系統神學內分為護教學、教義學和倫理學三大部分，這跟他的老師卡勒於一八八三年寫就的《基督教教義之科學》（*Die Wissenschaft der christlichen Lehre*）一書的結構一樣，依此，卡勒對田立克的影響除了以往學界所認識的歷史耶穌與信仰基督、及因信稱義的問題外，從系統神學而言可能有更多的研究空間。[56] 從內容上，這份手稿揭示出以神學悖論的超驗−觀念論基礎為特色的護教學，從而發展出以內蘊與經世三一論為根基所開展的神學、基督論與聖靈論等課題，繼後以自由和愛作為倫理學的核心發展出宗教、文化和倫理及教會論等實踐性神學課題。[57] 這份作品不僅被視為田立克神學之路的**起始點**或**嘗試**，論者甚至認為田立克於大戰前的所有重要作品皆可在這份手稿中得到綜合。[58] 就田立克整體的神學發展意義而言，這份手稿讓學界能更充分認識田立克對護教學的理解，[59] 並且讓田立克神學體系中的三一論原則有更明確的理解。倘若，再把田立克於一九二五年間在馬堡大學的教義學講演放在他的發展脈絡中，就大大擴大了田立克系統神學的深度和廣度。[60] 論者較多認為這兩份作品都充分揭示出田立克神學中的三一論結構，並相當有系統地把各神學課題放在這結構中去考慮。倘若士來馬赫放棄將三一論置於基督教信仰教義的「前提」（prolegomena）中，巴特卻要等到一九二五年間在哥廷根的教義學講演中才首次考慮將三一論放回神學前提中，而田立克就在巴特正忙於處理社會主義和教會問題及孕育所謂辯證神學的一九一三年時，就已經相當明確以三一論作為神學的根基了。在近代神學思想史中，或許我們有需要重新考慮究竟是否巴特**首先**將三一論重新納入系統神學的教義前提中？！[61]

德語學界對田立克研究的潛力相當大，隨著更多田立克著作從馬堡大學和哈佛大學檔案館中經過整理出版後，[62] 相信不僅德國神學重新發現田立克的神學價值，並且陸續將更全面和多面向的田立克思想呈現人間。這種集中早期著作的研究正好補足了過去英美學界在研究上的的不足和偏頗。

三 漢語學界的田立克研究

田立克對漢語學界而言並非一個陌生的名字，過去漢語思想界花了相當精力來譯介田立克的作品，並有多位遠赴海外求學的學人的學位論文研究來精研田立克的神學，[63] 近年，仍有漢語學人以田立克為題分別撰寫博士或碩士論文，[64] 可見，田立克仍然是漢語學人視為具有研究潛力的一位神學家。

從上世紀八十年代港台學人開始引介西方近代神學家思想始，田立克的神學開始進入港台的基督教界，但由於個人學術背景和信仰的參差，不少所謂近代「非正統」的神學家沒有得到恰當的理解和重視。以田立克為例，當時的引介大多把他理解為一位「存在主義式的神學家」，甚至視之為「新自由主義」的神學家，在沒有認真閱讀的情況下，把田立克的神學視為一種否定基督教傳統而只懂借用存在主義概念來建立的思想，他的神學被理解為「啟示是一種人的自我超越」、否定聖經的地位和具有泛神論的危險。對他們而言，雖然田立克的神學用心良苦地努力透過關聯法來搭建基督教信仰和現代思潮的橋樑，但最終仍舊「沒有把神學基礎建立在上帝的啟示上」，並且「只是一種將哲學代替神學」的做法。[65] 當時，這種「扣帽子」的神學研究不僅沒有為漢語學界準確地推介田立克的思想，並且這種將他思想瘦化和曲解的做法做成了種種的誤讀和偏差，甚至使華人教會對田立克產生反感的情緒。[66] 這情況一直至九十年代才稍為改變，隨著溫偉耀的兩篇研究田立克的因信稱義與心理治療及田立克與馬克思、馬斯勞（Abraham Harold Maslow）的對話文章出版，[67] 才提升了田立克在漢語神學界的思想深度；及至二〇〇〇年，賴品超出版的《開放與委身：田立克的神學與宗教對話》一書，[68] 大大深化了漢語學界對田立克神學思想的消化，並將之放在當前的宗教對話語境中，這都正面和積極地推介了田立克思想的持續相關性。然而，田立克神學的豐富確實不容易以某種理論的框架來定位，過去，漢語學者曾批評田立克的神學知識論有嚴重的問題，被認為是一種傾向以人的主體認知活動統攝客體的神學，依此，他的象徵神學不免陷入一種主觀主義的危機；[69] 其次，論者又認為他的神學產生了神學人類學化的危險。[70] 其實，田立克的終極關懷的觀點從來沒有將信仰的對象內化為人的主體宗教經驗，反而人的信仰體驗之產生必定是終極關懷對象與人的一種相碰的結果，田立克非常清楚將這種相遇理解為神聖的突入（break in），和晚期指到聖靈臨在於人的靈當中的彰顯。並且，田立克清楚指出觀念論企圖以人的主體意識收攝客體的認識論的危險，依此，他不斷提醒我們認知活動永遠都處於一種離和合的辯證過程當中，田立克這些論述正要避免將神學活動化約為人的主體意識為基礎的觀念論神學，他多次強調神學的方法論從來就不是從人的主體意識出發，甚至不是從人的實存問題出發來**推演**出基督教的答案，他亦沒有企圖以分析人的內在宗教經驗來理解上帝的本質，倘若我們細心閱讀他的作品，田立克其實極力在保持上帝的超越和內蘊性。

在中國內地推介田立克思想最為矚目的算是何光滬了，他的貢獻主要在於翻譯和編著《蒂里希選集》。雖然何氏沒有為田立克撰寫專著，但在選集中把田立克在美撰寫的《系統神學》譯出，相較於早年由台灣不同譯者翻譯的三卷《系統神學》更為通順易讀。[71] 其次，劉小楓一九九〇年出版的《走向十字架上的真理》中，雖然沒有如巴特、潘霍華(Dietich Bonhoeffer)、布特曼(Rudolf Bultmann)等大篇幅地闡釋田立克的思想，但他指出田立克與漢斯·昆(Hans Küng)有某種的相似性，注重世俗文化的價值和向世界其他宗教開放的神學立場。劉氏正視田立克那種處於邊界性的要求，認為「我們存在本身在尋求新的品質和存在樣態，我們的文化本身也應尋求新的質素和存在樣態」。劉氏更指出在田立克的新存有作為神學的核心具備這種中國文化所需要的嶄新的神性之維度。[72] 近年，王岷分別出版了兩本討論田立克思想的專著，他的《田立克》以終極關懷為核心，開展對田立克思想中不同主題的介紹，雖然談不上是高水準的學術著作，但對田立克有恰當的理解，清楚易明，是值得推介的中文入門書；[73] 他的《愛的存在與勇氣》更以田立克的愛的神學倫理學為焦點，開展跟西方和中國思想中就愛、勇氣、正義等主題的比較研究。[74] 陳樹林的《危機與拯救》則集中討論了田立克的文化神學，特別的是他將馬克思思想與田立克思想並列，探討兩人如何應對西方文化的種種病態，可惜陳氏在充分開展田立克的文化神學時，一方面沒有深入認識田立克思想與馬克思、精神分析等理論的親和性，以致沒有對田立克神學的實踐維度有足夠的了解；其次，陳氏似乎仍持守某種過時的馬克思的宗教鴉片論來作為批評田立克神學的判準，以致未能正視田立克神學的底蘊。[75]

至於近年在漢語神學界較重要的田立克學術討論，相信要算二〇〇五年十月二十四日在香港沙田道風山會議廳舉行的「田立克與漢語神學學術研討會」，及後所收集及經作者修訂而收錄於《蒂利希與漢語神學》論文集。[76] 此文集有以下的特點：首先，參與撰寫文章的學人包括中港台，可算含蓋漢語地區比較廣泛的一次努力；其次，作者大部分皆是研究田立克思想的專家，他們在碩士或博士學位中分別以田立克作為研究對象；第三，文章大部分屬於作者新近的研究成果，甚至是他們的碩士或博士論文的章節。

編者以三個主題歸納文章以彰顯此文集的研究特色，以「傳統與挪用」表明田立克與基督教及西方哲學思想傳統的關係，用意表明他不僅承繼傳統並且創造性地轉化傳統。楊俊杰的〈蒂利希的謝林論初探〉分析了田立克挪用謝林上帝觀的路數，清楚交代了謝林與田立克在繼承上的問題。在謝林與田立克的關係上，文集還首次刊載了楊君譯出田立克的〈謝林與實存論之抗議的開端〉，為漢語學界更好認識兩者的關係；鄧紹光的〈在蒂利希與海德格的有與無之間的思考〉則放棄以謝林理解田立克的存有論，改以海德格的存有論的追問來揭示田立克關於「存有與非存有」的思考；林子淳關注一個田立克研究中的較少人注意的問題，他的〈蒂利希有必要採納嗣子論嗎？——一個聖經觀點的回應〉分析了田立克由於在基督論的考慮中沒有發揮升天的教義，以致削弱了田立克以基督論所搭建的宗教神學的對話理論；王濤的〈蒂利希愛觀的研究——現狀與評價〉深入概覽了當前就田立克的愛觀的研究，並且突顯了愛的問題為田立克思想的核心，尤其是比較了虞格仁（Anders Nygren）與田立克的觀點；陳家富和溫偉耀皆集中處理田立克的宗教經驗和神祕主義問題，溫氏的〈蒂利希對「出神」宗教經驗的三種歧義〉細心分析出田立克對人的「出神」狀態的不同理解，並且提出田立克由於缺乏對人格神的重視，以致造成理論上的嚴重困難；陳氏的〈蒂利希的神祕主義與三一論〉則指出田立克對神祕主義的一種批判性的接納態度，並以一種非田立克式的方法來處理最終要完滿解決「上帝之上的上帝」的神祕體驗，必須回歸田立克的三一上帝。

其次，以「關聯與對話」來申明田立克思想的關聯和對話特色，一方面展示田立克的關聯神學的內容，並配以具體的對話例證來展示關聯法的實際應用。梁容的〈論蒂利希的文化神學的關聯法及其類型〉相當詳實交代了田立克的關聯法及此神學方法在其系統中的位置；黃天生的〈宗教與處境之關聯——從蒂利希到徐思〉深入剖析了徐思對田立克關聯法的批評，並分析兩人差異的理論底蘊；沙湄的〈蒂利希與視覺藝術〉以田立克的文化神學為框架，集中處理視覺藝術中如何體現宗教與文化的關係；張淑媚的〈保羅·田立克的神律道德及其德育蘊義〉揭示另一領域的田立克研究，將田立克的教育神學放在台灣的語境當中。

「批判與展望」注重突出田立克思想的批判力度和在新近的學科領域中的持續有效性。葉菁華的〈蒂利希對現代性的理解與批判〉詳盡交代田立克理解和批判現代性的背景、思想承繼和神學視角；李駿康的〈蒂利希的宗教社會主義及其對當代中國的意義〉和莊信德的〈蒂利希本體論範式的「國家」概念對「民族國家」魔魅本質的批判〉皆以田立克的政治神學為核心，李氏詮釋了田立克宗教社會主義的相關思想概念，追溯其思想與德國社會學和法蘭克福學派的關係，闡釋在文化神學的框架下理解他的政治關懷，並指出在當前中國大陸的政教關係下的應用性；莊氏則聚焦田立克的國家觀念，嘗試以存有論範疇來把握國家的構成和限度，並指出田立克對民族國家的魔化的批判。區建銘的〈蒂利希的「終極關懷」理念對比較神學的貢獻〉嘗試比較南樂山（Robert C. Neville）的宗教符號理論和田立克的「終極關懷」宗教記號，指出田立克在當前的比較神學領域中的可能貢獻；賴品超的〈文化研究與神學：一個後蒂利希的觀點〉以現今文化研究為出發點，嘗試借用田立克的文化與宗教理論框架來建立一種更能相互批判和豐富的神學與文化研究的關係。

除了這些文章外，近年漢語學界還出版了不少關於田立克的研究文章，現記錄於下：

賴品超：〈田立克論人與自然：一個漢語處境的觀點〉。《道風漢語神學學刊》（1997，秋），第七期，頁149～174。

賴品超：〈田立克對上帝國的詮釋與漢語基督教終末論〉。《道風漢語神學學刊》（1998，秋），第九期，頁43～74。

區建銘：〈保羅田立克的終末論〉。載《千禧年：華人文化處境中的觀點》，頁167～178。鄧紹光主編。香港：信義宗神學院，2000。

陳家富：〈科技的復位：一個田立克的神哲學觀點〉。《宗教哲學季刊》第七卷第二期（2001.7），頁12～29。

陳家富：〈圓離之間：論牟宗三與田立克的上帝觀〉。《道風：基督教文化評論》，卷16，（2002，春），頁229～248。

陳家富：〈田立克的生態遠象：人與自然的關係〉。載《基督宗教及儒家對談生命與倫理》，頁31～58。賴品超編。香港：香港中文大學崇基學院宗教與中國社會研究中心，2002。

陳家富：〈指向一個幾微廣大的實在觀：田立克的聖靈論與張載的虛氣論〉。載《聖靈：華人文化處境中的觀點》，頁99～118。鄧紹光主編。香港：信義宗神學院，2002。

陳家富：〈蒂利希早期的自然神學：一個生態神學的進路〉。《道風：基督教文化評論》卷18，（2003，春），頁89～121。

陳家富：〈蒂利希的在邊緣上的教會觀〉。《山道期刊》，卷七，第二期，2004，頁49～69。

王賜惠:〈從形上學看世界的本然面目:論田立克與唯識宗本體論之相似性〉。載《佛教與基督教對話》,頁266~280。吳言生、賴品超、王曉朝主編。北京:中華書局,2005。

莊信德:〈田立克本體論範式的政治神學對「自然狀態」之批判性轉化〉。《山道期刊》,卷十八,第十八期,2006,頁154~175。

註 釋:

1. 本文原刊於陳家富編:《蒂利希與漢語神學》,蒙道風書社批准轉載,特此致謝。
2. 需要指出的是,法國學界亦注意田立克的神學,在成立於一九七八年的「法國田立克學會」(Association Paul Tillich d'expression française)的推動下,田立克的著作陸續譯成法文,並於二〇〇五年舉行了第十六次的法國國際田立克學術會議,主題為「田立克:講道者與實踐神學家」。其網址:http://www.personal.uni-jena.de/~y2lema/index.htm。而於一九九五年又成立了「巴西田立克學會」(Sociedade Paul Tillich do Brasil),網址:http://www.metodista.br/correlatio/index.php。
3. 轉引自 John J. Carey, *Paulus, Then & Now* (Macon, GA: Mercer University Press, 2002), p.xi。粗體乃筆者強調。
4. 資料參 Carey, *Paulus, Then & Now*, p.53。
5. Raymond F. Bulman & Frederick J. Parrella (eds), *Religion in the New Millennium: Theology in the Spirit of Paul Tillich* (Macon, GA: Mercer University Press, 2001)
6. Carey, *Paulus, Then & Now*。此書的書評,參拙作,載《山道期刊》,卷六,第二期,2003,頁166~171。
7. Mary A. Stenger & Ronald H. Stone, *Dialogues of Paul Tillich* (Macon, GA: Mercer University Press, 2002).
8. 當然在美國非常持續和有力地推進田立克思想的,首推成立於一九七四和一九七五年間的「北美保羅田立克學會」(North American Paul Tillich Society, NAPTS)。在過去,他們不斷將研討會論文集和田立克著作出版,現時他們仍以每年約三至四期的學報形式來推動田立克的思想。有關此學會的成立背景經過,可參:Carey, *Paulus, Then & Now*, appendix C。北美保羅田立克學會網址:http://www.napts.org。
9. 早於一九九四年,已有美國學者以專書討論田立克與科學的課題,討論到超越視域(transcendental horizon)分別在以康德為代表的哲學、田立克為代表的神學和愛恩斯坦為代表的科學中的角色,參:Roy D. Morrison, *Science, Theology, and the Transcendental Horizon: Einstein, Kant, and Tillich* (Atlanta, GA. : Scholars Press, 1994)。

10. Philip Hefner, (ed.), "Editional," in *Zygon: Journal of Religion and Science*, vol.36, no.2 (June, 2001), p.198.
11. Donald Arther, "Paul Tillich's Perspectives on Ways of Relating Science and Religion," in *Zygon: Journal of Religion and Science*, vol.36, no.2 (June, 2001), pp.261～267.
12. Robert J. Russell, "The Relevance of Tillich for the Theology and Science Dialogue," in *Zygon: Journal of Religion and Science*, vol.36, no.2 (June, 2001), pp.269～308.
13. John F. Haught, "In Search of a God for Evolution: Paul Tillich and Pierre Teilhard de Chardin," in *Zygon: Journal of Religion and Science*, vol.37, no.3 (June, 2002), pp.539～553; Richard Grigg, "Religion, Science and Evolution: Paul Tillich's Fourth Way," in *Zygon: Journal of Religion and Science*, vol.38, no.4 (June, 2003), pp.943～954; Paul Carr, "A Theology for Evolution: Haught, Teilhard and Tillich," in *Bulletin of the North American Paul Tillich Society*, vol.XXX, no.2 (Spring 2004), pp.8～11; Michael W. DeLashmutt, "Syncretism or Correlation: Teilhard's and Tillich's Contrasting Methodological Approaches to Science and Theology," in *Bulletin of the North American Paul Tillich Society*, vol.XXX, no.2 (Spring 2004), pp.12～19; James E. Huchingson, "Dimensions of Life: The Inorganic and the Organic in Paul Tillich and Teilhard de Chardin," in *Bulletin of the North American Paul Tillich Society*, vol.XXX, no.2 (Spring 2004), pp.20～23。後三篇文章重印於 *Zygon: Journal of Religion and Science*, vol.40, no.3 (September, 2005), pp.733～738, 739～750, 751～758。
14. Haught, "In Search of a God for Evolution," pp.539～553.
15. Grigg, "Religion, Science and Evolution," pp.943～954.
16. Carr, "A Theology for Evolution," pp.8～11.
17. DeLashmutt, "Syncretism or Correlation," pp.12～19.
18. Huchingson, "Dimensions of Life," pp.20～23.
19. 就學界對於田立克與生態神學的學術文獻回顧，可參拙作：〈田立克的生態遠象：人與自然的關系〉，載《基督宗教及儒家對談生命與倫理》，頁31～34。
20. Michael Drummy, *Being and Earth. Paul Tillich's Thedogy of Nature*。當然，應該指出賴品超比杜爾更早地注意到田立克的生態思想維度，參：Pan-chiu Lai, "Paul Tillich and Ecological Theology," in *Journal of Religion*, vol.79, Issue 2 (April, 1999), pp.233～249。該文的中文版本更是一九九七年已出版，參賴氏：〈田立克論人與自然：一個漢語處境的觀點〉，載《道風漢語神學學刊》，第七期，1997，頁149～173。
21. Gordon Kaufman, "Re-conceiving God and Humanity in Light of Today's Evolutionary-Ecological Consciousness," in *Zygon: Journal of Religion and Science*, vol.36, no.2 (June, 2001), pp.335～348。這篇文章後來收入討論田立克思想在新的千禧年時代的意義中的論文集中，並有杜爾的回應，詳參：*Religion in the New Millennium: Theology in the Spirit of Paul Tillich*, pp.235～250, 251～261。
22. Thomas Mark, *Ethics and Techoculture* (Lanham, MD: University Press of America, 1987)。馬可

於近年繼續推進他的討論，把科技問題結連於多元文化主義和自由主義式的個人主義問題上，參：T. Mark, "Ambiguity in Our Technical Society," in *Zygon: Journal of Religion and Science*, vol.36, no.2 (June, 2001), pp.321～326。

23. 有認為田立克是宗教的反科技論者，參：J. Newman, *Religion and Technology: A Study in the Philosophy of Culture*, p.154；有認為田立克企圖以一種浪漫主義式的美學觀點去回應科技，參：David H. Hopper, *Technology, Theology and the Idea of Process*, p.107。
24. A. Arnold Wettstein, "Re-Viewing Tillich in a Technological Culture," in *Theonomy and Autonomy: Studies in Paul Tillich's Engagement with Modern Culture*, pp.113～134；Raymond F. Bulman, "Theonomy and Technology: A Study in Tillich's Theology of Culture," pp.213～234; E. R. Cruz, *A Theological Study informed by the Thought of Paul Tillich and the Latin American Experience: The Ambivalence of Science*。中文著述方面，可參拙作：〈科技的復位：一個田立克的神哲學觀點〉，頁12～29。
25. Tracy Fessenden, " 'Woman' and the 'Primitive' in Paul Tillich's Life and Thought," in *Journal of Feminist Studies in Religion*, 14/2 (1998), pp.45～76.
26. Rollo May, *Paulus: Reminiscences of a Friendship* (NY: Harper & Row Publishers, 1973).
27. 較突出的可參：Judith Plaskow, *Sex, Sin and Grace: Women's Experience and the Theologies of Reinhold Niebuhr and Paul Tillich* (Washington, D.C.: University Press of America,1980); Ann Belford Ulanov, "Between Anxiety and faith: The Role of the Feminine in Tillich's Theological Thought," in *Paul Tillich on Creativity*, ed. by Jacquelyn Ann K. Kegley (Lanham, MD: University Press of America, 1989); Irwin, *Eros toward the World*。就田立克的愛慾問題，較深入和精細的分析，可參 A. Irwin, " Life in its Divine-Demonic Ambiguity. Figures of Eros in Paul Tillich's Biography," in *Spurensuche. Lebens-und Denkwege Paul Tillichs*. (Hrgs) Ilona Nord, Yorick Spiegel (Münster: LIT, 2000), pp.37～56。
28. Mary Ann Stenger, "Tillich and Mary Daly's Feminist Theology," in Mary A. Stenger & Ronald H. Stone, *Dialogues of Paul Tillich*, pp.98～134.
29. John Dourley, "The Goddess, Mother of the Trinity: Tillich's Late Suggestion," in *Religion in the New Millennium: Theology in the Spirit of Paul Tillich*, pp.79～95.
30. John P. Dourley, *C. G. Jung and Paul Tillich: the psyche as sacrament* (Toronto: Inner City Books, 1981).
31. John P. Dourley, *Jung and the Religious Alternative: The Rerooting* (Lewiston, Queenston, Lampeter: Edwin Mellen Press, 1995), ch. IV.
32. Terry D. Cooper, "Paul Tillich and the New York Psychology Group, 1941-45" in *Bulletin of the North American Paul Tillich Society*, vol.XXXI, no.2 (Spring, 2005), pp.17～18。庫珀最近將他的研究成果以專書出版，參：Terry D. Cooper, *Paul Tillich and Psychology: Historic and Contemporary Explorations in Theology, Psychotherapy, and Ethics* (Macon, GA: Mercer University Press, 2006)。

33. Brian Donnelly, *The Socialist Émigré: Marxism and the Later Tillich*。漢語學界對此書的書評，可參李駿康的書評：《山道期刊》，2005，卷八，第二期，頁188～196。這書亦引起部分學者的關注，詳參：Ronald Stone, "Tillich and Marx on Religion"; M. Lon Weaver, "Subliminal Marxist or Overt Religious Socialist – Response to Brian Donnelly's *The Socialist Émigré: Marxism and the Later Tillich*"; Terence O'Keeffe, "Reflections on Brian Donnelly's *The Socialist Émigré: Marxism and the Later Tillich*"；及唐納利（Brian Donnelly）的回應："Comments on *The Socialist Émigré*"。以上文章皆見於 *Bulletin of the North American Paul Tillich Society*, vol.XXX, no.2 (Spring 2004), pp.24～35。
34. 該學會的網址，http://www.uni-trier.de/uni/theo/tillich/tillich.html。
35. Paul Tillich, *Gesammelte Werke, Ergänzungs und Nachlaßbände*, band IX.
36. 此手稿的資料可參本書第五章註80。
37. Paul Tillich, *Gesammelte Werke, Ergänzungs und Nachlaßbände*, band XII. *Berliner Vorlesungen (1919-1920)*, herausgegeben Erdmann Sturm (Berlin & NY: Walter de Gruyter, 2001); *band XIII. Berliner Vorlesungen (1920-1924)*, herausgegeben Erdmann Sturm (Berlin & NY: Walter de Gruyter, 2003).
38. Paul Tillich, *Gesammelte Werke. Ergänzungs und Nachlaßbände*, band VI. *Briefwechsel und Streitschriften. Theologische, philosophische und politische Stellungnahmen und Gespräche*, herausgegeben Renate Albrecht und René Tautmann (Frankfurt / M.: Evangelisches Verlagswerk, 1983).
39. 就田立克與赫奇（Emanuel Hirsoh）的政治神學的研究，可參：James Reimer, *The Emanuel Hirsch and Paul Tillich debate: a study in the political ramifications of theology* (Lewiston, NY: E. Mellen Press, 1989)。
40. Paul Tillich, *Gesammelte Werke, Ergänzungs und Nachlaßbände*, band VII. *Frühe Predigten (1909-1918)*, herausgegeben Erdmann Sturm (Berlin NY: Walter de Gruyter, 1994).
41. Paul Tillich, *Gesammelte Werke. Ergänzungs und Nachlaßbände*, band X & XI. *Religion, Kultur, Gesellschaft: unveröffentlichte Texte aus der deutschen Zeit (1908-1933)*, herausgegeben Erdmann Sturm (Berlin NY: Walter de Gruyter, 1999).
42. Paul Tillich, *Gesammelte Werke, Ergänzungs und Nachlaßbände*, band VIII. *Vorlesung über Hegel*, herausgegeben Erdmann Sturm (Berlin NY: Walter de Gruyter, 1995)
43. Paul Tillich, *Gesammelte Werke, Ergänzungs und Nachlaßbände*, band XIV. *Dogmatik-Vorlesung*, herausgegeben Erdmann Sturm & Werner Schüßler (Berlin NY: Walter de Gruyter, 2005).
44. 田立克的馬堡大學的教義學講演，過去曾以單行本出版，參：Tillich, *Dogmatik: Marburger Vorlesung von 1925*。
45. Gert Hummel (Hg.), *Das Problem der Ontologie in der philosophischen Theologie Paul Tillichs / The Problem of Ontology in the Philosophical Theology of Paul Tillich*. Beiträge des

II. Internationalen Paul-Tillich-Symposions in Frankfurt/M. 1988 / Proceedings of the II. International Paul-Tillich-Symposium Frankfurt/M. 1988 (Berlin: Walter de Gruyter, 1989).

46. Gert Hummel (Hg.), *Neue Schöpfung oder Ewiges Jetzt. Hat Paul Tillich eine Eschatologie ? / New Creation or Eternal Now. Is there an Eschatology in Paul Tillich's Work ?*. Beiträge des III. Internationalen Paul-Tillich-Symposions in Frankfurt/M. 1990 / Proceedings of the III. International Paul-Tillich-Symposium Frankfurt/M. 1990 (Berlin: Walter de Gruyter, 1991).

47. Gert Hummel (Hg.), *Natürliche Theologie versus Theologie der Natur ? Tillichs Denken als Anstoss zum Gespräch Zwischen Theologie, Philosophie und Naturwissenschaft / Natural Theology versus Theology of Nature ? Tillich's Thinking as Impetus for a Discourse. among Theology, Philosophy and Natural Science*. Beiträge des IV. Internationalen Paul-Tillich-Symposions in Frankfurt/M. 1992 / Proceedings of the IV. International Paul-Tillich-Symposium Frankfurt/M. 1992, Berlin: Walter de Gruyter, 1994.

48. Gert Hummel (Hg.), *The Theological Paradox / Das theologische Paradox Interdisciplinary Reflections on the Centre of Paul Tillich's Thought / Interdisziplinäre Reflexionen zur Mitte von Paul Tillichs Denken*. Proceedings of the V. International Paul Tillich Symposium held in Frankfurt/M. 1994 / Beiträge des V. Internationalen Paul-Tillich-Symposions in Frankfurt/ Main 1994. Berlin: Walter de Gruyter, 1995.

49. Gert Hummel (Hg.), *Truth and History – a Dialogue with Paul Tillich / Wahrheit und Geschichte – ein Dialog mit Paul Tillich*. Proceedings of the VI. International Paul-Tillich-Symposium Frankfurt/M. 1996. Beiträge des VI. Internationalen Paul-Tillich-Symposions in Frankfurt/M (1996, Berlin: Walter de Gruyter, 1998).

50. Gert Hummel / Doris Lax (Hg.), *Sein versus Wort in Paul Tillichs Theologie ? / Being versus Word in Paul Tillich's Theology*. Beiträge des VII. Internationalen Paul-Tillich-Symposions in Frankfurt/M. 1998 / Proceedings of the VII. International Paul-Tillich-Symposium Frankfurt/M. 1998 (Berlin: Walter de Gruyter, 1999).

51. Gert Hummel / Doris Lax (Hg.), *Mystisches Erbe in Tillichs philosophischer Theologie / Mystical Heritage in Tillich's Philosophical Theology*. Beiträge des VIII. Internationalen Paul-Tillich-Symposions in Frankfurt/M. 2000 / Proceedings of the VIII. International Paul-Tillich-Symposium Frankfurt/M. 2000 (Münster 2000).

52. Gert Hummel / Doris Lax (Hg.), *Trinität und/oder Quaternität – Tillichs Neuerschließung der trinitarischen Problematik / Trinity and/or Quaternity – Tillich's Reopening of the Trinitarian Problem*. Beiträge des IX. Internationalen Paul-Tillich-Symposiums Frankfurt / M. 2002 / Proceedings of the IX. International Paul-Tillich-Symposium Frankfurt / M. (2002, Münster: LIT Verlag, 2004).

53. Gert Hummel / Doris Lax (Hg.), *Christus Jesus – Mitte der Geschichte!? / Christ Jesus – the Center of History!?* Beiträge des X. Internationalen Paul-Tillich-Symposiums Frankfurt /M.

2004 / Proceedings of the X. International Paul-Tillich-Symposium Frankfurt / M. 2005 Münster: LIT Verlay, 2005

54. 筆者於二〇〇五年有幸到海德堡大學神學系參加學術會議，得以在其圖書館中注意到他們神學系學生的系統神學課程的指定參考書目中，已有田立克的著作在其中，與巴特、潘霍華（Dietrich Bonhoeffer）、士來馬赫（Friedrich D.E. Schleiermacher）等並列。
55. Scharf, *The Paradoxical Breakthrough of Revelation* , p.336.
56. 就卡勒對田立克的影響，英語資料可參：Wilhelm Pauck, *From Luther to Tillich*, pp.169～180.
57. 此手稿的整理過程和基本簡介，可參：Gert Hummel, "Das früheste System Paul Tillichs: Die "Systematische Theologie von 1913. " in *Neue Zeitschrift für systematische Theologie und Religionsphilosophie*, 35, 2: (1993), pp.115～132。
58. Doris Lax, "The Tillich of the Year 1911-1913: The Trinitarian Principle of the 1913 Systematische Theologie," in *Bulletin of the North American Paul Tillich Society*, vol.XXXII, no.1 (Winter 2006), pp.19～27
59. 可同時參考田立克同年（1913）的另一作品："Kirchliche Apologetik," in *Paul Tillich, Main Works / Hauptwerke*, vol.6 (Berlin: Walter de Gruyter, 1992), pp.39～62.
60. 於一九九四年加拿大舉行的田立克一九二五年教義學研討會，就集中討論了這份講演的內容和對他整個神學發展的意義，參：J. Richard, A. Gounelle & R. P. Scharlemann (eds.), *Études sur la Dogmatique (1925) de Paul Tillich* (Québec: Les Presses de l'Université Laval, 1997)。就一九一三和一九二五的兩份神學作品的比較，可參：Gert Hummel, "Tillich's 1913 'Systematische Theologie' and His 1925 Dogmatik: A Comparison," in *Études sur la Dogmatique (1925) de Paul Tillich* (Québec: Les Presses de l' Université Laval, 1997), pp.361～182。
61. 巴特的神學發展，可參：Bruce McCormack, *Karl Barth's Critically Realistic Dialectical Theology. Its Genesis and Development 1909-1936* (Oxford: Clarendon Press, 1995)。
62. 就這兩個檔案館的研究情況，參：Carey, *Paulus, Then & Now*, pp.117～140。
63. 賴品超就田立克的漢譯和論文研究的情況有簡單概述，參賴品超：〈中譯本導言〉，載蒂利希著：《基督教思想史》，（香港：道風，2004），頁xxi～xxii。
64. 二〇〇二年陳家富研究田立克的生態神學（香港中文大學哲學博士）、二〇〇三年王賜惠研究田立克與唯識宗的關係（香港中文大學哲學碩士）、二〇〇四年葉菁華研究田立克對現代性的理解和批判（美國哈佛大學神學博士）、二〇〇四年李駿康研究田立克的宗教社會主義（香港中文大學哲學碩士）、二〇〇五年黃天生比較田立克與特雷西（David Tracy）的關聯法（香港中文大學哲學碩士）、二〇〇六年王濤研究田立克的愛觀（香港中文大學哲學博士）及二〇〇七年莊信德研究田立克本體論政治神學研究 (台灣神學院神學博士) 。
65. 這些誤解，參蘇恩佩：《基督教神學思想簡介》（台北：校園，1971），頁166～199；宋華忠：《現代神學思潮》（台北：校園，1984），頁154。
66. 筆者於數年前仍在香港某神學院的〈近代神學〉研究生課程大綱上，看見執教老師以「存在主義神學」這種片面的稱謂來指稱田立克，並從神學院教授口中聽見他們對田立克的神學不以為然，甚至有「不知所謂」的評價。

67. 兩篇文章分別刊載於《中國神學研究院期刊》（1987）第二及第三期。

68. 賴品超：《開放與委身：田立克的神學與宗教對話》。

69. 楊慶球：〈本體與象徵：論田立克處理上帝知識的方法〉，載《建道學刊》，第六期，1996，頁107。

70. 曾慶豹：〈神學論述的「語言轉向」：一個概覽〉，載《道風漢語神學學刊》第八期，1998，頁62～64。

71. 何光滬沒有全譯，尤其沒有譯出《系統神學》的〈導言〉和〈卷三〉，甚為可惜。

72. 劉小楓：《走向十字架上的真理》（香港：三聯，2000），頁361～369。

73. 王岷：《田立克》（台北：生智，2000）。

74. 王岷：《愛的存在與勇氣》（河北：河北大學出版社，2005）。

75. 陳樹林：《危機與拯救：蒂利希文化神學導論》（北京：人民出版社，2004），頁296、301。

76. 陳家富編：《蒂利希與漢語神學》。

緊扣時代 服事教會

以文字傳揚基督真道

讀者意見表

衷心多謝你購買本社書籍。本社一直致力以出版事工服事教會，幫助信徒扎根於神的話語，促進靈命增長。為使我們的出版更能滿足你的需要，請填寫下列各項資料，並寄回或傳真予本社。

所購書籍：____________________

本書最吸引你的地方：
□作者 □適切性 □文筆 □設計 □實用性
□其他：____________________

購買本書地點：
□基道書樓 □基督教書店 □非基督教書店

性別：□男 □女 職業：____________________

信仰：□基督徒 □非基督徒

年齡：□ 16 歲或以下 □ 17～25 歲 □ 26～35 歲
□ 36～55 歲 □ 56 歲或以上

學歷：□中三或以下 □中五 □預科
□大學 □研究院

□我欲更多了解基道出版社的事工及考慮支持，請寄給我下列資料：
□機構簡介 □新書資料 □基道會員通訊
□《基道文字事工通訊》

姓名：____________________電話：____________________

地址：____________________

____

傳真：____________________ 電子郵件：____________________

其他意見：____________________

____

多謝賜教！

意見表可以傳真（2687-0281）或直接郵寄以下地址：
香港沙田火炭坳背灣街26號富騰工業中心1011室
基道出版社編輯部收